LOS AGUSTINOS EN
LA PARROQUIA
SAN AGUSTÍN
DE BAYAMÓN
(1964 - 2014)

LOS AGUSTINOS EN
LA PARROQUIA
SAN AGUSTÍN
DE BAYAMÓN
(1964 - 2014)

José Aridio Taveras de León

Número de Control de la Biblioteca del Congreso de EE. UU.:   2014913583
ISBN: Tapa Blanda   978-1-4633-8956-7
                 Libro Electrónico   978-1-4633-8955-0

Este libro fue impreso en los Estados Unidos de América.

Fecha de revisión: 16/09/2014

Para realizar pedidos de este libro, contacte con:
Palibrio LLC
1663 Liberty Drive
Suite 200
Bloomington, IN 47403
Gratis desde EE. UU. al 877.407.5847
Gratis desde México al 01.800.288.2243
Gratis desde España al 900.866.949
Desde otro país al +1.812.671.9757
Fax: 01.812.355.1576
ventas@palibrio.com
480960

ÍNDICE

DEDICATORIA

- A Dios que es quien todo me lo ha dado;
- Al Vicariato de las Antillas;
- A mi Comunidad de San Agustín de Lomas Verdes, PP: Felipe, Gonzalo y Oscar;
- A mi Familia.

SIGLAS

ACAA: Archivo de la Comunidad Agustiniana de Aguada.

APAC: Archivo Provincia Agustiniana de Castilla.

APASFA: Archivo Parroquia San Francisco de Asís.

APSALV: Archivo Parroquia San Agustín de Lomas Verdes.

AVANT: Archivo Vicariato Agustiniano de las Antillas.

Fr: Fay o Hermano.

L.C: Lugar Citado, corresponde a la carpeta y archive citado anteriormente.

Mons: Monseñor u Obispo.

Op. Cit: Obra Citada.

P: Padre.

PP: Padres o Sacerdotes.

P.R: Puerto Rico.

R.D: República Dominicana.

S.E: Sin Edición.

PRÓLOGO

La vida no sólo se vive, construye o realiza en la historia, sino que se hace historia; la historia se convierte en memoria que inquieta a la razón y al corazón; ambos se ponen en búsqueda de esa santa quietud que sólo se encuentra en Dios, *"porque nos hiciste, Señor, para ti y nuestro corazón está inquieto hasta que descanse en ti"*.

Con estas palabras introductorias, y consciente de que cada acontecer tiene su propia historia, respondo a la encomienda hecha para *prologar* este Libro escrito por nuestro hermano de hábito Fr. José Aridio Taveras De León. Nuestra presencia agustiniana en Las Antillas se inicia cuando unos Religiosos concibieron la idea de hacer presente el Carisma Agustiniano en tierras caribeñas. De seguro, que otros misioneros agustinos, *inquietos por la verdad,* supieron conjugar razón y corazón para dar inicio real a aquella misión que con el correr de los años fue adquiriendo el nombre de **historia** y apellidada **agustiniana.** De 1896 a 2014 son 118 años que sirven de luz y sombrilla que sustentan la razón de ser de este Libro.

Los Agustinos y Laicos que fueron forjando esta historia, han forjado también lo que es hoy el Vicariato de Las Antillas. Aunque éste haga referencia a la agrupación de los Religiosos pertenecientes a la Orden de San Agustín en esta área geográfica, también es cierto que estos agustinos sirvieron a un pueblo que es parte de esa historia. De aquí que el Vicariato de Las Antillas esté empeñado en *escribir esa historia compartida,* para que Religiosos y Laicos la conozcan. Si nuestro Padre San Agustín afirma que *sólo se ama lo que se conoce,* me atrevo a parafrasear dicha frase así: **lo que no se ama se desconoce y la historia que no se conoce, no sólo no tendrá la oportunidad de ser amada, sino que tampoco será memoria y mucho menos transmitida…**

El P. Fr. José Aridio Taveras De León es un joven historiador que gusta de su trabajo y pone el empeño necesario para que otros puedan conocer esas huellas agustinianas que nos han sido dejadas como antorchas para ser continuadas. Se le ha dado la encomienda de ir escribiendo la historia documentada de nuestras presencias en el Vicariato de Las Antillas. Su primer Libro salió en el 2010 titulado: *Historia Documentada de los Agustinos en República Dominicana (1954-2006)*. El segundo Libro salió en el 2013 titulado: *Los Agustinos en Aguada-1, Puerto Rico (1919-1969)*. Este que estoy prologando lleva por título: **Los Agustinos en la Parroquia San Agustín de Bayamón (1964 – 2014)**, escrito con motivo del **Cincuentenario** de la Parroquia San Agustín en Lomas Verdes, Bayamón, P.R., celebración que culminará en la Solemnidad de nuestro Padre San Agustín el día 28 de Agosto de 2014. Tres Libros del mismo autor, que unidos a otros autores del Vicariato que también han escrito libros relacionados, van constituyendo lo que queremos que sea una sencilla, humilde e importante Biblioteca de la presencia de la Orden de San Agustín en este Vicariato de Las Antillas.

España, Puerto Rico, Texas, y República Dominicana continuarán siendo parte de esa historia. Queremos que también lo puedan ser en el "tiempo de Dios", Cuba, Haití y otros países caribeños. Somos adultos en este caminar histórico y los procesos históricos queridos por Dios no envejecen, sólo envejecemos las personas como proceso natural de la vida. Son las nuevas generaciones de Agustinos los que no deben "envejecer el espíritu y el Ideal agustiniano" para que esta bella historia continúe.

Este tercer Libro recoge esa historia documentada en todos sus detalles. Los protagonistas de la misma, como en los libros anteriores, son personas religiosas y laicas, que desde las mediaciones eclesiales y civiles fueron construyendo el escenario histórico que hoy se documenta. Se dice rápido, pero para quien se ha dado a la tarea de tocar puertas, corazones y archivos, así como el irlos ordenando por temas diversos para que hoy los veamos como un todo, de seguro no ha sido fácil. Junto al procedimiento civil de Permisos de Escrituras y Códigos de lugares y edificaciones, converge la vida del día a día de seres humanos que en su diversidad de obligaciones y tareas van haciendo posible una historia. Las estructuras físicas y también las personas "sucumben" por el tiempo, no así los ideales, los objetivos, la conciencia y la memoria histórica. Tratándose de un hecho religioso, sigue latente la vida agustiniana, la vida sacramental, litúrgica y pastoral, producto de estos Cincuenta Años en el caso que nos ocupa.

¿Que si se cambia en cincuenta años?, muchos feligreses de esta Parroquia San Agustín que aún viven nos lo pueden decir (incluyéndome yo). También lo podemos decir los que ya hemos rebasado los 50 años… Todo el contenido de este Libro, desde sus inicios hasta el final, nos llevará por todos los pasos, procedimientos y acontecimientos que demuestran que la historia no puede ser estática, sino dinámica y cambiante. Las personas que la protagonizan la van actualizando y modernizando según el tiempo que les ha tocado vivir. Los feligreses que aún viven, podrán recordar puntualmente lo que en un tiempo atrás vivieron. Los que ya no están porque han fallecido, o se han mudado de Parroquia o hayan abandonado la fe, tendrán en este Libro el dato histórico de que también fueron parte de dicha historia.

En nombre del Vicariato, agradezco al P. Fr. José Aridio Taveras De León todo el esfuerzo y aporte que nos hace con este nuevo Libro. Igualmente agradezco a la Comunidad Agustina de Lomas Verdes el haber contribuido de diversas maneras a que este "Libro del Cincuentenario" sea una realidad. Desde aquí decimos a las demás presencias agustinianas en el Vicariato de Las Antillas que en su momento también se escribirá su historia en todos sus detalles, así nuestra Biblioteca Vicarial estará mucho más completa y nuestros jóvenes en formación mucho mejor formados.

P. Fr. Reinaldo Rivera Díaz, O.S.A.
Vicario Regional de Las Antillas

INTRODUCCIÓN

El 13 de enero de 1964 Mons. Jaime Pedro Davis, Arzobispo de San Juan de Puerto Rico, erigió la Parroquia San Agustín ubicada en la urbanización Lomas Verdes de Bayamón. El 2 de febrero del mismo año la entregó a los cuidados pastorales del Vicariato de las Antillas de la Orden de San Agustín. Acontecimiento importante para la Arquidiócesis de San Juan y para la Orden, que en el año 2014 celebra su Cincuenta Aniversario de presencia en Bayamón y específicamente en esta parroquia.

El 31 de octubre de 2013 recibí en Aguada la visita del P. Reinaldo Rivera Díaz, Vicario de las Antillas. Parte de su exploratio mentis fue la solicitud de escritura de la historiografía de la Parroquia San Agustín de Bayamón. El 20 de noviembre del mismo año se efectuó el traslado a dicho lugar con este propósito.

Entre los feligreses de la Parroquia San Agustín, tanto los correspondientes a la urbanización Lomas Verdes, como a los de las capillas de San Martín de Porres y Nuestra Señora del Buen Consejo se encuentran personas que tienen muy vivo el recuerdo de la llegada de los Padres Agustinos por estas zonas: sus hábitos blancos y sus andanzas en la administración sacramental y pastorales a pie por los barrizales con trazados de carreteras que apenas llegaban a caminos vecinales.

El P. Felipe Fernández, prior y párroco, me dio el acceso a los archivos de la casa y comencé el trabajo investigativo. Como en otras ocasiones, se trataba de organizar el archivo y sacar de él los datos concernientes a la vida de los hermanos en su triple comunión: de vida, de bienes y de apostolado. Para esta ocasión se constituyen en fuente inigualable los Libros de Actas de la Comunidad. Así, a la vez que se redactó este texto, se conformó el Archivo de la Parroquia San Agustín de Lomas Verdes (APSALV).

A bien de mantener la correlación textual e histórica, pensando en los hermanos que en el futuro estudien estos materiales, se conserva el estilo de décadas y divisiones capitulares en lo referente a la Comunidad. En cuanto a los bienes, no se recogen los cambios de los vehículos que la comunidad ha estado utilizando. Donde se traza la diferencia es lo concerniente a la Pastoral Parroquial, Pastoral Educativa y Pastoral de la Salud que ha realizado como apostolado propio esta comunidad. El método con el que se aborda esta obra se refiere al mismo implementado para escribir la "Historia de los Agustinos en República Dominicana (1954 – 2006)" y "Los Agustinos en Aguada I (1919 – 1969)".

En esta obra que pongo en tus manos, **Los Agustinos en la Parroquia San Agustín de Bayamón (1964 – 2014)**, encontrarás a demás del texto historiográficos apéndices de documentos, crónica eclesiástica de Bayamón, tabla con el informe sacramental por año y fotografías actuales de la parroquia. Se han transcrito dos documentos sobre las Manifestaciones Marianas en la parroquia en el año 1986 tomando en cuenta lo que expresó a través de circulares Mons. Luis Cardenal Aponte Martínez, Arzobispo de la Arquidiócesis de San Juan en este tiempo.

Esta obra, como tal no aborda el tema de la participación de los Padres Agustinos en la visita del Santo Papa Juan Pablo II a Puerto Rico iniciada el 12 de octubre de 1984. Aunque ellos sí asistieron.

Pido disculpa por cualquier fallo o imprecisión recogido en esta obra; a la vez, que espero que sirva de provecho para el bien de todos los feligreses de esta parroquia.

P. Fr. José Aridio Taveras de León, OSA

I

MARCO HISTÓRICO DE LOS AGUSTINOS EN LA PARROQUIA SAN AGUSTÍN DE BAYAMÓN

1. El Momento Histórico

Los principales acontecimientos históricos mundiales que afectan el tiempo de desarrollo de esta investigación son: la Crisis de los Misiles de 1962; fin de la guerra de Vietnam, 1973; la caída del Muro de Berlín, 1989, y el fin de la guerra fría, 1990.

2. La Iglesia Católica

La Iglesia Católica ha vivido grandes acontecimientos desde 1959 como lo es el Concilio Vaticano II, la publicación de diversos textos litúrgicos fruto de las renovaciones solicitadas en el mismo concilio, la redacción del nuevo Código de Derecho Canónico en 1989 y la publicación oficial del Catecismo de la Iglesia Católica 1997.

El Concilio Vaticano II (1959 – 1965)

Desde 1960 la Iglesia estuvo inmersa en el Concilio Vaticano II. Éste había sido anunciado por San Juan XXIII, papa, el 25 de enero de 1959. Se desarrolló en un conjunto de cuatro sesiones; de las cuales él sólo presidió la primera por motivo de su muerte.

Correspondió al Papa Pablo VI, elegido el 21 de junio de 1963, continuar con el Concilio trazándole por objetivos:

- Promover el desarrollo de la fe católica.
- Lograr una renovación moral de la vida cristiana de los fieles.

- Adaptar la disciplina eclesiástica a las necesidades y métodos de los nuevos tiempos.
- Lograr la mejor interrelación con las demás religiones, principalmente las orientales.

Con el Concilio se buscaba el *aggiornamento* o puesta al día de la Iglesia retornando a las fuentes de las cuales surgió, para ello se mantuvo en apertura dialogante con el mundo moderno y en actualización la vida de la iglesia. Así, surgieron de él las constituciones dogmáticas:

- *Dei Verbum*, sobre la Divina Revelación.
- *Sacrosanctum Concilium*, sobre la Sagrada Liturgia.
- *Lumen Gentium*, sobre la Iglesia.
- *Gaudium et Spes*, sobre la Iglesia en el mundo actual.

A estas cuatro constituciones siguieron: 9 decretos conciliares entre los que están el Perfectae Caritatis, sobre la adecuada renovación de la Vida Religiosa, y tres declaraciones conciliares, siendo una de ellas la *Gravissimum Educationis* que trata sobre la Educación Cristiana.

Como parte del mismo Concilio, el Papa Pablo VI declaró a María Madre de la Iglesia el 21 de noviembre de 1964.

El concilio concluyó con una misa presidida por Pablo VI el 8 de diciembre de 1965.

Renovaciones Litúrgicas (1969 -)

Tras la publicación de la Sacrosanctum Concilium (1963), se urgía la revisión y publicación de nuevos libros litúrgicos adaptados al espíritu del Concilio Vaticano II. Tomando en cuenta que la lengua oficial de la iglesia es el latín, éste pidió que se tradujeran los libros litúrgicos a las lenguas vernáculas o lenguas que hablaba el pueblo. Se trataba de los ordinariamente usados por los Ministros de la Iglesia, por tanto en las parroquias. Entre ellos están:

- Calendario Romano (1969);
- El Misal Romano que integra: el Misal Romano (1971) y los leccionarios de la misa (1970), así como el Ordo sobre los Cantos de la Misa (1973);
- Oficio Divino: Liturgia de las Horas (1971 – 1972);

- Pontifical Romano: Ritual de Confirmaciones (1976); Ritual de Ordenación de Diáconos, Presbíteros y Obispos (1977); Ritual de Consagración de las Vírgenes (1970); Ritual de Bendición del Óleo de los Catecúmenos, Enfermos y el Santo Crisma (1971); Bendición de los Abades (1971) y Ceremonial de los Obispos;
- Ritual Romano: Ritual del Bautismo de Niños (1970), Ritual de Matrimonios (1970), Ritual de Exequias (1971), Ritual de la Unción y Pastoral de Enfermos (1974), Ritual de la Comunión y del Culto Eucarístico fuera de la Misa (1974), Ritual de la Penitencia (1975), Iniciación Cristiana de Adultos (1976), Ritual de la Profesión Religiosa (1979) y Bendicional (1986);
- Gradual Simple (1975) y Ritual de Coronación de la Virgen María (1981).

Código de Derecho Canónico (1983)

El Concilio Vaticano II hizo surgir nuevos planteamientos que guiaban hacia la modificación del Código de Derecho Canónico vigente desde 1917. Tras las debidas consultas y estudios la Iglesia dio a la luz para la regulación de su vida en materia de su finalidad, carácter jurídico y autonomía el nuevo Código de Derecho Canónico publicado por el Santo Papa Juan Pablo II en 1983.

Catecismo de la Iglesia Católica (1992 – 1997)

El Catecismo de la Iglesia Católica es la exposición de la fe de la Iglesia y de la doctrina católica, iluminada por las Sagradas Escrituras, la Tradición Apostólica y el Magisterio Eclesial. Su redacción fue pedida por los obispos presentes en el Sínodo de Obispo del 25 de enero de 1985 a San Juan Pablo II, papa.

Atendiendo a los deseos del Sínodo, el Papa convocó una comisión de 12 obispos en 1986 presidida por el Cardenal Joseph Ratzinger, sucesor de San Juan Pablo II bajo el nombre de Benedicto XVI. A ellos les encargó redactar el nuevo catecismo. La primera versión, para consulta y trabajo, fue publicada en lengua francesa el 11 de octubre de 1992. Después se tradujo a las demás lenguas. Tras un intenso trabajo de revisiones, introducción de notas enviadas desde todas partes del mundo y las correcciones de lugar, vio su luz la versión oficial el 15 de agosto de 1997 bajo el pontificado del Santo Papa Juan Pablo II.

3. La Arquidiócesis de San Juan de Puerto Rico

El primer documento que trata de la erección de la primera Diócesis en toda América, después de su descubrimiento, data del 16 de diciembre de 1504. Este es la Bula "Illius fulciti praesidio" del Papa Julio II, por la cual creó la Arquidiócesis de "HYAGUATA", en Santo Domingo hoy República Dominicana. Ésta no llegó a ejecutarse.

El 6 de agosto de 1511 el Papa Julio II por medio de la Bula "Romanus Pontifex" anuló la anterior Arquidiócesis de Hyaguata y creó por la misma Bula tres diócesis: Santo Domingo, La Vega y Puerto Rico, sufragáneas de la Arquidiócesis de Sevilla (España).

Más tarde, la Diócesis de Puerto Rico pasó a ser sufragánea de Santiago de Cuba. Por el Breve Apostólico "Actum Praeclare" del 20 de febrero de 1903, el Papa León XIII, la separó de la Provincia Eclesiástica de Santiago de Cuba, quedando sujeta directamente a la Santa Sede.

El Papa Pío XI, por medio de la Bula "Ad Sacrosanctum Apostolatus" del 21 de noviembre de 1924 cambia el nombre de la Diócesis de Puerto Rico y divide su extensión territorial entre la Diócesis de San Juan de Puerto Rico, a la que corresponde la primacía, y Diócesis de Ponce, de nueva creación.

El 30 de abril de 1960 el Santo Papa Juan XXIII, creó la Diócesis de Arecibo por la Bula "Cum Apostolicus". Por esta misma bula se eleva a categoría de Arquidiócesis a la Diócesis San Juan de Puerto Rico.

La Arquidiócesis de San Juan tiene como sufragáneas desde su elevación las Diócesis de Ponce y Arecibo. Luego, tras sus respectivas creaciones, las Diócesis de Caguas (1964), Mayagüez (1976), Islas Vírgenes (1960 y 1977) y Fajardo – Humacao (2008).

A Mons. Jaime Pedro Davis correspondió el título de primer Arzobispo de la Arquidiócesis de San Juan. Tras su promoción al Arzobispado de Santa Fe, en Nuevo México, se trasladó en febrero de 1964[1].

---

[1]   Cfr. Álvaro Huerga – Floyd McCoy. Episcopologio de Puerto Rico. *Los obispos norteamericanos de Puerto Rico (1899 – 1964)*. Pontificia Universidad Católica de Puerto Rico, Ponce 2000. p. 272.

Mons. Luis Aponte Martínez fue nombrado Arzobispo de San Juan de Puerto Rico el 4 de noviembre de 1964. Tomó posesión de su cargo el 15 de enero de 1965[2], pasando a ser el segundo Arzobispo de esta Arquidiócesis. Mons. Luis Aponte Martínez había asistido a las dos primeras sesiones del Concilio Vaticano II como Obispo Auxiliar de la Diócesis de Ponce.[3] Fue nombrado Obispo de Ponce, diócesis de la que tomó posesión el 15 de febrero de 1964; luego, asistió a la cuarta sesión conciliar[4]. Ejerció su oficio pastoral en esta Arquidiócesis puertorriqueña hasta 1999.

El tercer Arzobispo de San Juan de Puerto Rico es Mons. Roberto Octavio González Nieves, nombrado para este cargo el 26 de marzo de 1999 e instalado el 8 de mayo del mismo año. Es quien en la actualidad se encuentra pastoreando esta iglesia particular.

4. El Vicariato Agustiniano de las Antillas

Forma parte de la naturaleza de la Orden de San Agustín la igualdad fraterna que regula las relaciones entre los Superiores y los demás hermanos y nadie es superior a los demás sino por razón del oficio o cargo que se le ha encomendado por cierto tiempo. La Orden se compone de hermanos, clérigos y no clérigos, cuyas agrupaciones principales son las provincias presididas por Priores Provinciales.

Cada provincia está formada por comunidades compuestas por un número no menor de tres hermanos que viven en comunión de vida, comunión de bienes y comunión de apostolado. Dentro de ellos uno es designado como Prior local y otro como ecónomo de la comunidad, existen también otros cargos. En las ocasiones en que la falta de personal ha provocado la cohabitación local de sólo dos hermanos la comunidad pierde su estatus y pasa a designarse residencia.

En la estructura de la Orden se contemplan agrupaciones de comunidades menores a las Provincia denominadas Vicariatos y Delegaciones. Estas denominaciones van ligadas al número de hermanos

---

[2]   Cfr. Ibid., p. 165.
[3]   Aponte Martínez, Luis. ***Unde Hoc Mihi: ¿Por qué a mí? Memoria del Cardenal Luis Aponte Martínez.*** Norma, San Juan 2005. 147.
[4]   Cfr. Ibid., p. 158.

que la componen y, por su nomenclatura, le faculta de unos niveles de autonomía en su gestión[5].

Tras el Concilio Vaticano II la Orden de San Agustín inició un proceso de renovación de sus Constituciones. Por consiguiente, la Provincia Agustiniana de Castilla, cuya sede está en España, comenzó la renovación de sus estatutos en el Capítulo Provincial de 1968.

Extensión Geográfica del Vicariato en 1963

En 1963, año anterior a la erección de la Comunidad de Lomas Verdes, el Vicariato de las Antillas estaba formado por las siguientes comunidades y apostolados:

Puerto Rico
- Comunidad de Aguada: Parroquia San Francisco de Asís, (1919–),
- Comunidad de Santurce: Parroquia Nuestra Señora de Monserrate (1919–) y Academia Santa Mónica (1946–),
- Comunidad de Cabo Rojo: Parroquia San Miguel de Cabo Rojo (1905–)
- Comunidad San Germán: Parroquia San Germán de Auxerre (1896).

República Dominicana
- Comunidad de La Vega: Parroquia San Agustín (1954) y Colegio Agustiniano (1956),
- Comunidad de Santo Domingo: Parroquia Santa Mónica (1967 -)

Legislación Vicarial (1977 – 1997)

Las Constituciones de la Orden, los Estatutos de la Provincia de Castilla; así como, el Código de Derecho Canónico y las legislaciones eclesiales para la Vida Religiosa son fuerzas de ley que gravan sobre la vida del Vicariato.

Para adaptar la legislación universal o provincial a un área geográfica se crean los estatutos propios de las circunscripciones. El Vicariato de las

---

[5] Cfr. Constituciones de la Orden de San Agustín 1969, n.

Antillas creó su Proyectos de Estatutos en 1977, en este tiempo ejercía de Vicario de las Antillas el P. Domingo Aller.

Gracias a las renovaciones de las Constituciones de la Orden, los Vicariatos fueron autorizados a la creación de sus Estatutos propios. En 1997 el Vicariato de las Antillas concluyó el proceso de redacción de sus estatutos.

Estos Estatutos de 1997 pasaron a ser los terceros estatutos aprobados para el Vicariato. Puesto que los primeros se presentaron en el Capítulo Provincial Intermedio celebrado en Calahorra el 2 de enero de 1929 y los segundos, Proyecto de Estatutos Vicariales, en el Capítulo provincial de 1977. La distancia temporal entre uno y los otros, la aprobación los documentos conciliares y el nuevo Código de Derecho Canónico provocaron que entre el más antiguo y los dos más nuevos no guardasen relación legislativa. Por ello, sí guardan estrecha vinculación redaccional el Proyecto de Estatutos de 1977 y los Estatutos aprobados en 1997.

Economía Vicarial (1974)

En el Vicariato de las Antillas cada comunidad ha venido haciendo sus aportes a la economía vicarial. En 1974 el Vicariato organiza sus asuntos económicos a nivel central nombrando un Ecónomo Vicarial[6] y estableciendo la separación económico - administrativa de las Comunidades y las Parroquias o Colegios[7].

Sondeo para la Elección del Vicario de las Antillas (1981)

La elección del Vicario de las Antillas fue uno de los temas tratados en la Visita de Renovación General por el P. Emilio Liébana, Asistente General, en la reunión de clausura realizada en Aguada el 24 de febrero de 1981[8]. El P. Mario González, Vicario Provincial, coordinó la votación de

---

[6] Circular del P. Domingo Aller, Vicario de las Antillas, a los Religiosos de la Vicaría de las Antillas fechada en Santurce el 15 de enero de 1974. APSALV, Circulares Vicariales 1964 – 1974.

[7] Circular del P. Domingo Aller, Vicario de las Antillas, a los Religiosos de la Vicaría de las Antillas fechada en Santurce el 15 de enero de 1974. APSALV, Circulares Vicariales 1964 – 1974.

[8] Relación del P. Asistente General a los Hermanos de la Vicaría de las Antillas en la Clausura de la Visita de Renovación (29 de enero al 24 de febrero de

sondeo para la elección del Vicario de las Antillas. Su resultado lo publicó a través de una circular enviada a los hermanos del Vicariato el 26 de marzo del mismo año[9].

5. El Municipio de Bayamón

La Parroquia de San Agustín está ubicada en el Municipio de Bayamón.

Bayamón es un municipio de Puerto Rico, situado en el valle costeño norteño, al norte de Aguas Buenas y Comerío, al sur de Toa Baja y de Cataño, al oeste de Guaynabo, al este de Toa Alta y Naranjito.

Se extiende por 12 distritos, estos son: Guaraguao Arriba, Nuevo, Dajaos, Buena Vista, Cerro Gordo, Párajos, Hato Tejas, Juan Sánchez, Minillas, Guaraguao Abajo, Santa Olaya y el Pueblo de Bayamón, centro administrativo comercial.

Su topografía mayormente pertenece al Llano Costanero del Norte. Sin embargo, adentrándose hacia el sur de su territorio por los barrios Dajaos, Santa Olaya y Guaraguao Abajo se presentan regiones montañosas con una altura promedio de 600 pies. Ya en los barrios Nuevo y Guaraguao Arriba estas elevaciones alcanzan hasta los 1,600 pies. Entre sus elevaciones más destacadas encontramos el Monte de Santa Ana con 394 pies de altura, el Cerro Vergara con 886 pies de altura y el Cerro La Peña con 1,811 pies de altura.

Forman parte de su hidrografía los ríos Bayamón, el sexto más largo de Puerto Rico. Este río tiene su nacimiento en el pueblo de Cidra y entra en Bayamón por la parte sur haciendo la función de límite entre Bayamón y Guaynabo. Posee también otros ríos como Hondo y Minillas. Así como las quebradas: Bello Gallón, Santa Olaya, Collores, Magueyes, Rivera, Burgos, Cerro Gordo y Santa Catalina, entre otras.

Desde 1950 Bayamón se ha visto afectado por un alto crecimiento poblacional así lo manifiestan los resultados del censo de las siguientes décadas

---

1981). APSALV, Visitas de Renovación General.

[9] Circular del P. Mario González, Vicario de las Antillas, a los hermanos fechada en Bayamón el 26 de marzo de 1981. APSALV, Circulares Vicariales 1974 – 1984.

1950: 48,000
1960: 72,221
1970: 156,192
1980: 195,875
1990: 220,262
2000: 224,044

6. Parroquia Invención de la Santa Cruz

Hacia 1509, antes de la creación de la Parroquia Invención de la Santa Cruz, existía un grupo de viviendas que rodeaban las riveras del Río Bayamón. Para 1601 el clérigo puertorriqueño Tomás de Rivera se encarga de estas personas. En 1645 era un curato, capellanía, a cargo de Francisco Moreno. Por 1702 su encargado era el P. Félix de Villalta.

El Obispo Francisco Julián Antolino durante su visita pastoral de 1750 ordenó que se formaran sus libros de matrimonios y defunciones. En 1760 el obispo Pedro Martínez Oneca indica que se predique el Evangelio y se enseñe la doctrina cristiana.

Los habitantes de la Rivera de Bayamón solicitaron al Obispo Mariano Martí la construcción de una nueva iglesia bajo la advocación de la Santa Cruz en 1764. El comisario para la construcción de esta iglesia nombrado por los vecinos en 1771 fue don Clemente Dávila. En 1772 el Provisor y Vicario General de la Diócesis de Puerto Rico ordena el deslinde de la jurisdicción parroquial de Guaynabo y Bayamón.

La Parroquia Invención de la Santa Cruz de Bayamón surgió en 1772[10]. Los Padres Dominicos comenzaron a hacerse cargo de esta parroquia en 1905. La Parroquia San Agustín nace por desmembración de la Parroquia Invención de la Santa Cruz de Bayamón.

Capillas Atendidas por los Padres Dominicos (1963)

En la zona geográfica que correspondería a la Parroquia de San Agustín los Padres Dominicos habían creado diferentes capillas para la atención pastoral de los moradores de estos barrios. Ellos las atendieron hasta el 26 de diciembre de 1963. Estas capillas fueron:

---

[10]   Campos Lacasa, Cristina. Historia de la Iglesia en Puerto Rico. Instituto de Cultura Puertorriqueña, San Juan 1977. 218.

1. Nuestra Señora de la Monserrate

En el Barrio Santa Olaya se había creado en 1934 una capilla dedicada a Nuestra Señora de La Monserrate. La más antigua de todas las que aquí se citan[11].

2. Cristo Rey

En el Barrio Guaraguao Abajo estaba la capilla Cristo Rey[12].

3. San José

Ubicada en la zona montañosa del Barrio Minillas se encuentra la Capilla San José, creada en 1963. Anteriormente su estructura física servía de Casa – Club de los Mensajeros de Cristo. Era de madera y recubierta en sus paredes con pencas de coco y techo de zinc y estaba situada en la zona de los Pérez[13].

4. Nuestra Señora del Carmen

En la zona llana del Barrio Minillas se encontraba la Capilla del Carmen. Dentro de las inmediaciones de la Finca Sra. Juanita; luego, terrenos de la Urbanización Santa Juanita[14].

5. San Martín de Porres

En las Parcelas Juan Sánchez estaban puestos los cimientos y construida parcialmente las paredes de la capilla que se dedicaría a San Martín de Porres[15].

6. San Jacinto de Polonia

Ubicada dentro la Urbanización Lomas Verdes, su historia se presenta a continuación.

---

[11]   Cfr. Parroquia y Colegio San Agustín. 25 Aniversario. Bayamón, Puerto Rico, 1989. 10.

[12]   Cfr. Ibidem.

[13]   Cfr. Ibidem.

[14]   Cfr. Ibidem.

[15]   Cfr. Ibidem.

7. Capilla San Jacinto de Polonia

Dentro del Barrio Minillas de Bayamón comenzó a desarrollarse en 1957 la Urbanización Lomas Verdes. Ésta fue el escenario para la creación de la Capilla San Jacinto de Polonia. Ubicada en la segunda, de las cuatro secciones que posee dicha urbanización.

Misión Inicial de los Padres Dominicos

Los primeros contactos con los moradores de la urbanización naciente se establecieron a través de visitas directas a los hogares habitados de la zona. Explica el P. José de Vlaam al respecto:

> Las visitas a los hogares se realizaron desde 1957. Yo llegué a Bayamón en mayo 1960 desde Yauco. Visitaba junto a otros padres Dominicos, Lomas Verdes, Santa Rosa y Magnolia Gardens para orientar a los habitantes acerca de las actividades de la iglesia católica y registramos los datos de la familia: matrimonio, hijos, edades, asistencia a la iglesia, vida sacramental etc. La mayoría de la gente nos recibía cortésmente. Las visitas mayormente entre las 7 – 10 de la noche[16].

Según su descripción parece ser el primer censo realizado para iniciar los trabajos la conformación de la comunidad eclesial. Por otra parte, entre los textos redactados con motivo del 25 Aniversario de la Parroquia y el Colegio San Agustín se explica la manera como la comunidad vivió su fe en sus momentos iniciales:

> … Personas animadas de auténtico sentido cristiano empezaron la tarea de unir más a todas aquellas familias, tanto las que ya de antiguo vivían allí como las nuevas que iban viniendo de todas las partes de la Isla y aún de fuera. La unión se fue haciendo a base del cultivo esmerado del amor de Dios y la devoción a la Santísima Virgen, mediante la práctica del Santo Rosario. Se puede muy bien decir que fue el Rosario la cadena mágica que fue engarzando en

---

[16]   Carta del P. José de Vlaam, O.P., al P. José Aridio Taveras, fechada en Rotterdam, Holanda, el 16 de abril de 2014.APSALV, P. José de Vlaam.

una verdadera familia a todos aquellos habitantes, primer núcleo de lo que con el tiempo vendría a ser Parroquia San Agustín[17].

Sobre la metodología de trabajo implementada explica el P. de Vlaam:

La mayoría de la gente ya vivía dos a tres años en las urbanizaciones; la cuarta sección de Lomas Verdes todavía en construcción. Muchas familias recién llegadas desde distintas partes de los Estados Unidos. Los hijos hablaron inglés; había recibido los sacramentos de confesión y comunión en el inglés y poco español.

Por tales motivos la metodología consistió en demostrar interés en el bienestar material, intelectual, y espiritual de los feligreses[18].

La Primera Eucaristía

Después del proceso inicial de visitas y de un tiempo reuniéndose para rezar el Rosario casa por casa, vieron realizado sus anhelos de celebrar la primera eucaristía.

Visita casa por casa, reunión tras reunión y un entusiasmo incansable dieron como resultado un compenetrarse los ánimos de aquellos pioneros que sintieron muy pronto la necesidad de encontrar un lugar donde celebrar la Santa Misa. Ese había de ser y no otro el verdadero centro de la vida cristiana que anhelaban. El entusiasmo de los primeros se fue contagiando con las insistentes visitas y rezo a la Virgen; pronto surgió una familia Benítez, que se consideró bien dichosa y se ofreció para que allí se celebrase la Misa cuantas veces hiciera falta. Esta primera Misa fue en el año 1958. El agradecimiento a esa familia no fue obstáculo para seguir buscando un lugar exclusivo para la celebración y para reuniones frecuentes[19].

---

[17] Parroquia y Colegio San Agustín. 25 Aniversario. Bayamón, Puerto Rico, 1989. 7.

[18] Carta del P. José de Vlaam, O.P., al P. José Aridio Taveras, fechada en Rotterdam, Holanda, el 16 de abril de 2014.APSALV, P. José de Vlaam.

[19] Parroquia y Colegio San Agustín. 25 Aniversario. Bayamón, Puerto Rico, 1989. 7.

Organización de las Catequesis

Cuenta el P. José de Vlaam que la organización primera que tuvo la Catequesis fue la siguiente:

> En los distintos sectores se daba catequesis a los niños en marquesinas y casas por voluntarios (mujeres mayormente) y a las catequistas se solía dar una preorientación, especialmente a las que dirigían a jóvenes antes de la Primera Comunión y después. Que yo sepa y recuerde no había en aquella época clases para catequistas a nivel de la diócesis[20].

Organización de la Comunidad

Como comunidad entusiasmada por los inicios de la vida en la fe comienzan a organizarse de acuerdo con los grupos y movimientos apostólicos existentes en la parroquia.

> Una reunión, dirigida por el Padre José Vlaam, OP, quien fue el celebrante de la primera Misa en de la calle Abeto, tuvo gran trascendencia para aquella incipiente comunidad católica. Esta reunión se tuvo en casa de Nicolás Rosario, calle Clavelillo R42. Allí se trataron varios temas entre un nutrido número de asistentes acogidos con mucho cariño por toda la familia Rosario. La alegría de haber participado en aquella primera Misa de la calle Abeto se desbordaba por doquier durante esta reunión en la calle Clavelillo y fueron muchos los temas tratados, la mayoría de los cuales quedarían en meros proyectos y algunos comenzaron de inmediato a tomar forma concreta gracias al celo incansable desplegado por varias personas comprometidas. Se acordó organizar una Directiva compuesta por miembros del Santo Nombre con el fin de armonizar todo el trabajo; una Cofradía bajo el título de San Jacinto, nombrándose un comité para preparar los reglamentos (poco tiempo después esa Cofradía sería la Sociedad del Santo Nombre); la Sociedad del Sagrado Corazón; Legión de María; Hijas de María; Grupo de Juventudes; Comité de Actividades

---

[20]   Carta del P. José de Vlaam, O.P., al P. José Aridio Taveras, fechada en Rotterdam, Holanda, el 16 de abril de 2014.APSALV, P. José de Vlaam.

Sociales. Todo un mundo de ilusiones y proyectos que serían tratados en nuevas reuniones para avanzar sin descanso hacia metas cada vez más elevadas[21].

Considera el P. José de Vlaam sobre los grupos pastorales:

Grupos Pastorales. – una expresión desconocida en aquel tiempo por un servidor. Sin embargo muchos voluntarios nos ayudaban para dar vida y entusiasmo a la iglesia en las urbanizaciones mencionadas. Todo comienzo es difícil[22].

Iglesia Católica de Lomas Verdes, primer local

El primer lugar para reunir a la Comunidad Eclesial fue una casa alquilada por un monto de $90.00 mensual.

En una reunión habida en casa de José Irizarry, calle Nogal S 53, se trató de pedir de nuevo la marquesina de la familia Benítez para celebrar la Misa y se hicieron planes para conseguir un local alquilado para ese fin a fin de tener más libertad. Providencialmente se consiguió un local en calle Almendra, esquina Lomas Verdes, alquilándolo por $90.00 al mes. Con rapidez asombrosa se arregló el patio, se consiguieron elementos para preparar un altar, se juntaron sillas y bancos; y luego estuvo aquello listo para celebrar cada sábado la Santa Misa. El P. José, O.P. estaba entusiasmado con aquellas celebraciones semanales, a las que cada vez acudía mayor número de fieles, tanto que ya comenzó pronto a llamarse el lugar la "Iglesia Católica de Lomas Verdes[23].

---

[21] Parroquia y Colegio San Agustín. 25 Aniversario. Bayamón, Puerto Rico, 1989. 7.

[22] Carta del P. José de Vlaam, O.P., al P. José Aridio Taveras, fechada en Rotterdam, Holanda, el 16 de abril de 2014. APSALV, P. José de Vlaam.

[23] Parroquia y Colegio San Agustín. 25 Aniversario. Bayamón, Puerto Rico, 1989. 7 – 8.

Compra de los Terrenos para la Capilla

En la sesión extraordinaria de los Padres Dominicos de Puerto Rico realizada el 2 de diciembre de 1959 se autorizó al P. Mariano Niewenhuizen a comprar un terreno en la urbanización Lomas Verdes de Bayamón. Así como a firmar su escritura de compra y venta[24]. Estos terrenos se describen a continuación:

> ---- "URBANA: - Parcela de Terreno radicada en el Barrio Minillas (Urbanización Lomas Verdes) del Término municipal de Bayamón, área Una Cabida superficial de Una Cuerda Con Treinta y Tres Centésimas de Cuerda, (1.33 cuerdas), Equivalente a CINCO MIL TREINTA Y DOS doscientos METROS CUADRADOS, ----- (5,232.00), y en lindes: POR EL NORTE, Con La Calle Numero Veinticuatro (24) de la Urbanización Lomas Verdes, DISTANCIA de Ciento Nueve metros, (109.00); Por el sur, la Calle acondicionado Número Diez y Siete, (17) De La mencionada urbanización, DISTANCIA de Ciento Nueve metros, (109.00); Por el ESTE, Con La calle Número Veintiuno, (21), de la referida urbanización, del distancia de Cuarenta y Ocho metros, (48.00); y Por El OESTE, Con La Calle Número Veintitrés, (23), de la mencionada urbanización los antes, DISTANCIA De Cuarenta y Ocho metros, (48) "por un precio en efectivo de $ 3.00 por metro o $ 15,696.00[25]

Para pagar los terrenos e iniciar la construcción de la capilla se hizo un préstamo por la suma de: $17,500.00[26].

El 28 de diciembre se realizó la firma del traspaso de parte de la compañía y el 12 de enero de 1960 la erección del documento oficial.

---

[24] Certificación de Compra de los terrenos de la Parroquia y Colegio San Agustín de Bayamón, 1959.

[25] Documentos Terrenos de la Parroquia y Colegio San Agustín de Bayamón. 1959.

[26] Parroquia y Colegio San Agustín. 25 Aniversario. Bayamón, Puerto Rico, 1989. 8.

Primer Templo de la Capilla, segundo local (1960)

Una vez conseguido el terreno podían avanzar y dar otro paso más grande:

> … edificar su iglesia propia sin enterrar el dinero en pagos de alquiler. Se movieron rápidamente a la tarea de desbrozar y allanar el terreno sin descuidar lo urgente de recaudar fondos. Menudearon las visitas a domicilio con el doble objetivo de rezar el Rosario y pedir apoyo económico para amortizar deudas. Las peticiones de ayuda no se limitaron a los vecinos, se extendieron hasta quienes de fuera pudieron brindar ayuda. Uno de los que respondieron con generosidad fue el dueño de Productos Goya, D. Manuel. Les ofreció cuantos productos Goya devolvieran por avería en los envases sólo con el trabajo de ir a recogerlos al almacén. Esto supuso un buen ingreso. Más adelante para la construcción de una capillita de madera en el solar recién adquirido acudirían a otro Manuel (D. Manolo como le decían familiarmente en la Empresa) en García Comercial, Pda. 18 de Santurce. El proporcionó la madera que semanalmente se iba a recoger gratuitamente en su almacén. Ayuda parecida darían en Ventas MAIAMI de Hato Tejas para dicha capilla. Dios tenga en su gloria a estos[27].

El P. José de Vlaam aclara:

> La construcción de la capilla de San Jacinto de Polonia, confesor. Arquitecto Sr. Jorge Hernández. Diseñó una capilla de madera, con paredes de poca madera y (en vez de ventanas) paredes de tela metálica. Por cierto el agua pluvial entraba abundantemente; muchas veces había que sacar el agua del piso y de las sillas. No fueron los feligreses – como se sugiere en la página 8 del libro del Aniversario 25 – sino una pequeña compañía que construyó el humilde edificio. Costos desconocidos por mí[28].

[27] Parroquia y Colegio San Agustín. 25 Aniversario. Bayamón, Puerto Rico, 1989. 8.

[28] Carta del P. José de Vlaam, O.P., al P. José Aridio Taveras, fechada en Rotterdam, Holanda, el 16 de abril de 2014.APSALV, P. José de Vlaam.

Segundo Templo: Capilla San Jacinto de Polonia, tercer local (1963)

> *La construcción de una Iglesia grande de concreto era ya*
> *un proyecto al que no se podía ir con sólo buena voluntad y*
> *los métodos seguidos hasta el presente, opinaban los Padres*
> *Dominicos*[29].

Visitando casa por casa y pidiendo contribuciones lograron construir un templo grande y de concreto digno.

> Fue bendecida por *"el Sr. Arzobispo Jaime Pedro Davis el 11 de*
> *noviembre de 1963 y dedicada al mártir San Jacinto de Polonia,*
> *de la Orden de Predicadores"*[30].

8. Llegada de los Padres Agustinos (1963)

A los pocos días de la bendición Mons. Davis comunica la noticia de la creación de una nueva parroquia cuya sede sería la recién construida capilla San Jacinto de Polonia. Esta estaría bajo la guía pastoral de los Padres Agustinos.

En el Anuario publicado con motivo del 25 Aniversario de la Parroquia y el Colegio San Agustín se explican las motivaciones para entregarla a los agustinos:

> *Hacía tiempo que el P. Maximino Álvarez, Superior de los*
> *Agustinos en Puerto Rico, con personal abundante se estaba*
> *ofreciendo al Arzobispo de San Juan para trabajar en donde más*
> *urgencia hubiese*[31].

Explica el P. José de Vlaam sobre el proceso de traspaso a los agustinos:

---

[29] Parroquia y Colegio San Agustín. 25 Aniversario. Bayamón, Puerto Rico, 1989. 9.

[30] Parroquia y Colegio San Agustín. 25 Aniversario. Bayamón, Puerto Rico, 1989. 9.

[31] Parroquia y Colegio San Agustín. 25 Aniversario. Bayamón, Puerto Rico, 1989. 9.

El traspaso a los Padres Agustinos nos cogió a los Dominicos de sorpresa y resultó inagradable. En noviembre se terminó la Iglesia de hormigón etc. y ya en enero nos vimos obligados a entregar las iglesias de Lomas Verdes y Magnolia Gardens.

Los que trabajamos arduamente en dichas urbanizaciones no tuvimos ninguna injerencia en el traspaso.[32]

Los Padres Agustinos comenzaron a visitar las capillas que iban a formar parte de la futura Parroquia San Agustín desde finales de diciembre de 1963[33].

---

[32] Carta del P. José de Vlaam, O.P., al P. José Aridio Taveras, fechada en Rotterdam, Holanda, el 16 de abril de 2014.APSALV, P. José de Vlaam.

[33] Cfr. Entrevista al P. Francisco Larrán. San Germán, abril 2014. APSALV, Entrevista al P. Francisco Larrán, OSA.

II

SÓLIDO NACIMIENTO
1964

1. Comunidad Agustiniana

El 13 de enero de 1964 Mons. Jaime Pedro Davis, Arzobispo de la Arquidiócesis de San Juan, firmó el decreto de Desmembración de la Parroquia de la Santa Cruz, de Bayamón, y Erección de la Parroquia San Agustín.

En 1964 el P. Modesto Santamarta se encontraba ejerciendo el oficio de Prior Provincial de la Provincia Agustiniana de Castilla y el P. Carlos Gutiérrez era Vicario en las Antillas, con facultades sobre Puerto Rico y República Dominicana. El P. Modesto Santamarta se encontraba realizando la Visita de Renovación Provincial durante el mes de enero, con lo cual, su estancia coincidió con el transcurso de tiempo en el que se gestó la Comunidad Agustiniana de Lomas Verdes. De ahí que sea él quien hace surgir el 21 de enero de 1964 esta comunidad al autorizar junto al P. José María Coto, secretario para la visita, sus libros oficiales de Colecturía[34] y Depósito.[35]

El 23 de enero, dos días más tarde y justo a los diez de haberse erigido la parroquia, Celestino Lineras, Vicecanciller del Arzobispado, remitió una carta al P. Carlos Gutiérrez en la que se adjuntaban los nombramientos para la recién creada Parroquia de San Agustín en Bayamón:

---

[34] Libro de Colecturía, Febrero 1964 – Mayo 1979.
[35] Libro de Depósito. Febrero 1964 – Diciembre 1991.

*Ellos son Rev. P. Francisco Larrán, O.S.A., párroco; Rev. PP.
Celso Martínez, O.S.A., y Anselmo Castillo, O.S.A., Vicarios
Cooperadores.*[36]

El 2 de febrero Mons. Jaime Pedro Davis presidió la eucaristía de
toma de posesión de la parroquia. De ésta participó el P. Carlos Gutiérrez.
En ella se leyeron públicamente los nombramientos y fueron presentados
a la comunidad parroquial oficialmente por parte del Sr. Arzobispo los
padres que había nombrado días antes.[37]

Al concluir la Visita Provincial de Renovación con la reunión del
P. Provincial y el Consejo Vicarial del 6 de febrero los hermanos que
recibieron la parroquia fueron destinados a fundar la Comunidad de
Lomas Verdes. Entre ellos se distribuyeron los cargos comunitarios. Así
el P. Francisco Larrán pasó a ser el Prior; P. Celso Martínez, Consejero
Vicarial, y P. Anselmo Castillo, depositario o ecónomo.[38]

La Comunidad Agustiniana de Lomas Verdes nació sin nada. Los
hermanos eran conscientes de no contar con casa, carro, ni dinero. Es
por esto que en un primer momento vivieron en el Convento de San
Agustín de Santurce, residencia del Vicario de las Antillas. Convento
ubicado entre las facilidades de la Academia Santa Mónica y Parroquia de
la Monserrate de Santurce. Desde allí se trasladaban en transporte público
diariamente en la mañana para ofrecer los servicios pastorales propios de
la parroquia; se les enviaba al medio día los alimentos, las veces que no los
preparaba una de las vecinas de la parroquia, y regresaban para dormir.
A pesar de estas circunstancias, realizaban sus reuniones mensuales tal
y como se recoge en los libros autorizados. Este trajín de vida les valió
el título de comunidad de estado libre asociado: comunidad libre para
la toma de sus decisiones y asociada directamente a la Comunidad San
Agustín de Santurce para poder desarrollarse adecuadamente[39].

---

[36]   Carta de Celestino Linera, Vicecanciller del Arzobispado, al P. Carlos
      Gutiérrez, Vicario de Provincial, fechada en San Juan el 23 de enero de
      1964. AVANT, Carlos Gutiérrez 1963 – 1965.

[37]   Cfr. Album Recordatorio de la Instalación Parroquia San Agustín [Año
      1964]. APSALV.

[38]   Cfr. Acta Visita Provincial, Santurce, P.R. 6 de febrero de 1964. AVANT,
      Libro de Actas Vicaría de Puerto Rico, Acta no. 1, p. 1 -5.

[39]   Entrevista al P. Francisco Larrán, San Germán, 1 mayo 2014.

En la reunión del Consejo Vicarial del 16 de mayo de 1964 se aprueba la construcción de la Casa Parroquial, el Colegio San Agustín y el Convento de las Hermanas Terciarias Agustinas que se pensaban traer desde España[40].

Del conjunto de obras aprobadas en esta Reunión Vicarial la primera en verse realizada como obra material fue la casa parroquial. Puesto que el 6 de julio de 1964 el P. Carlos Gutiérrez firmó las escrituras de compra de la Primera Casa de los Padres Agustinos en Lomas Verdes, Bayamón[41]. Gracias a esta adquisición los padres pasan a residir en su zona parroquia para realizar allí la comunión de vida, comunión de bienes y comunión en el apostolado. Así mejora la organización de la comunidad y de los servicios pastorales.

No obstante, fue la Academia San Agustín la que recibió prioridad en el trabajo comunitario. En junio de 1964 se registra el primer ingreso económico con motivo de la matrícula de la Academia San Agustín. El monto total alcanzó la cifra de $750.00 dólares por concepto de matrícula[42]. El 16 de agosto de 1964 abrió sus puertas la Academia San Agustín. Ubicada en el segundo local de la Capilla San Jacinto de Polonia, entonces hacía las veces de salón parroquial.

El 14 de diciembre de 1964 la Sociedad de Padres Agustinos compró los terrenos, la iglesia parroquial y la estructura en la que funcionaba la escuela o Academia San Agustín que los Padres Dominicos de Puerto Rico, Inc, tenían en la Urbanización de Lomas Verdes[43]. Hizo de notario para este acto Horacio R. Subirá, hijo.[44]

---

[40] Firmado por: Carlos Gutiérrez, Vicario Provincial; Fr. Pablo Gutiérrez, 1er. Consejero; P. José Ma. Castellanos OSA, Sec. Vic. de P.R. y 2º. Consejero en Santurce el 16 de mayo de 1964. AVANT, Libro de Actas de Actas Vicaría de Puerto Rico, Acta no. 3 - B, hojas sueltas dentro del libro.

[41] Escritura de Cancelación de Hipoteca otorgada por la Sociedad de Padres Agustinos ante el Licdo. Enrique Cuilan García, fechado en San Juan, 6 de julio 1964, escritura no. 8. AVANT, Carpeta San Agustín de Lomas Verdes. Cfr. Documento no. 4.

[42] Libro de Colecturía, Febrero 1964 – Mayo 1979, p. 2.

[43] Documento de compra y venta de los terrenos de los Padres Dominicos. 14 de diciembre de 1964. AVANT, Parroquia San Agustín de Bayamón, P.R.

[44] Documento de Compra y Venta de los terrenos de la Parroquia y Colegio San Agustín de Bayamón fechado el 14 de diciembre de 1964. Inscrito en el 2ª. De

El Capítulo Provincial Intermedio reunido en Madrid del 2 al 3 de marzo de 1965 confirmará y aceptará la Parroquia de San Agustín de Bayamón en Puerto Rico que ya había iniciado el 2 de febrero de 1964. Este acto lo realizó por medio de su cuarto mandato[45]. El 1 de abril de 1965 la comunidad recibió la visita de Fr. Santos Santamarta, Asistente y Visitador General[46]. Elementos todos que afianzan el sólido nacimiento de la Comunidad de San Agustín de Lomas Verdes.

Libros de Colecturía y Depósito (1964)

Los libros de Colecturía y Depósito abiertos por el P. Provincial, Modesto Santamarta, desde el 21 de enero de 1964 registran las primeras cifras en febrero del mismo año. Así en el libro de Colecturía se establecen las cuentas: misas, bautizos, matrimonios, entierros y responsos, obvenciones, votivas y limosnas[47]. Mientras que el libro de Depósito se fijan las cuentas: recibidos de colecturía, entregados a procuración y existencia actual[48].

En mayo de 1964 reciben por motivos de limosnas y matrículas del Colegio un total de $750 dólares. Estas cuentas se separan en el mes de julio del mismo año. Aunque en junio se habla de Limosnas y Campaña de Obras Parroquiales[49]. A pesar de los muchos esfuerzos realizados el primer semestre sólo dejó como remante a la comunidad un total de $196.45 dólares. Con lo cual lo adquirido para la Comunidad de Lomas Verdes durante este tiempo es obra de la Sociedad de Padres Agustinos de Puerto Rico.

---

la fca. 12972 folio 137º tomo 295 Bayamón, Bayamón, Act. 13, 1965. AVANT, Parroquia San Agustín de Lomas Verdes. Cfr. Documento no. 7.

[45] Lazcano, R. *Provincia de Castilla, Orden de San Agustín. Actas Capitulares (1895 – 1999), Estatutos Provinciales (1890 – 1997), Líneas Programáticas (1981 – 2001).* Revista Agustiniana, Madrid 2000. p. 165.

[46] Libro de Colecturía, Febrero 1964 – Mayo 1979, p. 6. Cfr. Libro de Depósito. Febrero 1964 – Diciembre 1991, p. 5.

[47] Libro de Colecturía, Febrero 1964 – Mayo 1979. p. 1.

[48] Libro de Depósito. Febrero 1964 – Diciembre 1991. p. 1.

[49] Libro de Colecturía, Febrero 1964 – Mayo 1979. p. 2 - 3.

Primera Casa de los Padres Agustinos en Lomas Verdes (1964)

El número 2 de la Reunión del Consejo Vicarial del 16 de mayo de 1964 se afirma lo siguiente:

> *"Para casa parroquial de la Nueva parroquia de Lomas Verdes, Bayamón, P.R., pagamos $6,500.00 por el derecho a una casa de poco tiempo construida, incluyendo el solar de la misma, más $64.00 mensuales por veinte años hasta saldar el total. Este fue el primer contrato. Luego, y por economía, pagamos el solar de la deuda $8,791.72.*
>
> *Obtenida y paga la propiedad, se procedió a la construcción de una verja por $900.00 para la protección de la propiedad"*[50].

La ubicación de la Primera Casa adquirida en la Urbanización Lomas Verdes de Bayamón se describe a continuación:

> "SOLAR: radicado en la Urbanización Lomas Verdes situada en el Barrio Minillas de Bayamón, que se describe en el plano de inscripción de la Urbanización con el número, área y colindancias que se relacionan a continuación: Número de solar es Veintiuno de la Manzana "2H" – Área de Solar CUATROCIENTOS VENT, digo VEINTIOCHO METROS CUADRADOS CON SETENTA Y CUATRO CENTESIMAS DE METRO CUADRADO (428.74 M.C.) EN LINDES: Por el Norte, con el solar número veintidós (22) distancia de veintitrés metros; por el Sur, con la calle Diecisiete, distancia de veintitrés metros por el Este con el Solar número veinte (20) distancia de dieciocho metros con setenta y nueve centímetros; por el OESTE, con la Calle Número veintiuno (21) distancia de dieciocho (18) metros con setenta y nueve centímetros.

---

[50]   Libro de Actas de la Vicaría de Puerto Rico, Acta no. 2, p. 6 – 8. Cfr. Firmado por: Carlos Gutiérrez, Vicario Provincial; Fr. Pablo Gutiérrez, 1er. Consejero; P. José Ma. Castellanos OSA, Sec. Vic. de P.R. y 2º. Consejero en Santurce el 16 de mayo de 1964. AVANT, Libro de Actas de Actas Vicaría de Puerto Rico, Acta no. 3 - B, hojas sueltas dentro del libro.

Correspondió al P. Carlos Gutiérrez, Vicario Provincial, realizar los trámites de lugar para la cancelación de la hipoteca de esta compra. Lo cual llegó a su culminación el 6 de julio de 1964[51].

Compra de los Terrenos, Iglesia Parroquial y Escuela en Lomas Verdes (1964)

La Sociedad de Padres Agustinos compró las propiedades que los Padres Dominicos de Puerto Rico Inc. poseían en la urbanización Lomas Verdes el día 14 de diciembre de 1964. Para realizar este acto, la Sociedad de Padres Agustinos en su sesión extraordinaria del día 7 de diciembre del mismo año había autorizado al P. Carlos Gutiérrez a efectuar esta compra[52]. Un día después de firmado el acto de compra y venta, el 15 de diciembre, los Padres Dominicos de Puerto Rico, Inc., certificaron la comparecencia que había realizado al P. Jaime Visker a través de su reunión extraordinaria[53].

En la certificación que expidió el 14 de diciembre el P. José María Castellanos, secretario de la Sociedad de Padres Agustinos, describe como sigue la finca que estaban comprando:

> Resuelve como por la presente se resuelve autorizar al Rev. Padre Carlos Gutiérrez para comprar la parcela de terreno que se describe a continuación por la cantidad de $102,485.93 con

---

[51] Escritura de Cancelación de Hipoteca otorgada por la Sociedad de Padres Agustinos ante el Licdo. Enrique Cuilan García, fechado en San Juan, 6 de julio 1964, escritura no. 8. AVANT, Carpeta San Agustín de Lomas Verdes. Cfr. Documento no. 4.

[52] Certificación de compra de los terrenos de los Padres Dominicos ubicados en la urbanización Lomas Verdes, de Bayamón. Firmada por el P. José María Castellanos, Secretario de la Sociedad de Padres Agustinos el día 7 de diciembre de 1964. Notarizada por Horacio R. Subirá, Hijo, en San Juan el 14 de diciembre de 1964, affidavit 10,050. AVANT, Carpeta Parroquia San Agustín de Bayamón.

[53] Certificación de la comparecencia de los Padres Dominicos Inc. sobre el acto de ventas de las propiedades de la urbanización Lomas Verdes que había realizado el P. Jaime Visker, firmado por el Padre A. K. Westerhuis, O.P. en Cataño, 15 diciembre 1964. Notarizada por Artemo P. Rodríguez en Cataño, el 15 de diciembre de 1964. Affidavit, 6891.

intereses de 5.75% anual pagaderos en mensualidades vencidas, y pagarse la misma en dos plazos de $51,242.96 y $51,242.97.

URBANA: Parcela de terreno radicada en el Barrio Minillas (Urbanización Lomas Verdes) del término municipal de Bayamón, con una cabida superficial de Una Cuerda con Treinta y Tres Centésimas de Cuerda (1.33) equivalente a CINCO MIL DOSCIENTOS TREINTA Y DOS METROS CUADRADOS (5,232) y en lindes: por el NORTE, con la calle Número Veinticuatro (24) de la Urbanización Lomas Vedes, distancia de ciento nueve metros, (109) por el SUR, con la Calle Número Diez y Siete (17) de la mencionada urbanización, distancia de ciento nueve metros (109); por el ESTE, con la Calle Número Veintiuno (21) de la referida urbanización, distancia de cuarenta y ocho metros (48) y por el OESTE, con la calle Número Veintitres (23) de la antes mencionada urbanización, distancia de cuarenta y ocho metros (48).[54]”

Mientras que en la certificación del 15 de diciembre expedida por el P. A.K. Westerhuis, secretario de los Padres Dominicos de Puerto Rico, Inc., se precisa lo que se está vendiendo:

RESUELVE, como por la presente se resuelve, ratificar la comparecencia que hiciera el R.P. Jaime Visket O.P., Presidente de la asociación, en representación y nombre de "Padres Dominicos de Puerto Rico Inc.", en la escritura No. 6, del 14 de diciembre de 1964, ante el abogado y notario público Horacio R. Subirá Hijo, y por la cual los Padres Dominicos venden a la Sociedad Padres Agustinos de Puerto Rico una parcela de terreno radicada en el Barrio Minillas (Urbanización Lomas Verdes) de Bayamón, con una cabida superficial de 1.33

[54]   Certificación de compra de los terrenos de los Padres Dominicos ubicados en la urbanización Lomas Verdes, de Bayamón. Firmada por el P. José María Castellanos, Secretario de la Sociedad de Padres Agustinos el día 7 de diciembre de 1964. Notarizada por Horacio R. Subirá, Hijo, en San Juan el 14 de diciembre de 1964, affidavit 10,050. AVANT, Carpeta Parroquia San Agustín de Bayamón.

cuerdas equivalente a cinco mil doscientos treinta y dos metros cuadrados (5,323.00) y en la cual se encuentra enclavada una iglesia y escuela[55].

De ese modo la Sociedad de Padres Agustinos pasó a ser propietaria de los terrenos, la iglesia y la escuela. La escuela a la que refiere la cita anterior es la Academia San Agustín que, desde antes del mes de mayo de 1964, el P. Francisco Larrán la había puesto en funcionamiento.

En el Documento de compra y venta firmado el día 14 de diciembre delante del notario Horacio R. Subirá, hijo, se afirma que la cantidad total por la cual se efectuaba este acto era equivalente a $102,485.93 dóllares. Para ser pagados en dos plazos, el primero equivalente a $51,242.96 dóllares, a ser pagado el día treinta de enero de 1965 y el segundo de $51,242.97 dóllaess, a ser pagados el 30 de enero de 1967. La razón de precio aplazado devengaría intereses a razón del 5.75% pagaderos por mensualidades vencidas[56].

Se conservan en el archivo dos de los pagarés mensuales y el pago final entregados al P. Jaime Visker. Uno el 9 de enero de 1965, valorado en $1,997.14[57], y otro 8 de febrero de 1965, valorado en $4,010.65[58]. El último pago de la deuda se realizó el 9 de febrero de 1966 sobre la suma acordada el día de la firma del contrato; o sea, $51,242.97. La Sociedad de Padres Agustinos se adelantó once meses a la fecha acordada para la cancelación de la deuda en enero de 1967[59].

---

[55] Certificación de la comparecencia de los Padres Dominicos Inc. sobre el acto de ventas de las propiedades de la urbanización Lomas Verdes que había realizado el P. Jaime Visker, firmado por el Padre A. K. Westerhuis, O.P. en Cataño, 15 diciembre 1964. Notarizada por Artemo P. Rodríguez en Cataño, el 15 de diciembre de 1964. Affidavit, 6891.

[56] Documento de compra y venta de los terrenos de Lomas Verdes, firmados por los PP. Carlos Gutiérrez, OSA, y P. Jaime Visker, O.P., ante el notario Horacio R. Subirá; fechado en San Juan el 14 diciembre 1964, p. 3.

[57] Pago realizado al P. Jaime Visker, fechado el 9 de enero de 1965. APSALV, Carpeta Pago Terrenos e Iglesia Parroquia. Cfr. Documento no. 6.

[58] Pago realizado al entregado al P. Jaime Visker, fechado el 8 de febrero de 1965. APSALV, Carpeta Pago Terrenos e Iglesia Parroquia. Cfr. Documento no. 7.

[59] Pago realizado al P. Jaime Visker, el 9 de febrero de 1966. APSALV, Carpeta Pago Terrenos e Iglesia Parroquia. Cfr. Documento no. 8.

2. Pastoral Parroquial

Una parroquia es una comunidad de fieles constituida de modo estable dentro de una Diócesis; por lo general, comprende los fieles de un territorio determinado. Es tarea del Obispo crearlas y encomendarla a un párroco. El oficio de la cura pastoral del territorio que comprende la parroquia lo puede ejercer un sacerdote o un grupo de sacerdotes, como es el caso de las comunidades religiosas, dentro de los cuales hay un encargado como párroco. El oficio propio del Párroco en la cura pastoral para las personas del territorio que comprende su parroquia es de enseñarles, santificarles y regirles con la ayuda de los diáconos y fieles laicos.

2.1. Nacimiento de la Parroquia San Agustín de Lomas Verdes

Decreto de Desmembración de la Santa Cruz y Erección de la Parroquia San Agustín de Bayamón (13 enero 1964) [60]

CANCILLERIA
ARZOBISPADO DE SAN JUAN
Apartado 1967
SAN JUAN, PUERTO RICO 00903
DECRETO
DE
DESMEBRACION DE LA PARROQUIA DE LA SANTA CRUZ, DE BAYAMON
Y
ERECCION DE LA PARROQUIA DE SAN AGUSTIN

NOS, JAIME PEDRO DAVIS, por la gracia de Dios y de la Santa Sede Apostólica, Arzobispo de San Juan de Puerto Rico.

---

[60]   Decreto de Erección Canónica de la Parroquia San Agustín de Bayamón, Puerto Rico. Firmado: Mons. Jaime P. Davis, Arzobispo de S. Juan de Puerto Rico, y Rafael Grovas, Prot. Apost., Secretario – Canciller. Fechado en San Juan, 13 enero 1964. Cfr. Album Recordatorio de la Instalación Parroquia San Agustín. Cfr. Parroquia y Colegio San Agustín 25 Aniversario. Bayamón, 1989.

POR LAS PRESENTES LETRAS NUESTRAS y a norma de los cánones 1427 y 1428 decretamos la desmembración del territorio de la Parroquia de la Santa Cruz, de Bayamón, con el fin de erigir bajo el título de SAN AGUSTIN una nueva Parroquia que por las presentes Letras Nuestras erigimos con los siguientes límites:

AL ESTE:	*La ribera OESTE del Río Bayamón, desde el punto de la carretera nueva Bayamón – Guaynabo, hasta la unión de ésta – al SUR – con el límite NORTE del Barrio Juan Asensio, del Municipio de Aguas Buenas;*
AL SUR:	*El límite NORTE del Barrio Juan Asensio, del Municipio de Aguas Buenas, desde su unión – al ESTE – con la ribera OESTE del Río Bayamón, hasta su unión – al OESTE – con el límite OESTE del Barrio Guaraguao Arriba, del Municipio de Bayamón;*
AL OESTE:	*El límite OESTE del Barrio Guaraguao Arriba, del Municipio de Bayamón desde su unión – al SUR – con el límite NORTE – por el límite OESTE de los Barrios Santa Olaya y Minillas, hasta su unión – al NORTE – con la Calle Yokohama, de la Urbanización Santa Juanita, de Bayamón; y luego, por el centro de las calles Yokohama, Laredo, Haití, India, la Avenida Santa Juanita, la Calle 37 (de la Urbanización Santa Juanita), la Avenida Lomas Verdes, hasta su unión con la Calle Crisantemo;*
AL NORTE:	*El centro de la Calle Crisantemo, hasta su unión con la Avenida Lomas Verdes y por el centro de ésta hasta su unión – al ESTE – con el puente de la nueva carretera Bayamón – Guaynabo, con la ribera OESTE del Río Bayamón.*

Este Decreto deberá ser publicado convenientemente para conocimiento general de los fieles de las Parroquias mencionadas en el mismo.

Dado en San Juan de Puerto Rico, a 13 de Enero de 1964.

Firma: RAFAEL GROVAS,　　　　　*Firma: Jaime P. Davis*
Prot. Apost.　　　　　　　　　　*Arzobispo de S. Juan de*
Secretario – Canciller　　　　　　　　*Puerto Rico*

Nombramiento del Primer Párroco y sus Vicarios Cooperadores (23 enero 1964)

En la carta enviada por Celestino Linera, Vice Canciller del Arzobispado, al P. Carlos Gutiérrez el día 23 de enero de 1964 se adjuntaban los nombramientos del P. Francisco Larrán, párroco, y los PP. Celso Martínez y Anselmo Castillo, vicarios cooperadores, de la nueva parroquia San Agustín en Bayamón. En el *Album Recordatorio de la Instalación Parroquia San Agustín* se conserva tipografiado el nombramiento del párroco:

> *Nos, Jaime Pedro Davis por la Gracia de Dios y de la Santa Sede Apostólica, Arzobispo de San Juan de Puerto Rico. Por las presentes Letras Nuestras y a norma de los Sagrados Cánones nombramos al Rev. Hermano FRANCISCO LARRÁN, O.S.A. Párroco de la Iglesia de San Agustín, en el lugar nombrado "Lomas Verdes", en Bayamón.*
>
> *Dado en San Juan de Puerto Rico, a 13 de enero de 1964.*
>
> *Rafael Grovas, Prot. Apost.*   *Jaime Pedro Davis*
> *Secretario Canciller*   *Arzobispo de San Juan, P.R.* [61]

Toma de Posesión de la Parroquia (2 febrero 1964)

A las 9:30 a.m. del 2 de febrero de 1964 inició la toma de Posesión de los Agustinos de la Parroquia San Agustín en Bayamón.

La procesión de entrada estuvo presidida por el P. Francisco Larrán y dos monaguillos, quienes estaban vestidos con los ornamentos litúrgicos para celebrar la Eucaristía. Seguidos por Mons. Jaime Pedro Davis, Arzobispo de San Juan, y los padres Carlos Gutiérrez, Vicario de las Antillas, y Celso Martínez. Luego entraron los Caballeros de Colón de Bayamón y los Cadetes Católicos de Lomas Verdes.

---

[61] Nombramiento del P. Francisco Larrán, O.S.A. como Párroco de la Parroquia San Agustín en Bayamón. Firmado: P. Rafael Grovas, Prot. Apostólico, Secretario Canciller, y Jaime Pedro Davis, Arzobispo de San Juan, el 13 de enero de 1964.

Subieron al presbiterio el Arzobispo, los sacerdotes y los monaguillos. Una vez allí se sentaron, mientras los fieles permanecieron de pie. El templo estaba lleno a capacidad.

El P. Carlos Gutiérrez, con voz clara y emocionada, dio lectura a los documentos. Primero, del Decreto de la desmembración de la Parroquia de la Santa Cruz, de Bayamón; y, erección de la Parroquia "San Agustín". Segundo, del nombramiento del Párroco.

> *Terminada la lectura de los Documentos Oficiales, el Señor Arzobispo, dirige la palabra a los fieles, para elogiar la obra, callada pero efectiva, de los Padres Dominicos en Bayamón, gracias a la cooperación, unidad y constante, de sus feligreses. Les dice al mismo tiempo que, el haber adquirido personalidad parroquial propia, no es motivo para cejar en el empeño de superación cristiana y católica, que, han manifestado hasta el momento presente, unidos, en todo momento, a la Jerarquía; pués, en el camino del bien, nunca se llega a la meta; siempre, existe, el más allá; les dice, también, que espera recibir noticias suyas, en su nueva Sede de Santa Fe, en el sentido, de que su línea de conducta no ha cambiado para con sus nuevos Superiores, y los Padres Agustinos[62].*

Concluidos los actos oficiales, inicia la Santa Misa. Ésta estuvo cantada por el Coro Parroquial.

> *Al momento del Evangelio, el Padre Larrán, se girige a sus feligreses, con gran calor y emoción, para manifestarles, los planes que tiene en un futuro próximo, esperanzado en su efectiva y eficiente cooperación.*

> *Les dice, también, que, así como hace cuatro meses, dejó una Parroquia unida y emprendedora que supo vencer dificultades para realizar los planes que se habían propuesto; así, espera encontrar, ahora, entre sus nuevos feligreses, unión y decisión, para llevar a feliz termino lo que él juzga de imperiosa necesidad en ésta nueva Parroquia, y que está latente, en la mente de todos; Levantar un*

---

[62] Album Recordatorio de la Instalación Parroquia San Agustín [Año 1964]. APSALV.

Colegio Católico para formar, integralmente, a la niñez y a la juventud[63].

Durante la comunión los fieles fueron tantos que fue necesario ayudar al celebrante. Luego vinieron las palabras del P. Jaime Visker, Superior de los Padres Dominicos, quien había asistido al acto acompañado del Padre Cirilo. El P. Jaime expresó su gratitud por los elogios a ellos tributados por el Sr. Arzobispo y por el nuevo párroco.

Tras concluir la misa pasaron al Salón Parroquial, espacio que había servido anteriormente de capilla, segundo local de su ubicación. Allí los cooperadores de la parroquia ofrecieron un pequeño refrigerio.

2.2. Organización de la Parroquia

La Pastoral Parroquial (febrero 1964)

Los inicios de la Parroquia San Agustín fueron sencillos. La Comunidad de Padres Agustinos se preocupó tanto por los campos, como por las urbanizaciones.

> *Mientras no hubo casa parroquial se atendía a las visitas en una Oficina improvisada en la Sacristía de la Iglesia. Pero las visitas a domicilio se imponían para conocer la feligresía. Mientras uno atendía a la gente en la improvisada oficina y en la Iglesia Parroquial los otros iban a hacer su apostolado a los campos concentrando a los fieles en las cuatro capillas existentes*[64].

Dentro de ellas las capillas de la nueva parroquia, las que tenían más vida propia eran las del Carmen y Santa Olaya. A su vez, cada una de ellas se constituía en centro de catequesis y reuniones de los grupos existentes.

En muchas ocasiones los padres caminaban a pie desde la parroquia hasta las capillas para ofrecer estos servicios[65]. No faltaron las ocasiones en que, debido a su hábito blanco con el que caminaban por las calles,

---

[63] Ibidem.
[64] Parroquia San Agustín. 25 Aniversario. Bayamón 1989. 10.
[65] Anselmo Castillo. **Apuntes para la Historia de la Parroquia de San Agustín de Lomas Verdes de Bayamón**. [S.E.], Puerto Rico, [S.F.]. APSLV. 25 Años Parroquia y Colegio San Agustín.

les llamaban médicos y no sacerdotes. Aunque, este título no estaba muy lejos de la cura pastoral que ejercían.

Una vez se adquirió la casa parroquial se comenzó a organizar la Oficina Parroquial dentro de las dependencias de la nueva casa en la Calle Flamboyán 2 H 1.

Catequesis (febrero 1964)[66]

Para dar más vitalidad a las catequesis decidimos nombrar a la Señorita Cándida como su coordinadora parroquial y mantener los grupos pastorales tal y como se encontraban constituidos. Ya existía en la tercera sección de la Urbanización Lomas Verdes la congregación religiosa femenina denominada Jesús Mediador, las cuales colaboraban en materia de catequesis con la Srta. Cándida desde el año 1964.

Horarios de Misas Parroquiales (febrero 1964)[67]

HORARIOS DE MISAS
DOMINGOS: =   Por la mañana
                6:30   AM
                8:00   AM

                9:30   AM
                Por la Noche
                7:30   PM
FIESTAS: =

                Por la mañana
                6:30   AM
                7:30   AM
                Por la Noche
                7:30   PM
PRIMEROS VIERNES DE MES: =
El mismo horario de los días de FIESTA.
RESIDENCIAL:
                CASA PARROQUIAL
                PP. Agustinos.
                Calle Duende, Esq. Gardenia. Lomas Verdes, Bayamón, P.R.

---

[66]   Entrevista al P. Francisco Larrán, San Germán, 1 mayo 2014.
[67]   Album Recordatorio de la Instalación Parroquia San Agustín [Año 1964]. APSALV.

Visita a los Hogares

Don Diego Canal en sus escrito *Lomas Verdes y su Fe* explica que

> *Fue el Rev. P. Francisco Larrán el primer párroco agustino que impartió su bendición, proclamando el Evangelio con extraordinaria energía y gracia y que celebró la Primera Acción de Gracias. Este hijo de Dios, hijo de España e hijo de P.R. visitaba hogar por hogar, conociendo a su feligresía, impartiéndole ánimo, sonrisas y esperanzas de un mejor mañana; celebraba la Eucaristía también en los hogares. Todo esto despertó un interés tal que fue como un contagio, se regó como un fuego, pero un fuego de amor, fe y esperanza.*

> *Surgen las diferentes agrupaciones y cofradías: Sto. Nombre, Socias Sagrado Corazón, Legión de María, Visitas a los Hogares, Visitas a Enfermos, etc*[68].

1.3. Liturgia y Sacramentos

La liturgia de la parroquia en sus primeros años se desarrolló conforme a los tiempos que estaba viviendo la Iglesia. Ya se había publicado la Sacrosanctum Concilium, aunque no había iniciado su ejecución. Ante los ojos de los feligreses, sólo se sabía que el altar seguía adosado a la pared.

Primeros en Recibir Sacramentos

-     Bautismo:
El P. Anselmo Castillo bautizó el día 15 de enero de 1964 al niño Jenaro Avilés Castro[69].

---

[68]   Diego Canal. **Lomas Verdes y su Fe** [Lomas Verdes, Bayamón, 1989?]. APSALV, 25 Años Parroquia y Colegio San Agustín.

[69]   Libro de Bautismos de la Parroquia de San Agustín de Lomas Verdes. Lib. I, fol. 1, no. 1.

- Confirmación:

Mons. Luis Aponte Martínez, Arzobispo de San Juan de Puerto Rico, confirmó a Manuel A. Agosto Otero el 15 de febrero de 1966[70].

- Primera Comunión:

Aunque se celebraron primeras comuniones en el 15 de mayo de 1966, el 21 de mayo de 1967, el 18 de mayo de 1969; no es hasta 1970 cuando estas comienzan a registrarse en el Libro de Primeras Comuniones.

- Matrimonio:

El P. Francisco Larrán celebró el 25 de enero de 1964 el matrimonio de Sergio Antonio Hernández Rosario y Lilliam Muñiz Silva[71].

- Entierros:

El primer entierro registrado fue el de Isidoro Mangual Márquez, tiene fecha del 1 de abril de 1970. El último el 13 de septiembre de 1978[72].

Procesión de Viernes Santo[73]

El tiempo de cuaresma fue el más propicio para introducir a los feligreses de la parroquia naciente en una nueva experiencia a través de la cual se expresaba vivamente el sentido de la pasión y muerte de nuestro Señor Jesucristo. Con una procesión por las calles de la Urbanización Lomas Verdes el P. Celso Martínez quiso representar esta pasión para vivir con mayor profundidad el sentido de la Semana Santa.

Se valió de los jóvenes de la parroquia para afianzar la idea y motivarles a hacer esta gran labor, para lo que contó con la ayuda de los hermanos Pedro e Isidra Pérez. Rápidamente se puso en comunicación con la empresa constructora de la Cuarta Sección de Lomas Verdes,

---

[70] Libro de Confirmaciones de la Parroquia San Agustín de Lomas Verdes. Lib. I, fol. 1, no. 1.

[71] Libro de Matrimonio de la Parroquia San Agustín de Lomas Verdes. Libro I, fol. 1, no. 1.

[72] Libro de Entierros de la Parroquia San Agustín de Lomas Verdes. Libro I, fol. 1, no. 1.

[73] Entrevista a Isidra Pérez, Bayamón, 15 julio 2014.

quienes le facilitaron la madera que se iban a utilizar. Con ella se crearon plataformas sobre ruedas arrastradas por jeeps de los miembros de la parroquia, estos fueron preparados con altoparlantes.

Al frente de la procesión compuesta por seis carrozas iba el P. Celso. Éstas, adornadas para la ocasión con flores silvestres, fueron:

- Entrada de Jesús en Jerusalén,
- Jesús ante Pilatos,
- Última Cena,
- Jesús en los Brazos de María,
- Crucifixión

Acompañaban las carrozas en la parte de detrás las imágenes de la Dolorosa y del Santo Sepulcro. Las cargaban en andas los encapuchados cuyas ropas habían sido preparadas al estilo español. Cada uno de ellos, así como los personajes, se encargaban de su vestuario y aquellos que lo requerían fueron maquillados con las pinturas donadas por las jóvenes.

La ruta diseñada para esta ocasión inició en el patio de la iglesia desde el cual se salió a la Calle Duende; desde ésta se atravesó a la Calle Girasoles; de ésta a la Avenida Nogal para entrar en la Avenida Lomas Verdes y terminar en la Calle Duende en el patio de la iglesia origen y meta procesional.

A través de los anuncios parroquiales semanales se hizo pública esta actividad. Así fue conocida y apoyada por la comunidad parroquial. Al final, la procesión concluyó con un Sermón dentro de la Iglesia.

Fiestas Patronales[74]

Las Fiestas Patronales, para esta primera ocasión, se preparó con un Novenario que inició el 19 y concluyó el 27 del mes de agosto, el día 28 la Fiesta del Patrón San Agustín. Durante estas primeras fiestas patronales se procuró dar a conocer el patrón de la nueva parroquia.

El patio de la iglesia fue el escenario donde se reunían los feligreses a festejar sus fiestas después de la misa de la novena. Para ello se preparó en el patio de la iglesia machinas y kioskos con frituras, comidas y bebidas. Alguna de estas noches fueron invitados grupos musicales.

---

[74]   Ibidem.

Con motivo de estas fiestas el P. Francisco Larrán, párroco, coordinó un reinado. Entre las candidatas se encuentran algunas de las jóvenes del grupo de jóvenes parroquial. Las Candidatas fueron:

- Ivonne de Lourdes Negrón,
- Nitza Barbosa,
- Damaris Albertorio,
- Evelyn Rivera,
- Olga Ronda,
- Yolanda López,
- Ivette Castro.

Fue elegida reina S.M. Magali II, Reina de las Fiestas Patronales 1964.

1.4. Grupos y Movimientos Parroquiales

Los Grupos y Movimientos Parroquiales con los que contaba la parroquia en 1964 fueron los siguientes:

- *Socios del Santo Nombre:* Creado en 1958. Para 1969 estaba compuesto por unos 80 miembros, su presidente era el Sr. José Irizarry y P. Germán Lombó director espiritual.

- *Legión de María:* Surgió en 1957. Les dirigía espiritualmente el P. Heraclio Lobera. Estaban compuestos por dos presidia: Causa de Nuestra Alegría y Nuestra Señora de la Consolación. Trabajaban en las catequesis, el censo parroquial y la preparación de matrimonios.

- *Socias del Sagrado Corazón de Jesús:* Vio su luz en 1958. Tuvo cien socias activas. Su principal apostolado consistía en la extensión de la devoción al Sagrado Corazón de Jesús Eucarístico, obras de apostolado y caridad. El P. Julián Martínez las dirigía espiritualmente. Para la publicación del anuario parroquial fungía como presidenta la Sra. Tomasita Santiago.

- *Trullas de Navidad:* Consistían en un grupo de cantores y músicos de instrumentos de cuerdas que acompañados de amigos iban a visitar las familias. Esta actividad se realizaba durante el mes de diciembre a partir del día primero este mes.

- *Coro Parroquial:* Inició con el P. Celso Martínez en 1964.

- *Club Mensajeros de Cristo:* Organizado en la parroquia en 1964 por Sor Rosael Luciano, Madre Agustina Misionera de origen puertorriqueño. El origen del movimiento en Bayamón data de 1961 circunscrito al dominico P. Jordán Vigberg. Entre sus coordinadores iniciales se encuentra: Charles Crespo, Nurie Irizarry y otros jóvenes.

- *Cursillos de Cristiandad:* Inició en la parroquia en 1964, siendo párroco el P. Francisco Larrán. Entre sus coordinadores parroquiales se citan a Sr. Víctor López y Sr. Osvaldo Soto.

2. Pastoral Educativa

2.1. Nacimiento del Colegio San Agustín

Toma de Posesión de la Parroquia

La pastoral educativa estuvo presente desde los inicios de la obra evangelizadora de los Padres Agustinos en Lomas Verdes. Así se constata en la eucaristía de toma de posesión del 2 de febrero de 1964 en la que el P. Francisco Larrán, tras haber leído el evangelio, comunica su plan de "levantar un Colegio Católico para formar, integralmente, a la niñez y a la juventud"[75].

Aprobación del Consejo Vicarial

Las inquietudes iniciales del P. Larrán fueron tomando forma rápidamente. Así consta en la reunión del Consejo Vicarial del 16 de mayo de 1964, se dialoga sobre las motivaciones principales que condujeron a los PP. Agustinos a abrir un Centro Educativo en Lomas Verdes, Bayamón.

Debído al número de iglesias y escuelas de distintas denomiciónes protestantes en la nueva parroquia de Lomas Verdes, ya existentes

---

[75] Album Recordatorio de la Instalación Parroquia San Agustín, Lomas Verdes. APSALV.

ántes de hacernos cardo de ella, determinamos empezar una escuela con kindergarten y primer año de elemental, trayendo de España a cuatro Hermanas Agustinas, Terciarias para hacerse cargo de la misma bajo nuestra dirección etc. Para ello se dispuso transformar el salón parroquial en escuela. Todo esto como principio del futuro colegio de San Agustín que allí se construirá, para lo cual, y a su debido tiempo, se hará un proyecto en conjunto de construcción del Coelgio, Convento y casa parroquial.

Dicho proyecto, luego de ser sometido al Consejo de Provincia etc., y en el caso de ser aprobado, procederemos, con la ayuda de Dios y nuestro esfuerzo, a la realización del mismo"[76].

Se comprende que la obra sería un complejo que integraría la Casa Parroquial, el Convento de las Hermanas Terciarias Agustinas y el Colegio. La casa parroquial ya se había adquirido en julio de 1964 y la Casa de las Hermanas Terciarias Agustinas en el mismo año. Sólo faltaba por construir el colegio.

2.2. Academia San Agustín

El Colegio San Agustín inició 16 de agosto de 1964 en el edificio que anteriormente servía de Capilla San Jacinto de Polonia. Luego, éste fue remodelado integrándole anexos de madera. También se dieron clases en las facilidades del templo parroquial. Los años 1967 – 1968 corresponden a la construcción de su segundo edificio y cambio de nombre, pasando a ser Colegio San Agustín.

El 16 de agosto de 1964 comienzan las clases para dos grupos de Kinder y uno de primer curso en el edificio de madera que sirvió de capilla antes de construirse la Iglesia Parroquial. Por la mañana Sor Rosael atendía a un grupo de Kinder y Sor Carmen Luz a los niños de primer grado. Por la tarde la

---

[76]   Firmado por: Carlos Gutiérrez, Vicario Provincial; Fr. Pablo Gutiérrez, 1er. Consejero; P. José Ma. Castellanos OSA, Sec. Vic. de P.R. y 2º. Consejero en Santurce el 16 de mayo de 1964. AVANT, Libro de Actas de Actas Vicaría de Puerto Rico, Acta no. 3 - B, hojas sueltas dentro del libro.

profesora Simona Silva de Conde daba clase al otro Kinder. He aquí un reportaje gráfico de aquel primer año 1964 – 65.

El aumento de la matrícula obligó a construir un ranchón de materiales prefabricados con techo y zinc. Pero mientras éste pudo habilitarse fue necesario acomodar a los niños en la Secretaría y en el Coro de la Iglesia Parroquial para el curso 1965 – 66. Preparado el ranchón, anejo a la Capilla, ya había un mínimo de "facilidades" para ir tirando, nada más. Así fue funcionando aquello con mucha incomodidad, abundancia de trabajo y derroche de entusiasmo por cuatro años.[77]

Primeros Alumnos

Por la invitación a los actos de graduación de los estudiantes de Kinder y Primer Grado correspondiente al año 1965 conocemos el listado de sus primeros alumnos:

1. Álvarez Ortiz, Pedro.
2. Aponte Reyes, Valentín.
3. Aponte Santiago, Lourdes.
4. Caro Baker, John.
5. Castro Saín, Ivette.
6. Colón Panelas, Edgardo.
7. Crespo Martínez, Jeanette.
8. Crespo Ocasio, Rosa María.
9. Delgado Guijarro, Coral.
10. De Jesús Guerra, Ovidio.
11. Díaz Olazagasti, Nilda E.
12. Díaz Maysonet, Osvalda.
13. Días del Valle, Milagros.
14. Espada Arroyo, Rebeca.
15. Fernández Echevarría, Mauricio.
16. Figueroa González, Ivonne.
17. García Warner, Carlos Ivan.
18. Gómez Acevedo, Melba Gisela.

[77] Parroquia y Colegio San Agustín. 25 Aniversario. [S.E.], Bayamón, Puerto Rico [1989]. p. 92.

19. Gómez González, Rodolfo.
20. González Monge, Milagros.
21. González Pérez, Igelisse.
22. González Rosario, Danilo.
23. Guzmán Dupont, Luis Ángel.
24. Hernández González, Luis A.
25. Hernández Jesús, Ismael.
26. Hernández López, Héctor A.
27. Hernández Santiago, Luis A.
28. Irizarry Caro, Carlos José.
29. Jiménez Ortiz, Melba Lee.
30. López Borges, Yolanda.
31. Marrero Andino, Alberto.
32. Mejía Rabell, Carmen Viola.
33. Montañez Colón, Francisco.
34. Morales Soto, Aida Luz.
35. Morales Tebar, David.
36. Morgan Rodríguez, Danna M.
37. Nazario Negrón, Juan Fco.
38. Nogueras Díaz, Daniel E.
39. Ocasio Ronda, Miguel Angel.
40. Ordein Rodríguez, José Julio.
41. Pérez Burgos, María de L.
42. Pérez Grau, Héctor.
43. Pérez Ramos, Carmen Ivette.
44. Pérez Sepúlveda, Nitza M.
45. Reyes Vélez, Lillian.
46. Rivera Maldonado, Héctor Ml.
47. Rivera, Alberto.
48. Robledo González, Laura.
49. Rodríguez Caberera, Venus I.
50. Rodríguez Casañas, Leonardo.
51. Rodríguez Castro, Yohanna I.
52. Rodríguez Colón, Félix R.
53. Rodríguez Morales, Vanessa.
54. Rodríguez Nieves, Carmen L.
55. Ramón Cruz, Enilda
56. Rosado Serrios, Guerrick.
57. Rosado Santiago, Edwin Fco.

58.   Ruiz Rivera, Magaly.
59.   Sánchez Soanoz, Nitza Violeta.
60.   Santos Cruz, Lydia Maritza.
61.   Santos Pérez, Pedro Augusto.
62.   Santos Rivera, Wanda Liz.
63.   Sierra Rojas, Juan.
64.   Torres Fuentes, Delia Luz.
65.   Torres Vargas, Irma Adalis.
66.   Valentín Lugo, Alberto R.
67.   Vázquez Torres, Heriberto.
68.   Vega Suárez, Doreen.

Primer Grado

1.   Acosta Antompietú, Carlos A.
2.   Agostini Rodríguez, Sandra.
3.   Albertorio Cintrón, Damaris.
4.   Alvarez Ortiz, Luis Alberto.
5.   Baeza Declet, Garmen Socorro.
6.   Cancel Serrano, José Diego.
7.   Caro Baker, Diane.
8.   Collazo Muñoz, Melvyn.
9.   Dávila Pérez, Reinaldo.
10.   Díaz Medina, Lilliam.
11.   Espada Arroyo, Maritza.
12.   Font Silva, Mirza.
13.   González Páez, Maritza.
14.   González Nieves, Alba Nydia.
15.   González Emma, Milagros.
16.   González Pérez, Teodoro.
17.   Martínez Soto, Olga.
18.   Miranda Medina, Darlene.
19.   Montes Morales, María S.
20.   Morales Tebar, Daniel A.
21.   Nazario Negrón, Licette.
22.   Negrón Martínez, Ivonne De L.
23.   Nieve de Jesús, Mádeline.
24.   Ortiz Soto, Pedro Juan.
25.   Ortiz Zayas, Billy.

26. Pérez Burgos, Nelson Luis.
27. Robledo González, Humberto.
28. Rodas Padilla, Zulma Ivelisse.
29. Rodríguez Santiago, Marisol.
30. Ronda Pérez, Olga Leticia.
31. Santiago Berríos, Carmen Rosa.
32. Silva Rivera, Edwin.
33. Torres Santos, María del Rosario.
34. Troche Cruz, Miriam.
35. Vega Quiñones, Jesús Manuel.

Estuvieron en el Honor del primer grado: Nelson Pérez y Humberto Robledo. En Kindergarten: María de Lourdes Pérez, Laura Robledo, Melba Gisela Gómez y Leonardo Rodríguez[78].

2.3. Primer Edificio de la Academia San Agustín

La Academia San Agustín inició sus pasos el 16 de agosto de 1964 en el segundo local de la Capilla San Jacinto de Polonia. Con estos fines se pidió al Arquitecto C. Muñoz Morales la plasmación de un plano del edificio y su posible instalación de ventanas y puertas.

Según su plano, el edificio estaba construido de paneles de madera blanca con una extensión de 48, 6 de largo por 36, 6 de ancho; siendo la parte frontal y más larga la que se orientaba hacia la calle Duende. Su techo tenía la forma de dos aguas, cuya elevación más alta alcanzaba los 12 ¾ y la elevación menor, desde la que se inclinaba el techo, poseía 8 ¾ de altura. Sus paredes frontales y traseras disponían para dos sistemas ventanales de cinco paños cada una; así como la pared de la izquierda de una pequeña ventana de ventilación. Este edificio no poseía piso[79].

Esta área fue dividida en dos salones de clases que acogerían en su interior el Kindergarten y Primer grado matutinos; así como, el Kindergarten vespertino.

---

[78]   Ibid., p. 93 - 95
[79]   Datos de la Capilla San Jacinto de Polonia, luego Academia San Agustín, tomados de los Planos preparados por el Arquitecto C. Muñoz Morales. Fechado en Santurce [1964]. APSLV, Academia Santa Mónica 1964.

2.4. Vida Religiosa Femenina en la Academia San Agustín

Agustinas Misioneras

En junio de 1964 llegaron las Agustinas Misioneras a Bayamón, Puerto Rico. Su venida desde España formaba parte de las aprobaciones realizadas por el Consejo Vicarial en su reunión del día 16 de mayo del mismo año[80]. Desde esta misma reunión se especificaba que ellas se harían cargo de la parte académica de la institución bajo la dirección del Párroco de la Parroquia San Agustín.

> … Las primeras en llegar fueron Sor Rosael Luciano, Sor Carmen Acevedo y Sor Rita Bretas como Superiora y Directora del Colegio. Esta, por razones de salud, hubo de abandonar el trabajo a los dos meses y vino como Superiora y Directora del Colegio Sor Fidela Alvarez y también Sor Felícitas Castillo. En diciembre de 1966 Sor Rosael es trasladada a Colombia y de allí viene Sor Ruth Quiñones para hacerse cargo de la Secretaría del Colegio y dar algunas clases. En Mayo del 1967 Sor Carmen Luz se trasladaría a Colombia y en su lugar vendría Sor Alcira Carrera para encargarse de la enseñanza de los niños de Kinder. Las Hnas. Leonor Sánchez y Herminia Zapata llegaron en el segundo semestre del curso 1967 – 1968[81].

Con el crecimiento de la institución se hizo necesario contratar Maestras que trabajaran bajo la coordinación de las Agustinas Misioneras. Entre ellas está la Sra. Dilcia Figueroa[82].

---

[80]   Firmado por: Carlos Gutiérrez, Vicario Provincial; Fr. Pablo Gutiérrez, 1er. Consejero; P. José Ma. Castellanos OSA, Sec. Vic. de P.R. y 2º. Consejero en Santurce el 16 de mayo de 1964. AVANT, Libro de Actas de Actas Vicaría de Puerto Rico, Acta no. 3 - B, hojas sueltas dentro del libro.

[81]   Parroquia y Colegio San Agustín, 25 Aniversario. Bayamón, Puerto Rico, [1989]. p. 92.

[82]   Cfr. Ibid., p. 99.

Las Agustinas Misioneras sólo pudieron permanecer en el Colegio San Agustín hasta el curso 1968 – 1969. A sólo un año de haberse inaugurado se trasladaron. Éste se debió a la falta de preparación para dar clases de inglés que requería la institución[83].

---

[83]   Cfr. Libro de Actas de la Comunidad San Agustín de Lomas Verdes No. I. Acta N. 22, p. 17. Cfr. Parroquia y Colegio San Agustín, 25 Aniversario. Bayamón, Puerto Rico, [1989]. p. 99.

III

MADRE DE LA COMUNIDAD Y PARROQUIA SANTA RITA DE CASIA EN BAYAMÓN 1965 – 1974

1. Comunidad Agustiniana

El 2 de febrero de 1965 la comunidad continuaba conformada por los PP. Francisco Larrán, prior y párroco; Anselmo Castillo y Celso Martínez, vicarios cooperadores. Se habían incorporado durante enero con el cargo de depositario el P. Julián Martínez[84]. A los pocos días de la incorporación del P. Julián se trasladó el P. Anselmo.

El 7 de julio de 1966[85] Horacio R. Subirá[86], hijo, envió al P. Vicario los documentos de compra y venta de los terrenos de la Urbanización de Lomas Verdes que los Padres Agustinos había comprado a los dominicos[87]. Para entonces se había concluido los pagos y procedimientos civiles. El documento está introducido por una carta firmada por él.

---

84   Libro de Depósito. Febrero 1964 – Diciembre 1991, p. 4.

85   Documento de Compra y Venta de los terrenos de la Parroquia y Colegio San Agustín de Bayamón fechado el 14 de diciembre de 1964. Inscrito en el 2ª. De la fca. 12972 folio 137º tomo 295 Bayamón, Bayamón, Act. 13, 1965. AVANT, Parroquia San Agustín de Lomas Verdes. Cfr. Documento no. 7.

86   Ibidem.

87   Documento de compra y venta de los terrenos de los Padres Dominicos. 14 de diciembre de 1964. AVANT, Parroquia San Agustín de Bayamón, P.R.

El 24 de febrero de 1966[88] recibieron la visita de renovación. Durante ésta el P. Carlos Gutiérrez, Visitador Delegado, junto al P. Lesmes Bernabé, Secretario de la Visita, autorizó el Libro de Actas Comunitaria No. I correspondiente a la Casa de Lomas Verdes en Bayamón. Aunque la comunidad celebraba sus reuniones mensuales para aprobar los libros de Depósito y Procuración, no quedaban asentadas sus tomas de decisiones.

Período Capitular que va desde el 7 de julio de 1966 hasta 4 julio 1969

Tras el Capítulo Provincial celebrado en Madrid desde el 7 hasta el 18 de julio de 1966 continúa ejerciendo de Prior Provincial el P. Modesto Santamarta y el P. José María Coto pasa a ser Vicario de las Antillas. En éste es nombrado Consejero Vicarial el P. Germán Lombó,[89] quien se desempeñará como superior, párroco y director del Colegio San Agustín.

El 31 de octubre de 1966 se realizó la Primera Reunión Comunitaria de la Comunidad de Lomas Verdes consignada en el libro de actas aprobado por la anterior visita de renovación provincial.

Reunidos los Padres de esta Parroquia de San Agustín de Lomas Verdes, acordamos:

1º. Comprar un automóvil, modelo pequeño, marca Corona de Toyota, valorado en 1700 dólares.

2º. Ampliar la casa de Santa Juanita, por un valor aproximado de 2000 dólares.

3º. Cambiar el jeep por un automóvil.

Aprobamos las cuentas de los meses septiembre y octubre de los libros de Colecturía, Depósito y Misas.

Lomas Verdes   *31 - octubre - 1966*

---

[88] Cfr. Libro de Actas de la Comunidad San Agustín de Lomas Verdes No. I. Autorización.
[89] Cfr. Lazcano, R. Op. Cit., p. 175.

P. Germán Lombó, OSA

P. Félix – José Moratiel

P. Julián Martínez

P. Francisco Rodríguez

P. Saturnino Juan[90].

El propósito de la ampliación de la Casa de Santa Juanita era la creación de la Comunidad de Santa Rita ubicada en la Urbanización Santa Juanita de Bayamón. Por tales motivos se afirma que la primera reunión de la Comunidad de San Agustín gestó el nacimiento mitótico de la Comunidad de Santa Rita. Por tanto, la Comunidad de Lomas Verdes es madre de la Comunidad de Santa Rita.

El Consejo Vicarial decidió el 23 de noviembre de 1966 enviar al P. Paulino Sahelices a esta comunidad[91]. De ahí que en la siguiente reunión comunitaira, 31 de diciembre de 1966, firmasen el acta los PP. Germán Lombó, Paulino Sahelices y Julián Martínez[92]. Así quedaba conformada la comunidad para este cuatrienio.

En mayo de 1967 se concibió la construcción del edificio del Colegio San Agustín. Estos trabajos se extienden hasta agosto de 1968.

El 2 de julio de 1967 recibieron la Visita de Renovación del P. Modesto Santamarta, Prior Provincial, y del P. Francisco Rodríguez, Secretario de la Visita[93].

El 30 de octubre del mismo año el P. Julián Martínez fue nombrado corresponsal de la casa[94]. Para este mes es trasladado el P. Paulino Sahelices; en su lugar llega el P. Carlos Gutiérrez, cuya firma comienza a registrarse en el libro de actas en este mismo día.

---

[90]   Libro de Actas de la Comunidad San Agustín de Lomas Verdes No. I. Acta N. 1, p. 1.
[91]   Libro de Actas de la Vicaría Prov. de PP. Agustinos = Puerto Rico, Acta no. 41, p. 81 – 82.
[92]   Libro de Actas de la Comunidad San Agustín de Lomas No. I. Acta No. 2, p. 1.
[93]   Ibid., p. 3.
[94]   Ibid., Acta No. 7, p. 3

Desde el 31 de diciembre de 1967 se aprueba llevar las cuentas del Colegio en un libro diferente al libro de fábrica de la iglesia[95]. Aunque sus ingresos se seguirán reflejando en el libro de colecturía de la comunidad[96].

El 31 de enero de 1968 iniciaron los planes de construcción de la Casa Parroquial[97]. Esta motivación proviene de los defectos de construcción de la Primera Casa de los Padres Agustinos tenían. Bien se puede decir que llovía fuera y acampaba dentro, entre otras muchas dificultades que causaba la estructura física de la casa a la vida comunitaria propia de la vida agustiniana.

El Consejo Vicarial notificó como parte de su reunión del 5 de noviembre de 1968 lo siguiente:

> *Se habló de la triste e inesperada muerte del R.P. Carlos Gutiérrez, acaecida dos días antes en la Casa de Lomas Verdes de Bayamón, por un ataque cardiaco. El P. Vicario expresó su sentimiento y su pena, compartida por todos, y pidió al P. Germán Lombó, Superior de la Comunidad de Lomas Verdes, que explicara la forma en que había tenido lugar, pare rendir un informe oficial al R.P. Provincial. Se hizo así, y se convino en notificarlo igualmente a más familiares*[98].

Para suplir la vacante dejada por el P. Carlos Gutiérrez fue enviado el P. Heraclio Lobera. El día 22 de noviembre de 1968 trazan los PP. Germán, Julián y Heraclio el Primer Proyecto Parroquial Comunitario que irá marcando la historia de la comunidad a lo largo de sus días[99]. El P. Heraclio Lobera pasó a ejercer el cargo de Procurador de la Comunidad desde su integración,[100] el 22 de noviembre de 1968[101].

---

[95]   Ibid., Acta No. 8, p. 4.

[96]   Cfr. Ibid., Acta N. 14, p. 7.

[97]   Ibid., Acta No. 9, p. 4.

[98]   Libro de Actas de la Vicaría Prov. de PP. Agustinos = Puerto Rico, Acta no. 49, p. 93 – 94.

[99]   Cfr. Libro de Actas de la Comunidad San Agustín de Lomas Verdes No. I. Acta N. 12, p. 5 – 6.

[100] Cfr. Libro de Actas de la Vicaría Prov. de PP. Agustinos = Puerto Rico, Acta no. 49, p. 93 – 94.

[101] Libro de Actas de la Comunidad San Agustín de Lomas No. I. Acta no. 12, p. 5 – 6.

El 3 de enero de 1969 recibieron la siguiente Visita de Renovación del P. Modesto Santamarta, Prior Provincial, y Donato Liébana, Secretario de la Visita. Con esta visita se prepara el Capítulo Provincial que iba a realizarse en el mes de julio del mismo año.

En la reunión del 31 de enero de 1969 se presentó a la comunidad el Plan Pastoral de conjunto[102]. Al siguiente mes se donaron los fondos que procederían de las actividades que el Colegio estaba coordinando junto a la parroquia, los diezmos parroquiales y las fiestas patronales al pago de la Hipoteca del Colegio que ascendía a $300,000.00[103].

Período Capitular que va desde el 5 julio de 1969 hasta el 4 de julio de 1973

El 5 de julio inició en León, España, el Capítulo Provincial Ordinario que concluyó el 19 de julio de 1969. Fue nombrado Vicario de las Antillas el P. Pedro Reguera.

Como efecto del Capítulo Provincial, al P. Julián Martínez pidió la exclaustración de la congregación, su rescripto fue enviado desde la provincialía el 3 de mayo de 1971[104]. En su lugar vino el P. Francisco Ferreras, cuya firma figura en el libro de actas a partir del 30 de septiembre de 1969[105]. Así quedaba la comunidad constituida por los PP. Germán Lombó, prior, párroco y director del Colegio; Heraclio Lobera y Francisco Ferreras. En esta primera reunión comunitaria del nuevo período provincial 1969 – 1973 acordaron su Proyecto Comunitario, el cual consistió en una continuación del anterior con las adaptaciones que requerían los nuevos tiempos.

Reunidos los hermanos el 31 de octubre de 1969 decidieron construir la Casa Parroquial. De esta se venía hablando desde el anterior período provincial[106]. A partir de la reunión del 31 de diciembre de 1969 deja de firmar en el libro de actas el P. Heraclio Lobera.

---

[102] Cfr. Libro de Actas de la Comunidad San Agustín de Lomas Verdes No. I. Acta N. 14, p. 7 – 8.

[103] Ibid., Acta No. 16, p. 9 – 10.

[104] Carta del P. Félix Rodríguez al P. Pedro Reguera fechada en Madrid el 3 de mayo de 1971. AVANT, Pedro Reguera 1969 – 1973.

[105] Cfr. Libro de Actas de la Comunidad San Agustín de Lomas Verdes No. I. Acta N. 24, p. 18 - 20.

[106] Cfr. Ibíd., Acta N. 26, p. 21 - 23.

Estando presentes los PP. Germán Lombó y Francisco Ferreras el día 30 de abril de 1970 combinaron el reajuste salarial a las maestras del Colegio. Éstas ganarían de acuerdo a su capacitación académica poniendo en mayor nivel a las que tenían bachilleratos y en menor a las que sólo tenían su titulación normal. Restablecieron las clases de biblia una vez por semana para jóvenes y adultos, y de catequesis para niños en el verano[107].

El 30 de octubre de 1970 dialogaron el nuevo Plan Pastoral sobre los Bautismos. Del cual decidieron esperar a las indicaciones prácticas de la Vicaría Pastoral de Bayamón[108].

La falta dejada por el P. Heraclio provocó que la casa se quedase sin procurador por una buena temporada[109]. Además, esta situación especial de la comunidad estaba creando animadversión entre los dos hermanos que continuaban residiendo en ella[110].

Dicha falta fue cubierta con el destino a la comunidad del P. Anselmo Castillo. En la reunión del 30 de noviembre de 1970 se distribuyó el trabajo parroquial entre los tres, se decidió aplicar el plan de catequesis sobre liturgia bautismal y establecieron el rezo de Vísperas después del almuerzo[111]. En ésta decidieron el alquiler de la Primera Casa de los Padres Agustinos, ubicada en la calle Flamboyán esquina Duende de la Urbanización Lomas Verdes. Así como encargar a las Congregaciones del pago de la imagen del Santo Entierro[112].

Los hermanos recibieron la Visita de Renovación del P. Pedro Reguera, Vicario Provincial, y el P. Ildefonso Blanco, Secretario de la

---

[107] Cfr. Ibíd., Acta N. 31, p. 27.
[108] Cfr. Libro de Actas de la Comunidad San Agustín de Lomas Verdes No. I. Acta N. 37, p. 35.
[109] Cfr. Carta del P. Pedro Reguera al P. Provincial fechada en San Juan el 13 de julio de 1970. AVANT, Pedro Reguera 1969 – 1973.
[110] Carta del P. Aureliano García, Prior Provincial, al P. Pedro Reguera fechada en Madrid el 20 de agosto de 1970. AVANT, Pedro Reguera 1969 – 1973.
[111] Cfr. Libro de Actas de la Comunidad San Agustín de Lomas Verdes No. I. Acta N. 39, p. 37 - 39.
[112] Cfr. Libro de Actas de la Comunidad San Agustín de Lomas Verdes No. I. Acta N. 39, p. 37 - 39.

Visita, el 4 de mayo de 1971.[113] Para el ejercicio de esta función el P. Pedro recibió delegación del P. Provincial[114].

En la reunión del 30 de abril del mismo acordaron tener la oración de Completas y Serótina a las 10:30 p.m., después de las noticias de las 10:00 p.m.[115] El 5 de noviembre se informó sobre el destino a la comunidad del P. José María Coto con el cargo de procurador[116].

El 14 de febrero de 1972 recibieron la visita del P. Aureliano García, Prior Provincial, y P. Paulino Sahelices, Secretario de la Visita[117]. En el acta de la reunión del 15 de febrero recogieron una exposición detallada de los temas dialogados con el P. Provincial. Estos fueron:

1. Hacer siempre en casa y en comunidad la comida del medio día. Las excepciones deben ser pocas y con la debida autorización.

2. Aceptar como hora normal para estar en casa por la noche las 10:00 p.m. con un margen de tolerancia de media hora.
    Se rezarán en Común las Vísperas a las 10:45 p.m.

3. Nos comprometimos los cuatro a atender las visitas personales y las llamadas telefónicas las 24 horas del día al que le corresponda servir a la oficina parroquial.

4. Por mayoría de votos (3 contra 1) acordamos utilizar los servicios de una secretaria, con dedicación de tiempo parcial, de 1:30 a 5:30 p.m.

5. Se habló detenidamente sobre la administración y procuración del Colegio, quedando como norma los siguientes puntos:

---

[113] Cfr. Libro de Actas de la Comunidad San Agustín de Lomas Verdes No. I. p. 46.

[114] Circular del P. Pedro Reguera a los Superiores y Comunidad fechada en Santurce el 3 marzo 1967. AVANT, Pedro Reguera, 1969 – 1973.

[115] Cfr. Libro de Actas de la Comunidad San Agustín de Lomas Verdes No. I. Acta N. 43, p. 46 - 47.

[116] Cfr. Libro de Actas de la Comunidad San Agustín de Lomas Verdes No. I. Acta N. 46, p. 49 – 51.

[117] Cfr. Libro de Actas de la Comunidad San Agustín de Lomas Verdes No. I. p., 52.

1. Separación completa de los libros administración del Colegio y de la Parroquia, como libros apartes e independientes unos de otros.
2. Llevar cuenta detallada de todos los ingresos y egresos del Colegio.
3. Todos los gastos de la casa y el Colegio se harán con la autorización del P. Administrador.
4. El P. Administrador tiene competencia ordinaria para los asuntos de administración ordinaria del Colegio y de la Casa. Las bonificaciones las hará el P. Administrador de acuerdo con los criterios fijados por la comunidad.
5. En relación con la Colecturía, es obligatorio entregar cada día o al final del mes, todos los ingresos obtenidos por cada concepto: Bodas, Bautismos, Misas, Entierros, Velas, Donativos... etc.
6. El dinero recolectado, por cualquier concepto, en las Capillas, debe ingresar también en Colecturía Parroquial[118].

En el Informe de la Reunión del Consejo Vicarial con motivo de la Visita de Renovación se designa al P. Coto para desempeñar las funciones de ecónomo del Colegio. Esta función llevaba aparejada la adaptación al Colegio San Agustín del sistema económico que se venía implantando en la Academia Santa Mónica desde hacía poco tiempo[119].

Período Capitular que va desde 5 de julio de 1973 hasta 2 de febrero de 1974

Después del Capítulo Provincial celebrado en León del 5 de julio de 1973 fue nombrado el P. Domingo Aller, Vicario de las Antillas. El P. Germán Lombó fue destinado a la Parroquia Santa Mónica en Santo

---

118   Cfr. Libro de Actas de la Comunidad San Agustín de Lomas Verdes No. I. Acta N. 48, p. 53 - 55.

119   Informe sobre la Reunión del Consejo Vicarial con motivo de la Visita de Renovación firmado por el P. Pedro Reguera, Vic. Prov., fechado en Santurce el 6 de marzo de 1972. AVANT, Pedro Reguera 1969 – 1973.

Domingo, República Dominicana, el 13 de noviembre de 1973[120]. En su lugar destinaron a esta comunidad al P. Manuel Vega.

La primera reunión de la nueva comunidad se celebró el 25 de noviembre de 1973, estuvieron presentes los PP. Anselmo Castillo, prior, párroco y Director; Manuel Vega; Félix José Moratiel, y Ángel de Castro, quien rápidamente fue trasladado[121].

Segunda Casa de los Padres Agustinos en Lomas Verdes (1965)

Tras la llegada de las Madres Agustinas Misioneras en 1964 para regentar la parte académica de la Academia San Agustín bajo la dirección de los Padres Agustinos, se hizo necesario alquilar una casa donde ellas residieran.

En la reunión del Consejo Vicarial se autoriza *"la compra de la casa que vendan para las Hermanas de nuestro Colegio de San Agustín, Lomas Verdes, Bayamón, P.R., debido al alto costo del alquiler de la misma"*[122].

En diálogo con los propietarios se decidió adquirir la misma casa que ellas ocupaban en alquiler. La casa adquirida para casa de las Monjas fue la de Calle Gardenia 2 E 21, esta casa hacía esquina con la calle Duende.

Nacimiento de la Comunidad de Santa Rita (1965)

La Parroquia de San Agustín, por su extenso crecimiento, se vieron precisados los Reverendos Padres Agustinos a hacer una división, y varias secciones de la extensa urbanización de Santa Juanita pasaron a ser la nueva Parroquia conocida hoy por Santa Rita de Casia.

Su excelencia Reverendísima Arzobispo de San Juan, Monseñor Luis Aponte Martínez ante la concurrencia de numerosos sacerdotes y el gran concurso de los fieles, bendijo

---

[120] Cfr. Nombramiento del P. Germán Lombó a la Comunidad Santa Mónica de Santo Domingo en República Dominicana firmado P. Domingo Aller, fechado el 13 de noviembre de 1973. Ref. II, fol. 42, No. 249. APSM.

[121] Cfr. Libro de Actas de la Comunidad San Agustín de Lomas Verdes No. I. Acta N. 64, p. 72.

[122] Acta del Consejo Vicarial no. 5. AVANT. Acta del Consejo Vicarial. Libro de Actas de la Vicaría de Puerto Rico, Acta No. 5, p. 9 – 10.

la nueva parroquia y con la buena suerte de que en esos días precisamente estuvo de visita en Puerto Rico, el Provincial de los Agustinos, el Padre Modesto Santamarta, quien dio lectura ante el Altar de la nueva parroquia de Santa Rita de Casia en la Urbanización de Santa Juanita, sita en la Calle Hostos, cabiéndole el privilegio de ser primer Párroco, el bien querido de todos, el Padre Gonzalo González, quien se dedica en cuerpo y alma a hacer una labor apostólica en la simpática Parroquia.[123]

Casa de la Comunidad Santa Rita (1965)

El aumento del número de personal venido desde España hizo ver al P. José María Coto, Vicario de las Antillas y su consejo, la necesidad de creación de nuevas comunidades. Para ello se pensó desde el primer momento en las Parroquias San Agustín de Lomas Verdes, Bayamón, y San Germán de Auxerre, San Germán. Así en la reunión tenida en Santurce el día 4 de febrero de 1965 les llevó a tomar esa decisión.

Parte del proceso consistía en identificar un lugar donde establecer una posible parroquia y adquirir una casa donde pudieran vivir los hermanos. El lugar más indicado fue la casa que quedaba justo en frente de la escuela que habían conseguido prestada para establecer la Capilla Santa Rita. En diciembre de 1965 los Padres Agustinos alquilaron la casa número NS - 8 en la Avenida Hostos de la Novena Sección de la Urbanización Santa Juanita; a la vez que, hacían el primer depósito para adquirirla en propiedad[124].

En enero de 1966 los PP. Francisco Rodríguez y Juan Quintana se mudan permanentemente a la casa, aunque jurídica y comunitariamente pertenecían a la Parroquia y Comunidad de San Agustín. En marzo del mismo año el P. Juan Quintana se traslada a la Diócesis de Arecibo para trabajar con la Juventud Obrera Católica (JOC). Son enviados primero el P. Paulino Sahelices y, luego, el P. Saturnino Juan Vega y en octubre el P. Félix José Moratiel[125].

---

[123]   Anuario San Agustín. Lomas Verdes, Bayamón, P.R. 1968. p. 14 – 16.
[124]   Paulino Sahelices González. *Los Agustinos en Puerto Rico 1896 – 1996.*198.
[125]   Ibidem.

En la reunión del 31 de octubre de 1966, los padres tenían en propiedad la Casa de Santa Juanita donde residía la Comunidad de Santa Rita. Por tales motivos en la clausula dos de esta reunión se indica que se repararía dicha casa por un total de $2,000.00 dóllares[126]. A partir de esta reunión la Comunidad y Parroquia San Agustín queda dividida en dos mitades para asuntos pastorales y dos comunidades, pasando a ser la Comunidad de Santa Rita y zona parroquial la siguiente:

31 octubre 1966	Comunidad San Agustín	Comunidad Santa Rita de Casia [127]
Hermanos de Comunidad	P. Germán Lombó, Párroco, prior y director. P. Julián Martínez P. Paulino Sahelices	P. Francisco Rodríguez P. Felix José Moratiel P. Saturnino Juan Vega
Zona Parroquial	- Parroquia San Agustín de la Urbanización Lomas Verdes. - Capilla San Martín de Porres, de las Parcelas Juan Sánchez, - Capilla Cristo Rey, del Barrio Guaraguao.	- Capilla Santa Rita, de la Urbanización Santa Juanita. - Capilla del Carmen del Barrio Minillas. - Capilla San José, de la zona Montañosa del Barrio Minillas. - Capilla Nuestra Señora de La Monserrate del Barrio Santa Olaya.

Aunque eran dos comunidades completamente independientes, pastoralmente la Comunidad de lo que sería la Parroquia Santa Rita de Casia dependía del Párroco de Santa Agustín. Para los asuntos episcopales la Parroquia de San Agustín continuaba siendo una. Los hermanos de

---

[126] Cfr. Libro de Actas de la Comunidad San Agustín de Lomas Verdes No. I. Acta N. 1, p. 1.

[127] Libro de Actas de la Comunidad San Agustín de Lomas Verdes No. I. Acta N. 1, p. 1.

la Comunidad de Santa Juanita eran vicarios cooperadores del párroco de la Parroquia de San Agustín en Lomas Verdes. Esta situación se mantuvo hasta que la parroquia de Santa Rita de Casia adquiere su plena independencia con su erección canónica el 22 de mayo de 1967.

Remodelación de la Segunda Casa de los Padres Agustinos en Lomas Verdes y Traslado de la Comunidad (1968)

Reunidos los PP. Germán Lombó, Julián Martínez y Carlos Gutiérrez el 31 de enero de 1968 se proponen reconstruir la Casa Parroquial. Se trata de la ampliación de un piso con cinco habitaciones de la casa ubicada en la Calle Flamboyán 2 H 1 de la Urbanización Lomas Verdes,[128] conocida como la Primera Casa de los Padres Agustinos en Lomas Verdes. Con el propósito de ir ahorrando dinero para este fin se aprobó la apertura de una Cuenta de Ahorros en el Banco Popular[129].

En la reunión del 31 de octubre de 1969 nuevamente se planteó el tema a fin de presentar una propuesta bien definida al Consejo Vicarial. Los temas debatidos fueron los siguientes:

> Acordamos presentar primero a un ingeniero los planes de esta Comunidad con relación a la construcción de la Casa Parroquial.

> Por unanimidad fue aprobada la construcción de una nueva Casa Parroquial. Se detalló también en la reunión que la Casa Parroquial debe tener a ser posible las siguientes dependencias: seis habitaciones, una quiete y una terraza en la planta de arriba; que cada habitación debe tener su cuarto de baño individual y otro cuarto de baño para visitantes en los altos de dicho edificio que constará de dos plantas.

> En la planta baja de la casa o primera planta estarán situadas dos oficinas independientes pero comunicadas por una puerta, más sala de espera para las visitas, dos cuartos de baños, un amplio garaje que tenga comunicación con la casa

---

128   Cfr. Libro de Actas de la Comunidad San Agustín de Lomas Verdes No. I. Acta N. 9, p. 4.

129   Cfr. Ibid., N. 10, p. 5.

directamente con una entrada, la cocina y comedor amplio y dos habitaciones para la servidumbre con un cuarto de baño para las dos habitaciones.

La opinión sobre donde se debe construir la nueva casa parroquial se sometió a votación después de una discusión entre los padres de esta comunidad y el resultado fue: dos votos a favor y uno en contra. Los votos a favor de que la casa se construya frente a la Iglesia donde está ubicada la actual casa parroquial y el voto en contra, que se construya donde detrás de la iglesia, comunicada con la sacristía y la iglesia.

Después se trató de que una vez hechos los planos, presentados al Vicario y consejo para la aprobación.

Queremos señalar que en el Capítulo de 1966 fue aprobada la construcción de la Casa Parroquial de Lomas Verdes, al mismo tiempo que se aprobó la construcción del Colegio San Agustín de Lomas Verdes, Bayamón, P.R[130].

En la reunión del Consejo Vicarial correspondiente al 27 de mayo de 1970 el Vicario y su Consejo determinaron:

1º) Se dejará, por unanimidad, suspender el proyecto para la construcción de una nueva casa parroquial en la Parroquia de San Agustín, de Lomas Verdes, Bay. Los motivos de esta suspensión fueron la dificultad para obtener el dinero necesario y en forma inmediata, teniendo en cuenta la situación económica de la Vicaría y por otra parte, al quedar libre la casa que habitaban las monjas, con seis habitaciones, se considera suficiente para casa Parroquial, haciendo los arreglos que sean necesarios.

2º) Para satisfacer las necesidades parroquiales durante las vacaciones, se aprobó el traslado temporal del P. Heber a Sta. Rosa y del P. Gonzalo González a Lomas Verdes[131].

[130] Cfr. Ibid., N. 26, p. 21 – 23.
[131] Libro de Actas de la Vicaría Prov. de PP. Agustinos = Puerto Rico, Acta no. 58, p. 105.

Estas informaciones se hicieron llegar a la Comunidad de Lomas Verdes a través de un comunicado oficial que dice así:

> *Por la presente comunico al P. Superior y Comunidad que, reunido el R.P. Vicario Provincial y el Consejo Vicarial en la casa parroquial de San Germán, acordamos, por unanimidad, suspender el proyecto de la nueva casa parroquial de la parroquia de San Agustín de Lomas Verdes, dadas las circunstancias que se han presentado últimamente. Las dos principales causas que, según creemos, justifican esta suspensión son: la disponibilidad de una casa de seis habitaciones en buenas condiciones, aunque necesite reacondicionamiento y la dificultad para allegar los medios económicos, necesarios para la realización de las obras.*
>
> *También se acordó dar al P. Superior y Comunidad la autorización para hacer las reformas necesarias en la casa que fue de las monjas, de tal manera que se provean las necesidades parroquiales y se asegure la suficiente privacidad a los padres que residen en ella.*
>
> *Pongo en su conocimiento esta determinación para los efectos consiguientes.*
>
> *San Germán, P.R., 27 de mayo de 1970*
>
> > *AL P. SUPERIOR Y COMUNIDAD*
> >
> > *P. Pedro Reguera, O.S.A.*
> >
> > *Vic. Prov.*
>
> *Nota: el documento está firmado a puño y letra.*

El Vicario y su Consejo sugirieron hacer uso de la Segunda Casa que la Orden había adquirido en Lomas Verdes, ubicada en la Calle Gardenia, esquina Duende, 2 E 21. De acuerdo a lo mandado, la Comunidad organizó la edificación e hizo los arreglos convenientes, el 31 de mayo de 1970 se aprobó proceder a estas adecuaciones basados en un plano creado por un ingeniero[132]. Como parte de las modificaciones se reorientó la entrada principal de la casa hacia la Calle Duende, pasando a ser su dirección Calle Duende 2 E 21.

La Primera Casa adquirida por la Orden en la Urbanización Lomas Verdes ubicada en la Calle Flamboyán 2 H 1 fue alquilada desde marzo de 1971 por un total de $125.00 mensuales[133].

Proyecto Comunitario (1969)

El 30 de septiembre de 1969 los PP. Germán Lombó, Heraclio Lobera y Francisco Ferreras aprobaron el siguiente Proyecto Comunitario:

a. La distribución de las congregaciones que asesoraría cada sacerdote.

b. Los días en que cada uno atendería la Oficina Parroquial. Estas nuevas adaptaciones incluían la extensión del horario de 8:00 a.m. a 8:00 p.m., lo que conllevaba contratar una secretaria a tiempo completo, 7 horas y media. Así el horario abarcaba desde las 8:00 hasta las 11:30 a.m., desde la 1:00 hasta las 4:00 p.m. y en la noche desde las 7:00 hasta las 8:00 p.m.

c. Las normas para la celebración de las bodas,

d. Los Padres que se encargarían de atender a las capillas de Juan Sánchez (San Martín de Porres) y del Barrio Guaraguao (Cristo Rey),

e. Asistir a las Reuniones de la Asociación de Padres y Madres del Colegio,

f. Unificar las Primeras Comuniones de la Parroquia y del Colegio,

g. Realizar una reunión con el Consejo de Pastoral Parroquial para presentar estos nuevos planes,

h. Dar clases de Biblia durante la cuaresma para las diferentes congregaciones parroquiales, principalmente los Cursillistas,

i. Dar conferencias en las Escuelas Públicas de esta zona escolar,

j. Iniciar la aplicación del Nuevo Ordinario de la Misa,

---

[132] Cfr. Libro de Actas de la Comunidad San Agustín de Lomas Verdes No. I. Acta N. 32, p. 28.

[133] Libro de Colecturía, Marzo 1971 p. 46.

k.   Dar clases en el Colegio durante los días de semanas a los estudiantes de 3º. a 6º. Grados. Así como prestar las facilidades del Colegio a la Parroquia para actividades culturales y sociales en horarios que no chocasen con las actividades escolares[134].

2. Pastoral Parroquial

2.1. Planes Pastorales

Horario Parroquial (1967)[135]

En la Revista de la Fiestas Patronales de 1967 se hizo público el horario que regía la vida de la Parroquia:

HORARIO DE LA PARROQUIA

RESIDENCIA PADRES AGUSTINOS:

Calle Flamboyán 2 – H – 1 - Lomas Verdes, Bayamón, Tel. 785 – 8000

Residencia Madres Agustinas (Encargadas del Colegio San Agustín)
Calle Gardenia 2 – E – 21 - Tel. 785 – 8611

Clases de Religión Catequesis para niños y adultos. Todos los SABADOS a las 9:00 A.M. en el Colegio San Agustín y en la Parroquia.

MISAS DE OBLIGACIÓN
DOMINGOS: 6:30 A.M.; 8:00 A.M.; 9:30 A.M.; 11:30 A.M. y 7:30 P.M.

FIESTAS. 6:30 A.M. 7:00 P.M. y 8: P.M.
SABADOS: 7:30 P.M.

---

[134]   Cfr. Libro de Actas de la Comunidad San Agustín de Lomas Verdes No. I. Acta N. 24, p. 19 - 20.

[135]   [Revista] Fiestas Patronales En Honor a San Agustín. Del 18 al 28 de agosto de 1967. Parroquia San Agustín. Calle Duente, Urb. Lomas Verdes, Bayamón, P.R. APSALV, Revista 1967.

BAUTIZOS: Todos los domingos y Fiestas de Precepto a las 11:00 A.M. y a las 3:00 P.M.

OFICINA PARROQUIAL: Para consultas, encargar Misas, etc.
Mañana: 8:00 A.M. a 11:30 P.M.
Tarde: 2:30 P.M. a 5:30 P.M.
Noche: 7;00 P.M. a 8:30 P.M.

MATRIMONIOS: Durante las horas de Oficina y por la noche de 7:00 P.M. a 8:30 P.M.
Los jóvenes deben hacer el Curso Pre – matrimonial que exige la Iglesia.
Dos meses antes de la boda deben entrevistarse con el sacerdote para prepararse al matrimonio.

ENFERMOS: Si están llame al sacerdote a cualquier hora. Todos los primeros viernes se llevará la Comunión a los enfermos. Avise al Teléfono 785 – 800.

Primer Proyecto Pastoral de la Comunidad de Padres Agustinos (1968)[136]

Reunidos los Padres de esta Casa de Lomas Verdes se hizo una nueva distribución del trabajo parroquial: la oficina Parroquial, las Congregaciones Parroquiales, la administración de los sacramentos. Se acordó:

1. El nuevo horario que comenzará a regir en la Oficina Parroquial. Días laborables: mañana de 8:30 a 11:30 a.m. y por las tardes de 4:00 p.m. a 8:00 p.m.
2. Los Bautismos sólo se tendrían los domingos a las 11:00 a.m.
3. Comenzar una campaña de Sobres para Diezmos. Para ello se tendrían un sistema de predicación iniciando en enero de 1969.
4. Dedicar un Triduo de Paraliturgia a la Virgen Inmaculada 5, 6, 7 de Diciembre.

Luego distribuyeron las congregaciones o grupos parroquiales que le correspondería a cada sacerdote:

---

[136] Cfr. Libro de Actas de la Comunidad San Agustín de Lomas Verdes No. I. Acta N. 12, p. 5 – 6.

- P. Heraclio Lobera: director espiritual de los dos presidia de la Legión de María.
- P. Julián: director espiritual de los Jóvenes, Jornaditas y de las Socias del Sagrado Corazón.
- P. Germán: director espiritual de los Cursillistas y Asociación del Santo Nombre.

En torno a las Catequesis Parroquiales, tanto en las capillas como en la zona urbana, se pensó en hacer una jornada para intensificar la asistencia de los niños a las catequesis.

Segundo Proyecto Pastoral: Plan Pastoral de Conjunto (1969)

El Plan Pastoral de Conjunto fue presentado y aprobado en la reunión comunitaria del día 31 de enero de 1969 estando presente los PP. Germán Lombó, Julián Martínez y Heraclio Lobera. Los aspectos trabajados en él fueron:

a. Realizar una campaña del Diezmo o el Plan de Dios. Después de seis semanas de orientación sobre la importancia del diezmo se entregarían los sobres, uno por cada familia.

b. Formar el Consejo Pastoral Parroquial. Compuesto por más de siete miembros, mitad hombres y mitad mujeres, con participación de la juventud. A él serían invitados todos los miembros de las Congregaciones Parroquiales y los que pertenecían a los Movimientos de Cristiandad.

c. Formar el Consejo Pastoral de Catequesis poniéndolo bajo la dirección de una Religiosa Agustina Misionera. A través de este Consejo se coordinarían las catequesis de las cuatro secciones parroquiales, además de las que se daban en la Iglesia Parroquial todos los sábados.

d. Organizar las Confesiones de los Niños, de forma que se confesaran una sola vez al mes. Los del Colegio se confesarían los primeros jueves y los demás los cuartos sábados del mes por la mañana; así se facilitaban las confesiones de los jóvenes y los mayores.

e. Después de organizar el Consejo Pastoral Parroquial y el Consejo de Catequesis se procedería a formar el Consejo de Liturgia y, luego el Consejo de Acción Social.

f. Por autorización del Sr. Arzobispo se celebrarían las misas en las residencias en las cuatro secciones de la Parroquia los jueves y viernes, una misa semanal a ser posible fuera de la Iglesia.

g. Los Viacrucis de Cuaresma se harían los martes en la Iglesia y los jueves en las distintas secciones por las calles de la Urbanización.

h. Los retiros para jóvenes y matrimonios se darían durante la cuaresma[137].

Conformación del Consejo de Pastoral Parroquial (marzo 1969)

La conformación de un Consejo de Pastoral Parroquial formó parte del Plan de Pastoral de Conjunto presentado por el P. Germán Lombó en la reunión comunitaria del 31 de enero de 1969. Se procuraba que participasen las personas que asistían frecuentemente a la iglesia; principalmente los que pertenecían a los Movimientos Parroquiales. Una vez convocado los que serían miembros del consejo, asistieron a la primera reunión un total de 32 personas. Para constituirlo se procedió de la manera siguiente:

1. Formaron siete equipos. Cada uno compuesto por cuatro miembros y sus respectivos presidentes. Éstos trabajaron asesorados por uno de los Padres de la Parroquia según la siguiente distribución:

    -   P. Germán Lombó, Párroco: Pastoral de la Niñez y Equipo Litúrgico.
    -   P. Julián Martínez: Pastoral de la Juventud y Actividades Sociales y Culturales.
    -   P. Heraclio Lobera: Pastoral de Adultos y Administración Económica.

2. Nombraron el Presidente del Consejo Parroquial. En esta primera etapa esta función la realizó el Párroco, a bien de que en las siguientes ocasiones se realizase por votación. Una vez tenida la votación, el cargo recayó por primera vez sobre el Sr. Luis Delgado.

---

[137] Cfr. Libro de Actas de la Comunidad San Agustín de Lomas Verdes No. I. Acta N. 15, p. 7 - 8.

3.   Nombraron como Director del Equipo de Información y Propaganda el Sr. Luis Delgado.

4.   Dieron la participación a tres seglares para hablar en las misas de la participación del laico en la evangelización de la Iglesia[138].

Para el 31 de marzo de 1969 el plan estaba en funcionamiento en la parroquia. Antes del mes de abril del mismo año se había nombrado como Tesorero del Consejo Parroquial al Sr. Jaime González y Secretaria, Sta. Norma Santiago[139].

Economía Parroquial (1969)

En torno al mes de abril de 1969, procediendo de acuerdo con la reunión del 31 de enero, se abrió la cuenta en el Banco Popular a nombre de "Consejo Parroquial" de la Parroquia San Agustín con tres firmas: el Procurador de la Comunidad de Padres Agustinos, el Tesorero del Consejo Pastoral de la Parroquia y el Presidente del Consejo Parroquial[140]. Desde este mismo mes se venía entregando a este consejo el 20% de las Colectas Parroquiales.

El 30 de junio de 1969 la cantidad depositada en la cuenta equivalía $1,392.69. En la reunión comunitaria de la misma fecha se determinó:

> *"Todos los gastos de la iglesia a partir del Depósito de esta cuenta la administra y paga el Tesorero del Consejo Parroquial y el Procurador de esta casa; ejemplo: las hojas parroquiales, las velas, arreglos de la mampara y otras reparaciones de la Iglesia Parroquial"[141].*

La próxima acotación económica se realiza en la reunión del 31 de diciembre de 1969 estando presentes los PP. Germán Lombó, Francisco Ferreras y Heraclio Lobera en la que se aprueba la compra de materiales para

---

138   Cfr. Libro de Actas de la Comunidad San Agustín de Lomas Verdes No. I. Acta N. 18, p. 13 - 14.

139   Cfr. Libro de Actas de la Comunidad San Agustín de Lomas Verdes No. I. Acta N. 19, p. 14 - 15.

140   Cfr. Libro de Actas de la Comunidad San Agustín de Lomas Verdes No. I. Acta N. 21, p. 16.

141   Cfr. Libro de Actas de la Comunidad San Agustín de Lomas Verdes No. I. Acta N. 21, p. 16.

la catequesis de niños y de adultos, así como para la liturgia. Consultado el Consejo Parroquial al respecto estuvo de acuerdo, así como de los gastos de la Convivencia Parroquial que se tendría el día de la Sagrada Familia[142].

Miembros del Consejo Pastoral (1969)[143]

En 1969 el Consejo Pastoral Parroquial estaba compuesto por 32 miembros estos son:

- Presidente: Luis Delgado,
- Secretaria: Norma Santiago,
- Tesorero: Jaime González.

A los que seguían los ocho Equipos Pastorales (niñez, juventud, adultos), liturgia, administración económica, actividades sociales, comunicación, actividades culturales compuestos por:

- Adultos: Luis Pérez, William Olivella, José A. Irizarry, Héctor Villafañe, Pablo Padrón, Héctor Negrón, Diego Cancel, Carmelo Sierra, Jerry Molina, Froilán González, Antonio Cruz, Ramón A. Caro, Pedro Miranda, Cristóbal Ríos, Teodoro Maldonado, Rosa de Olivella, Lydia de Villafañe, Tomasita Santiago, Ada E. Alcázar, Birla Vda. De Pagán y Edith Santiago.
- Jóvenes: Isidra Pérez, Aníbal Marrero, Milagros García, Charlie Crespo, Eugenia Pérez, Cruz Chinea, Migdalia Reyes y Víctor Hernández.

Eran miembros del Comité Ejecutivo: Germán Lombó, párroco y Luis Delgado, presidente.

Fungían como presidentes de los equipos los Padres: Germán Lombó, Julián Martínez y Heraclio Lobera.

---

[142] Cfr. Libro de Actas de la Comunidad San Agustín de Lomas Verdes No. I. Acta N. 28, p. 25.

[143] Cfr. Fiestas Patronales San Agustín. Lomas Verdes, Bayamón, P.R. 1969. APSALV, Revista 1969.

Visita Pastoral (1971)

A través de la carta enviada por Luis Cardenal Aponte Martínez, Arzobispo de San Juan, al P. Germán Lombó el 23 de septiembre de 1971 se le informó de la Visita Pastoral que giraría en la Parroquia el 16 de octubre del mismo año. En ella se enfatizaría más lo pastoral que lo canónico[144].

2.3. Liturgia y Sacramentos

Apertura a los Laicos en la Liturgia y la Dimensión Social (1969)

Desde abril de 1969 los laicos comenzaron a tener mayor participación en la liturgia y en las actividades sociales. Los mismos laicos encargados de la liturgia fueron los primeros en movilizar la dimensión social de la parroquia. Para resaltar ambas funciones se estableció la realización de una actividad para recaudar fondos dirigidos y administrados por ellos mismo[145].

Cuaresma y Semana Santa (febrero 1969)

La Parroquia desde sus inicios dio importancia a la Semana Santa, muestra de ello es la procesión de Viernes Santo iniciada en 1964.

En la reunión del 31 de enero de 1969 se puso por escrito la distribución con motivo de esta Semana Mayor:

-   Lunes y Martes Santo: Retiro para Matrimonios,
-   Jueves Santo: Pastoral Juvenil.
-   Los sermones tradicionales del Triduo Sacro quedaron a cargo de los miembros de la Comunidad. Así como, las actividades musicales y los demás aspectos propios de esta liturgia especial[146].

---

[144]   Carta de Luis Cardenal Aponte Martínez, Arzobispo de San Juan, al P. Germán Lombó fechada en San Juan el 23 de septiembre de 1971. APSALV, Visitas Pastorales.

[145]   Cfr. Libro de Actas de la Comunidad San Agustín de Lomas Verdes No. I. Acta N. 19, p. 14 - 15.

[146]   Cfr. Libro de Actas de la Comunidad San Agustín de Lomas Verdes No. I. Acta N. 16, p. 9 - 11.

Para 1972 el diseño original evoluciona adquiriendo la siguiente configuración:

- Lunes y Martes Santo: retiro para matrimonios.
- Jueves Santo: retiro para jóvenes.
- Miércoles Santo: confesiones durante todo el día.
- Jueves Santo en la tarde: confesiones.
- Viernes de Pasión: paraliturgia penitencial a las 8:00 p.m. En esta primera paraliturgia el P. Coto quedó como encargado de la homilía, el P. Francisco de organizar los temas bíblicos y sacar las fotocopias para que el pueblo participara y el P. Germán se encargaba de los cánticos[147].

Al hacer la distribución de los actos litúrgicos en 1973 se acordó que el sermón del Viernes Santo se realizase dentro de los Actos Litúrgicos de este día y no después de la Procesión de la Soledad[148].

Día de la Sagrada Familia (1969)

Desde el 31 de diciembre de 1969 se celebra en la parroquia el día de la Sagrada Familia. Una actividad singular que desde sus inicios congrega a los matrimonios de la comunidad parroquial. Esta fiesta con sus connotaciones jíbaras fueron introducidas por los PP. Germán Lombó, Francisco Ferreras y Heraclio Lobera[149].

Nuevo Horario de Confesiones (julio 1969)

La costumbre ordinaria de la parroquia era confesar durante los actos litúrgicos. Así mientras se celebraba la misa, había un sacerdote confesando hasta el momento de la consagración eucarística. El 31 de julio de 1969 los PP. Germán Lombó, Julián Martínez y Heraclio Lobera dieron un giro a esta costumbre parroquial.

---

[147] Cfr. Libro de Actas de la Comunidad San Agustín de Lomas Verdes No. I. Acta N. 48, p. 53 - 55.

[148] Cfr. Libro de Actas de la Comunidad San Agustín de Lomas Verdes No. I. Acta N. 60, p. 67 – 68.

[149] Cfr. Libro de Actas de la Comunidad San Agustín de Lomas Verdes No. I. Acta N. 28, p. 25.

En esta fecha ellos acordaron suprimir las confesiones durante los actos litúrgicos y confesar media hora antes de las misas. De este modo procuraban adaptarse más a las nuevas normativas litúrgicas sobre la misa y los sacramentos provenientes de la Sacrosantum Consilium. Desde agosto de 1969 la nueva normativa comenzó a hacerse vigente en la parroquia.

Con la intención de dar promoción a los cambios que estaban introduciendo se hicieron cartelones visibles al público colocado en las entradas de la iglesia con carácter permanente. Desde la primera hasta la última misa de los domingos las confesiones se harían media hora antes de que esta inicie[150] y durante los horarios de oficina.

Normativas para la Celebración de Bodas (1969)

Los asuntos prácticos en la administración de los sacramentos iban forjando el rostro propio de la parroquia de San Agustín. Así, en la reunión comunitaria del 30 de septiembre de 1969 los PP. Germán Lombó, Heraclio Lobera y Francisco Ferreras acordaron sobre las celebraciones de bodas:

-    No celebrarán misas nupciales los días de precepto, ni los sábados a las 7:30 p.m. Podrán celebrarse otros días o los sábados a otra hora.
-    Podrán hacerse bodas de dos o más parejas principalmente en los tiempos de mayor afluencia de bodas, como Navidad.
-    Se publicará lo relativo a las bodas en el cartelón parroquial[151].

Eucaristía (1970)

Los PP. Germán Lombó y Francisco Ferreras en su reunión del día 31 de marzo de 1970 acordaron reajustar los horarios de misas los días laborales y dominicales. Para realizar este reajuste iban a proceder a través de una encuesta en todas las misas del domingo y sábado por la noche.[152]

---

[150]   Cfr. Libro de Actas de la Comunidad San Agustín de Lomas Verdes No. I. Acta N. 22, p. 17.

[151]   Cfr. Libro de Actas de la Comunidad San Agustín de Lomas Verdes No. I. Acta N. 24, p. 18 - 20.

[152]   Cfr. Libro de Actas de la Comunidad San Agustín de Lomas Verdes No. I. Acta N. 31, p. 27.

En la reunión del 15 de febrero de 1972 los PP. acordaron poner más de una intención por misa diaria o dominical[153].

El 31 de julio de 1972 los PP. Germán Lombó, José Ma. Coto, Anselmo Castillo y Francisco Ferreras consideraron la necesidad de retomar las celebraciones de misas en las cuatro secciones de la Urbanización Lomas Verdes introducidas por el P. Francisco Larrán. Se consideró no tener esta práctica eucarística en las calles más próximas a la Iglesia Parroquial. Sí Se celebraría la misa en los sectores más distantes del templo parroquial como eran los Condominios de Santa Juanita y las Calles 41, 47 y 39 y en las zonas más apartadas de la primera y cuarta sección[154].

Preparación para el Bautismo (1970)

Con el propósito de dar a conocer el nuevo Ritual del Sacramento del Bautismo, los PP. Germán Lombó, Anselmo Castillo y Francisco Ferreras decidieron el 31 de diciembre de 1970 crear un plan parroquial:

1. Se predicará durante cinco domingos en todas las misas los temas doctrinales y litúrgicos asignados por la Vicaría de Pastoral de Bayamón sobre el Sacramento del Bautismo.
2. Suprimir los bautismos durante el tiempo de Cuaresma, ya que durante este tiempo se iban a estar dando las catequesis en la parroquia.
3. Bautizar varios adultos en la Vigilia de Pascua de Resurrección. No se administrarán bautismos el Primer Domingo de Resurrección, sí a partir del segundo Domingo de Pascua.
4. Durante los Bautismos Comunitarios intervendrán dos padres. Uno para dar las Catequesis y explicación de la liturgia bautismal y otro para administrar el sacramento.
5. Se bautizará sólo los domingos primeros y terceros de cada mes.
6. Se darán las instrucciones a los Padres y Padrinos los domingos segundos y cuartos de cada mes. Después de cierto tiempo se

---

[153] Cfr. Libro de Actas de la Comunidad San Agustín de Lomas Verdes No. I. Acta N. 48, p. 53 - 55.

[154] Cfr. Libro de Actas de la Comunidad San Agustín de Lomas Verdes No. I. Acta N. 55, p. 62.

darán más de una conferencia a los padres y padrinos según la conveniencia y necesidad.

7. Preparar algunos seglares como monitores y comentadores de la liturgia bautismal.

8. Pedir siempre a los Padres y Padrinos una carta del Párroco que les autoriza a bautizar. Ambos deben llenar una Boleta de Petición del Bautismo.

9. Las Conferencias Pre – Bautismales se darán a los Padres y Padrinos después de la misa de las 10:30 a.m.

10. De este horario se enterarán por la preparación de cartelones ubicados en lugares visibles. Se enviará una hoja a cada familia de la Parroquia con esta información; junto con informaciones sobre las clases de Biblia y Catequesis de niños y adultos[155].

En la reunión del 15 de febrero de 1972 los padres acordaron entregar una velita a cada bautizando, dejando a la disposición del padrino o de los padres de los niños el uso de un paño blanco[156].

Unción de los Enfermos (1971)

Reunidos los PP. Germán Lombó, Francisco Ferreras y Anselmo Castillo el 31 de enero de 1971 decidieron tener en la oficina el libro de los enfermos, donde cada Padre anotaría los enfermos a quienes se les administre los últimos Sacramentos: Extremaunción y Viático[157].

2.3. FIESTAS PATRONALES (1967)

En 1967 da inicio el registro de datos sobre las Fiestas Patronales a través de una Revista que los hermanos de comunidad publicaban anualmente.

---

[155] Cfr. Libro de Actas de la Comunidad San Agustín de Lomas Verdes No. I. Acta N. 39, p. 37 - 39.

[156] Cfr. Libro de Actas de la Comunidad San Agustín de Lomas Verdes No. I. Acta N. 48, p. 53 - 55.

[157] Cfr. Libro de Actas de la Comunidad San Agustín de Lomas Verdes No. I. Acta N. 40, p. 40 - 42.

Fiestas Patronales 1967[158]

Revista de las Fiestas Patronales 1967

La Revista de la Fiesta era un medio de divulgación de las Actividades coordinadas con motivo del Día de San Agustín y un medio de recaudación de fondos para saldar el préstamo contraído para la construcción del Colegio San Agustín.

Estaba estructurada por una portada que presentaba la foto de la imagen de San Agustín, las fechas de la fiesta: 18 al 28 de agosto, el título de la Parroquia de San Agustín y su Dirección. En su contraportada presentaba una foto del edificio de la Parroquia.

En su interior estaba compuesta por:

- Programa del Solemne Novenario.
- Invitación de los Padres Agustinos a la Fiesta.
- Foto del P. Modesto Santamarta, Superior Provincial de la Provincia Agustiniana de Castilla.
- Biografía de San Agustín.
- Fotos de los PP. de la Comunidad: Germán Lombó, Paulino Sahelices y Julián Martínez.
- Fotos de la Primera Piedra del Colegio San Agustín recogen el momento por parte de Mons. Luis Aponte Martínez, Arzobispo de San Juan; José María Coto, Vicario de los Agustinos de las Antillas; y Sor Fidela, Superiora de las Madres Agustinas Misioneras.
- Fotos de las Candidatas a Reina.
- Invitación a la Verbena.
- Publicidad de los diferentes comercios.
- Horario Parroquial.

Programa: Solemne Novenario (1967)[159]

Según lo planificado en la Revista de las Fiestas Patronales 1967 el programa que se desarrolló fue el siguiente:

---

[158]   [Revista] Fiestas Patronales En Honor a San Agustín. Del 18 al 28 de agosto de 1967. Parroquia San Agustín. Calle Duente, Urb. Lomas Verdes, Bayamón, P.R. APSALV, Revista 1967.

[159]   Ibidem.

-   Día 18. Viernes 18 de agosto, inició la Novena a las 7:00 p.m. Monseñor Luis Aponte Martínez ofició la misa a las 8:00 p.m. para los Matrimonios que habían hecho la Jornada.
-   Día 19 dedicado a las Hijas de María.
-   Día 20, Socios del Santo Nombre.
-   Día 21, Socias del Sagrado Corazón.
-   Día 22, Enfermos de la Parroquia.
-   Día 23, Hermanas Madres Agustinas y Maestras del Colegio San Agustín.
-   Día 24, Jóvenes del Coro de la Parroquia y las Catequesis.
-   Día 25, Jóvenes Mensajeros y Jornaditas. Predicó el P. Paulino Sahelices.
-   Día 26, Padres y Alumnos del Colegio San Agustín.
-   Día 27, Cursillistas y Convivientes.
-   Día 28, Fiesta de San Agustín:
    Misa 6:30 a.m. y 7:30 p.m.
    Misa Solemne a las 7:30 p.m. Predicada por el P. Francisco Rodríguez.
    Todos los grupos parroquiales fueron invitados a la celebración del Excelso Patrón.

Verbena Parroquial 1967[160]

En la revista publicada con motivo de las Fiestas Patronales de 1967 se indica:

> *El viernes 25 de agosto comenzaremos UNA REGIA VERBENA a Beneficio del Colegio San Agustín que terminará el domingo 10 de septiembre.*

> *Habrá toda clase de atractivos: Artistas de Televisión, Machinas, Kioskos y un sin número de entretenimientos para todos.*

> *La Coronación de la Reina será el sábado 9 de septiembre a las 8:30 p.m. en el templete de las Fiestas Patronales, instalado frente a la Iglesia Parroquial San Agustín de Lomas Verdes, Bayamón.*

---

[160] Ibidem.

Fiestas Patronales 1968

Comité General de las Fiestas Patronales de la Parroquia San Agustín
El Equipo coordinador del Comité General para las Fiestas Patronales 1968 estaba compuesto por: José A. Irizarry, presidente; José Héctor Villafañe, vicepresidente; Sta. Milagros García, Secretaria. Éste coordinaba los siguientes comités reunidos de acuerdo a las funciones necesarias para el desarrollo de la fiesta:

1. Propaganda: Luis F. Delgado.
2. Reinado: Isidra Pérez, presidenta; Vocales: Ada E. Rivera, Luz Mena F. Figueroa, Lydia Villafañe y Milagros García.
3. Anuncios: Pedro Miranda, Dionisio Ramos, Luis F. Delgado, Nicolás Rosario y Gerardo Molina.
4. Artistas: Ramón Caro Brito, Diego Cancel y Gerardo Molina.
5. Iluminació: Héctor Negrón, Enrique Rivera, Ruperto Caro y Jaime Rivera.
6. Corney Island: Gerardo Molina y Ramón Caro Brito.
7. Kioskos: José A. Irizarry, Héctor Villafañe y José Reyes Cruz.
8. Finanzas: Luis Montes, Pedro Augusto Santos y Gerardo Molina[161].

Propaganda de la Regia Verbena (1968)
En el Anuario del Colegio San Agustín correspondiente a 1968 se publicó la siguiente propaganda referente a la Verbena:

REGIA VERBENA
DEL 23 DE AGOSTO AL 2 DE SEPTIEMBRE DE 1968
GRANDES ATRACCIONES
GRANDES ESPECTÁCULOS
ARTÍSTICOS
Artistas de la Radio y Televisión
Show Corona (Artístas de la Televión)
Banda del Navy
Conjuntos Musicales (música moderna)
Papá Candito y su Combo
Caney Island

---

[161] Anuario Colegio San Agustín. Lomas Verdes, Bayamón, P.R. 1968. p. 52. APSALM, Revista 1968

Kioskos, refrescos, toda clase de frituras, etc.
Toda clase de entretenimientos
Coronación de la Reina el día 1 de septiembre
Baile de Coronación de con Papá Candito y su Combo en el Caborrojeño
de Guaynabo el día 20 de septiembre.

-.-

Deseamos sean estas Fiestas de sano entretenimiento para chicos y
grandes, y le ofrecemos un variado programa de artistas que harán las
delicias en estos días de Fiestas Patronales[162].

Programa de Coronación de la Reina (1968)
El Programa de Coronación de la Reina correspondiente a 1968
recogía los siguientes momentos:

1. Apertura del Acto – por el Maestro de Ceremonias: Sr. Luis
    Delgado.
2. Desfile de BANDERAS.
    - Puerto Rico
    - EE. UU.
    - España
    - Iglesia Católica

3. Desfile de las Naciones Representadas:
    - A Puerto Rico, por la joven: Srta. Aracelis Gascot,
    - A Estados Unidos, por la: Srta. Mildred Quiles
    - A España, por la: Srta. Marizen Silva.

4. Desfile de la Corte de Honor de S.M. la Reina
    Srta. Isabel Pérez
    Srta. Lourdes Fuentes
    Srta. Minerva Rivera
    Srta. Delia Pérez
    Srta. Miriam Santiago

5. Desfile de las CANDIDATAS a Reina:
    Srta. María del Socorro González
    Srta. Angelis (Lourdes) Ramos

---

[162] Ibidem.

Srta. Miriam Vélez
Srta. Blanca Iris Ortega
Srta. Lilliam Irizarry
Srta. Nydia Janett Rodríguez
Srta. Marta B. Viera
Srta. Doraida Rosado
Srta. Miriam Haydeé Santiago
Srta. Conchita Silva

6. Desfiele de su Alteza Real la Princesa Srta: _____
7. Desfile de la Guardia Real: Cadetes.
8. Desfile de niños y niñas:
    a. Portando el Edicto de Proclamación – niño: Pedro A. Santos.
    b. Portando Flores la niña: Lucy Torres
    c. Portando el presente de la Reina – la niña: Magaly Pérez
    d. Portando el Cetro de la Reina – el niño: José Raúl Colón
    e. Portando la CORONA de S.M. la Reina, la niña: Birla Teresa Pagán

6. Entrada de la Reina S.M.
7. Lectura del Edicto de Proclamación de la Reina.
8. Presentación de flores y regalos a la Reina.
9. Mensaje de S.M. la Reina a los presentes.
10. Agasajo a la Reina (Pieza Musical).
11. Baile Real.
12. Desfile Final[163].

Fiestas Patronales 1969

En la reunión comunitaria del 31 de enero de 1969 se acordó la realización de la Novena en Honor a San Agustín. Con motivo de las fiestas patronales haría un reinado de señoritas y una rifa coordinada por el P. Heraclio Lobera; se publicaría una Revista de las Fiestas Patronales a cargo del P. Julián junto al Sr. Luis Delgado;[164] mientras el P. Germán

---

[163] Anuario Colegio San Agustín. Lomas Verdes, Bayamón, P.R. 1968. p. 55. APSALM, Revista 1968

[164] Cfr. Libro de Actas de la Comunidad San Agustín de Lomas Verdes No. I. Acta N. 16, p. 9 – 11.

Lombó coordinaría la Verbena Parroquial. Todos estos esfuerzos estaban encaminados a realizar el pago de la Hipoteca del Colegio que ascendía a unos $300,000.00[165].

Verbena Parroquial (1969)

En la reunión comunitaria del 31 de enero de 1969 se acordó realizar una Verbena en la Parroquia. El P. Germán Lombó, párroco, sería el encargado de conseguir los permisos para el uso de lugares, cierre de las calles e instalación de kioskos; el P. Julián Martínez era el responsable del Reinado y el P. Heraclio Lobera de la Revista.

Entre los proyectos que integraban estaba: la realización de un Reinado Juvenil cuya coronación se realizaría el 14 de febrero y la creación de una Revista con motivo de la Fiesta Patronal del 18 de agosto[166]. La Verbena tendría lugar desde el 6 hasta el 20 de julio de 1969[167].

En 1970 la Verbena se organizó igual que el año anterior. Así mantuvo su mismo conjunto de actividades: un Reinado a cargo del P. Francisco Ferreras, una Revista a Cargo del P. Heraclio Lobera y la Verbena a cargo del P. Germán Lombó según consta en el acta del 28 de febrero de este año.[168] Con el traslado del P. Heraclio Lobera, desde enero, se retoma el tema de la verbena en la reunión del 31 de mayo indicando que los importes de la Revista serían pagados por las Instituciones y Casas Comerciales. En esta reunión se establece su fecha de realización que iniciaría el 26 de junio hasta el 5 de julio[169].

Novena en Honor a San Agustín (agosto 1969)

El 28 de agosto concluirían las fiestas programadas por la comunidad en su reunión de enero de 1969. Así 9 días antes se estarían realizando las

---

[165]   Cfr. Libro de Actas de la Comunidad San Agustín de Lomas Verdes No. I. Acta N. 16, p. 9 – 11.

[166]   Cfr. Libro de Actas de la Comunidad San Agustín de Lomas Verdes No. I. Acta N. 16, p. 9 – 11.

[167]   Cfr. Libro de Actas de la Comunidad San Agustín de Lomas Verdes No. I. Acta N. 20, p. 15 - 16.

[168]   Cfr. Libro de Actas de la Comunidad San Agustín de Lomas Verdes No. I. Acta N. 30, p. 29.

[169]   Cfr. Libro de Actas de la Comunidad San Agustín de Lomas Verdes No. I. Acta N. 32, p. 28.

novenas parroquiales. La comunidad de padres agustinos se haría cargo de predicar los tres últimos días[170].

Candidatas y Reinas de la Parroquia de San Agustín (1965 – 1971)

Candidatas y Reina 1965[171]
Candidatas:
- Laura Hernández,
- Migdalia Reyes,
- Elisa Rosario,
- Leonor Martín.

Reina: S.M. Hilda I Arroyo, Reina de las Fiestas Patronales 1965.

Candidatas y Reina 1966[172]
Candidatas:
- Edna María Santiago,
- Elsa Nivia Galpí,
- María Nilda Colón,
- Iris Magaly Reyes.

Reina: S.M. Aracelis I, Reina de las Fiestas Patronales.

Candidatas y Reina 1967[173]
Candidatas:
- Elsa Nivia Galpí,
- Irma Guzmán,
- Julia Luz García,
- Frances Miranda,
- Gertie Marcell[174].

---

[170] Cfr. Libro de Actas de la Comunidad San Agustín de Lomas Verdes No. I. Acta N. 16, p. 9 – 11.

[171] Ibidem.

[172] Ibidem.

[173] Ibidem.

[174] [Revista] Fiestas Patronales En Honor a San Agustín. Del 18 al 28 de agosto de 1967. Parroquia San Agustín. Calle Duente, Urb. Lomas Verdes, Bayamón, P.R. Op. Cit.

Reina: S.M. Flor María I, Reina de las Fiestas Patronales[175].

Candidatas y Reina 1968
Candidatas:
- Doraida Rosado,
- Miriam Haydeé Santiago,
- Marta B. Viera,
- Conchita Silva Vergara,
- Nydia Janett Rodríguez,
- Lilliam Irizarry Lozada,
- Blanca Iris Ortega,
- Miriam Vélez López,
- Angelis (Lourdes Ramos),
- María del Socoro González[176].
Reina: S.M. Conchita I, Reina de las Fiestas Patronales 1968[177].

Candidatas y Reina 1969[178]
Candidatas:
- Nereida Ivelisse Rosado,
- Ana Rosa Olivella,
- Delia Pérez Moli,
- Marizen Silva,
- Carmen Edith González,

Reina: S.M. Marizen I, Reina de las Fiestas Patronales 1969.

Reina Infantil: S.M. Lucy Torres, Reina Infantil del Colegio San Agustín 1969.

S.M. Norma Esther Rivera, Reina de la Parroquia San Agustín 1970.

S.M. Ana Luz Figueroa, Reina de la Parroquia San Agustín 1971.

---

[175] Anuario Colegio San Agustín. Lomas Verdes, Bayamón, P.R. 1968. p. 56. APSALV, Revista 1968. Op. Cit.
[176] Ibidem.
[177] Fiestas Patronales San Agustín. Lomas Verdes, P.R. 1969. Colegio San Agustín. APSALV, Revista 1969.
[178] Ibidem.

2.4. GRUPOS Y MOVIMIENTOS PARROQUIALES

A los grupos ya existentes en 1964 se fueron uniendo a través de los años los siguientes:

-   ***Club Mensajeros de Cristo:*** tras el traslado de Sor Rosael a Colombia en 1967, se hizo cargo de la dirección espiritual el P. Paulino Sahelices, con él se iniciaron las Micro Jornadas de la Juventud en Lomas Verdes. Luego que él fue trasladado a Texas, Estados Unidos, comenzó el P. Jualián Martínez como director espiritual, su labor fue mantener las micro jornadas y celebrar las primeras misas juveniles desde 1968. Entre los presidentes del club se citan: Nurie Irizarry, Reinaldo Álvarez, Gladys Marrero y Aníbal Marrero.

-   ***Jornadas de Vida:*** grupo de matrimonios que inició en la parroquia en septiembre de 1966 con la participación de la Sra. Herminia y el Sr. Miguel A. Rivera Izcoa. Estos invitaron a participar del movimiento a Don Flor Rivera y su esposa. Ambos matrimonios trabajaron como colaboradores del movimiento en la jornada realizada en el Colegio de la Milagrosa de Río Piedras, provocando el interés de varios matrimonios de Lomas Verdes.

    Especial mención por su colaboración merecen los esposos Don Antonio Cruz y su esposa junto a los ya citados. Así como a José G. Reyes y esposa, Efigenio Figueroa y esposa, Sixto Rivera y esposa, Carlos Vásquez y esposa quienes trabajaron en las jornadas números 144 y 148.

    También colaboraron en la Jornada 168 celebrada en el Colegio La Inmacualda de Santurce el Sr. Antonio Cruz y esposa, Juan Dávila y esposa, Efigenio Figueroa y esposa.

En la parroquia de San Agustín el apoyo directo al movimiento, además de la colaboraciones, se manifestó a través del P. Francisco Larrán y los matrimonios: Enrique Rivera y esposa, Héctor Villafañe y esposa, Efigenio Figueroa y esposa, Ramón L. Ortiz y esposa, María Santiago y esposa y finalmente el Sr. William Olivella y Rosa M. Olivella; los actuales directores del Movimiento de Jornadas en esta Parroquia.

- **Micro Jornadas de la Juventud (1966)**

En 1966 el grupo de jóvenes Club Mensajeros de Cristo organizó una Micro – Jornada, retiro, para jóvenes. La primera realizada en este año coincidió con la celebración de las Olimpiadas Centro Americanas y del Caribe, motivo por la cual recibió el nombre de Jornada Olímpica.

Así en 1967 se efectuaron dos. En 1968 y en 1969 hubo más de cinco Micro Jornadas. Reunía jóvenes de Lomas Verdes, Santa Juanita, Magnolia Gardens, Río Piedras, Vega Baja, Cataño, Naranjito, Bayamón (pueblo) y otros lugares.

Para finales de 1969 se esperaba que el número de jóvenes que había asistido a las Micro Jornadas llegase a 700.

- **Misioneros Seglares Agustinos (1972)**

Su propósito consistió en organizar obras de caridad y oración, evangelizar y ayudar caritativamente a nivel local y en el extranjero. Así realizaron varias misiones de ayudas de ropas, alimentos y medicinas a Centro América y el Caribe. Desde su nacimiento en 1972 tuvieron por asesor espiritual al P. Anselmo Castillo.

El grupo estaba compuesto por más 40 miembros, eran miembros de su directiva: Ernesto Pérez, Presidente; Cambiar "Sánce" por "Sánchez" Ramón Morales y esposa, secretario; Aníbal García y Pedro Jiménez, tesorero.

- **Movimiento Carismático (1973)**

La parroquia de San Agustín también se vio afectada por el origen de la Renovación Carismática en Puerto Rico. Debido a la incomprensión que tenía su forma de orar y organizarse, la Comunidad de Padres Agustinos decidió en su reunión del 7 de junio de 1973 lo siguiente:

> *En cuando al Movimiento Carismático "Pentecostales Católicos" no aprobarían ni condenarían el movimiento; no estorbar su desarrollo. Respetar la libertad de las personas que deseen ingresar particularmente en este movimiento. Se debe mantener unidad en la pastoral desde dentro de la parroquia*[179].

---

[179] Cfr. Libro de Actas de la Comunidad San Agustín de Lomas Verdes No. I. Acta N. 62, p. 70 - 71.

2.5. Reparaciones al Templo Parroquial

El día 31 de enero de 1968 se aprobó adquirir un sistema de amplificación y microfonía para la Parroquia.[180] La próxima reparación de la que se tiene noticias fue aprobada el 30 de abril de 1970; se trataba de reparar el techo, pintar sus paredes y puertas. [181]

El 1 de febrero de 1973 se determinó mandar a hacer en mármol un altar nuevo, una pila bautismal y un ambón. Así como cambiar el sistema de iluminación de la iglesia[182].

2.6. CAPILLAS

2.6.1. Capilla San Martín de Porres del Barrio Juan Sánchez

La Capilla San Martín de Porres ubicada en el Barrio Juan Sánchez se encontraba en construcción cuando los Padres Agustinos tomaron posesión de la Parroquia San Agustín el 2 de febrero de 1964. Tras finalizar su proceso de construcción fue bendecida por Mons Luis Cardenal Aponte Martínez el sábado 9 de septiembre de 1972.

3. PASTORAL EDUCATIVA

3.1. Edificios del Colegio San Agustín

Anexo al Primer Edificio (1965 – 1966)

El 20 de mayo de 1964 los Padres Agustinos reciben permiso para ampliar la estructura física de la Academia San Agustín.

---

[180] Cfr. Libro de Actas de la Comunidad San Agustín de Lomas Verdes No. I. Acta N. 9, p. 4.

[181] Cfr. Libro de Actas de la Comunidad San Agustín de Lomas Verdes No. I. Acta N. 44, p. 48.

[182] Cfr. Libro de Actas de la Comunidad San Agustín de Lomas Verdes No. I. Acta N. 58, p. 65.

AUTORIZANDO PERMISO DE CONSTRUCCIÓN

Se encuentra en la consideración de esta Junta una solicitud para la construcción de una ampliación a utilizarse como cuartos de servicios sanitarios a una estructura que se utiliza como escuela para la enseñanza de primer grado y kindergarden, ubicada en la Calle Duende esquina Gardenia, Urbanización Lomas Verdes de Bayamón.

Consideraciones:

1. *Que la pertenencia en cuestión radica en un Distrito Residencial (R – 3), de acuerdo al Mapa de Zonificación de Bayamón.*
2. *Que el uso de escuela es permitido en este distrito mediante autorización de la Junta de acuerdo con las disposiciones del Reglamento de Zonificación.*
3. *Que la escuela en cuestión viene operando desde hace algún tiempo en este solar, en el cual enclava además una Iglesia Católica.*
4. *Que esta junta considera que por su uso ambos edificios están funcionalmente relaciones entre sí.*
5. *Que esta Junta no tiene objeción en que se autorice la ampliación propuesta, ya que consideamos que la misma es en pro del beneficio del estudiantado de ese plantel, que hasta el presente no contaba con ese servicio esencial necesario.*

Considerando lo anterior expuesto, por la presente esta Junta de Planificación de Puerto Rico AUTORIZA la expedición del permiso de construcción solicitado"

Este acuerdo estará vigente durante un año a partir de la fecha de este informe, entendiéndose que el permiso de construcción deberá obtenerse durante el período de un año subsiguiente a la fecha de expedición del mismo.

CERTIFICO: Que la anterior es copia fiel y exacta del informe adoptado por la Junta de Planificación de Puerto Rico en su reunión celebrada el May 20 1964 y para su notificación y uso general expido la presente bajo mi firma y sello de la Junta en San Juan, Puerto Rico a May 28 1964[183].

Aunque se poseía el permiso desde el 28 de mayo de 1964, no fue hasta el curso 1965 – 1966 cuando se hizo el anexo al edificio de la Academia San Agustín. Mientras tanto, "el aumento de la matrícula obligó a construir un ranchón de materiales prefabricados con techo y zinc. Pero mientras éste pudo habilitarse fue necesario acomodar a los niños en la Sacristía y en el coro, mesanini, de la Iglesia Parroquial para el curso 1965 – 66"[184].

Construcción del Segundo Edificio (1965 - 1968)
Aprobación del Consejo Vicarial (1965)

La obra de la Construcción del Colegio San Agustín fue nuevamente ratificada en la clausula número cuatro de entre las aprobadas en la Reunión del Consejo Vicarial del 28 de julio de 1965.

> *"4º. Autorización para construir 14 salones salones, como principio del Colegio de San Agustín de en Lomas Verdes, Bayamón, P.R."*[185].

Luego el 23 de noviembre de 1966 se dice:

> *"se ha de procurar llevar adelante y con la mayor urgencia posible el "proyecto" de levantar el Colegio San Agustín en la Parroquia de Lomas Verdes, en Bayamón. Con ese fin, se encargó al P. Vicario, en cooperación con el P. Germán Lombó, Párroco de dicho lugar para que realice todas las gestiones necesarias en orden a dicha obra: Pedir los permisos de ley al Ven. Definitorio para hacer un préstamo hipotecario por el valor de $225,000.00; escoger una persona bien entendida y de confianza que se encargue de la*

---

[183] Permisos firmados por Harry Maldonado en San Juan el 18 de mayo de 1964. Caso 64-571-d, Bayamón; Sol. 64-5-7470. APSLV, Permisos de Construcción 1964.

[184] Parroquia y Colegio San Agustín. 25 Aniversario. Bayamón, Puerto Rico [1989]. 92.

[185] Acta No. 5 del Libro de Actas del Consejo Vicarial fechada el 28 de julio de 1965. AVANT.

*construcción del Colegio con las debidas garantías, formalizando el
correspondiente contrato escrito; solicitar de las Casas de la Vicaría
la mayor ayuda económica que les fuere posible ofrecer, etc. etc*[186].

Bendición de la Primera Piedra (1967)

El 30 de abril de 1967 tuvo lugar la solemne bendición de la primera
piedra del Colegio San Agustín. En este acto estuvieron presentes el
Sr. Arzobispo de San Juan, Luis Aponte Martínez; el P. José María
Coto, Vicario de las Antillas, y los PP. Germán Lombó, Superior de
la Comunidad, Paulino Sahelices y Julián Martínez; por las Madres
Agustinas estuvo Sor Fidela Álvarez, Superiora de las Madres Agustinas.
Del mismo participaron muchos fieles de la parroquia.

El acto consistió en la bendición del lugar donde sería construido
el Colegio. No se trataba de un piedra maciza, sino de la bendición del
cemento que, dentro de una base de madera en forma de columna, se
colocaría a bien de que cuando se solidifique se constituya en un bloque
de hormigón armado. Colaboraron echando las palas del cemento armado
el Arzobispo, el Vicario de las Antillas, el Superior de la Comunidad de
Padres Agustinos, la Superiora de las Agustinas Misioneras, junto a los
demás hermanos agustinos.

Esta fue la proclama leída con motivo de la inauguración:

*El día 30 de abril, último domingo de abril del año 1967, fue
Bendecida la PRIMERA PIEDRA DEL NUEVO COLEGIO
SAN AGUSTÍN DE LOMAS VERDES, BAYAMÓN, PUERTO
RICO.*

*Ofició la ceremonia de Bendición el Excmo. Sr. Arzobispo de S.
Juan de P.R. Mons. Luis Aponte Martínez.*

Siendo Pontífice de la Iglesia S.S. Paulo VI.

Siendo Azobispo de S. Juan de P.R. Mons. Luis Aponte Martínez.

---

[186] Libro de Actas de la Vicaría Prov. de PP. Agustinos = Puerto Rico, Acta no.
41, p. 81 – 82.

Siendo General de la Orden Agustiniana de Ermitaños de M.R.P. Agustín Trapé, OESA.

Siendo Provincial de la Provincia de Castilla el M.R.P. Modesto Santamarta, OESA.

Siendo Vicario Provincial de los Agustinos en Las Antillas el M.R.P. José Ma. Coto, OESA.

Siendo Párroco de esta Parroquia el R.P. Germán Lombó, OESA.

Siendo Coadjutor de esta Parroquia los RR. PP. Julián Martínez, P. Paulino Sahelices, P. Gonzalo González, P. Félix Moratiel y P. Saturnino Juan.

N.B. Los Planos fueron realizados bajo la responsabilidad del Ingeniero Sr. Dn. Marcos Delgado.

La Construcción del Nuevo Colegio será realizada por el Ingeniero Sr. Dn. Carlos Lárazo.

En Lomas Verdes, P.R. a 30 de abril de 1967.[187]

Inventario Aprobado (1967)

CARLOS LAZARO GARCIA
INGENIERO CIVIL
APARTADO 325
TELS. 722-5592 - 723-5972
SAN JUAN, P.R. 00902

PADRES AGUSTINOS

COLEGIO SAN AGUSTÍN
URBANIZACIÓN LOMAS VERDES, BAYAMÓN

---

[187] Anuario Colegio San Agustín. Lomas Verdes, Bayamón, P.R., 1968. p. 22. APSALV, Revista 1968.

PRESUPUESTO

1.	Movilización, valla, oficina, etc.	$ 2,700.15
2.	Cuota Preliminar Asegure Obreros y Arbitrios Municipales	5,133.96
3.	Movimiento de terreno	4,482.65
4.	Relleno bajo el piso	2,464.18
5.	Excavaciones para cimientes	3,085.20
6.	Cimientos de hormigón	12,452.60
7.	Columnas de hormigón	11,220.63
8.	Muros de hormigón	4551.54
9.	Barandas de galerías hormigón	2,493.98
10.	Tabiques de bloques de 6" y 4"	8,507.48
11.	Vigas de hormigón	20,885.07
12.	Losa de hormigón sobre relleno y garaje	5,008.60
13.	Losa de hormigón sobre muros y vigas	32,305.90
14.	Escalera interior y a patios	2,986.31
15.	Instalación sanitaria	10,951.93
16.	Instalación alcantarillado	159.19
17.	Instalación eléctrica	26,797.84
18.	Puertas	5,483.60
19.	Ventanas	8,985.67
20.	Toilet stalls	3,342.89
21.	Pisos de cerámicas	1,650.52
22.	Pisos de losas hidráulicas del país de 8" x 8"	19,170.97
23.	Enchape de azulejos	1,942.47
24.	Concrete fins	2,992.68
25.	Empañetado liso	16,948.41
A la Hoja No. 2		216,704.42

P. 2.

De la Hoja No. 1		$ 216,704.42
26.	Filos de columnas, muros, vigas, etc.	14,408.87
27.	Goterones en aleros	827,76
28.	Pintura	12,760.94
29.	Desagues	114.00
30.	Limpieza, etc.	382.04
31.	Muro de contención	452.85

32. Muro bajo de contención	1,230.18
33. Desagues de patio	821.39
34. Cerramentos de ventanas	40.75
35. Zócalos de losas	3,351.80
TOTAL - - - - - - - - - - -	$ 251,095.00

CARLOS LAZARO GARCIA
Ingeniero Civil

ABRIL 1967.

Contrato Construcción del Colegio San Agustín (17 mayo 1967)

CARLOS LAZARO GARCIA
INGENIERO CIVIL
APARTADO 325
TELS. 722-5592 - 723-5972
SAN JUAN, P.R. 00902

C O N T R A T O

PARA LA CONSTRUCCION DE UN EDIFICIO PARA EL
COLEGIO SAN AGUSTIN EN LA CALLE DUENTE Y CALLE
GARDENIA, URBANIZACION LOMAS VERDES, BAYAMON
PROPIEDAD DE LA
SOCIEDAD DE PADRES AGUSTINOS DE PUERTO RICO

Este CONTRATO firmado hoy día *17* de mayo de 1967, entre la Sociedad de Padres Agustinos de Puerto Rico, representada por su Presidente el Rvdo. Padre José María Cotto, que en adelante se denominará como el Dueño y el Ingeniero Carlos Lázaro García, que en adelante se denominará como el Contratista, por la presente se comprometen a la siguiente estipulaciones:

ARTICULO I – TRABAJO A REALIZAR

El Contratista asumirá todo el material, mano de obra, Aseguro de Obreros, Seguro Social, Seguro de Desempleo y otros pagos a Agencias Gubernamentales para la construcción de un edificio para dedicarse a escuelas que construirá de una planta baja con capacidad para siete salones de clase, pasillo de acceso, sin instalaciones de plomería para servicios sanitarios. Una primera y segunda planta cada una con capacidad para siete salones de clase, oficinas, servicios sanitarios según planos y especificaciones del Ingeniero Marcos Delgado de fecha diciembre 1965.

ARTICULO II – ENMIENDAS Y PARTIDAS ELIMINADAS DE LOS PLANOS Y ESPECIFICACIONES DE COMUN ACUERDO ENTRE EL DUEÑO Y EL CONTRATISTA:

1. No se construirá la casa parroquial.
2. La planta baja demostrada en los planos en la Hoja # 5 como "Planta de Basamento" se reformará sustituyendo el espacio dedicado a garajes y el espacio disponible para uso futuro, convirtiendo ambos espacios en siete salones de clase con su pasillo de acceso. Véase la Hoja 5ª en la cual se demuestra el nuevo diseño de la planta baja. Para poder realizar este cambio se elimina el muro entre los patios de recreo y esta parte de la estructura.
3. No se construirá la tercera planta del edificio destinado a escuela.

P. 2.

4. Los pisos y zócalos de los salones de clases, oficinas, corredores, escalera principal, escalera al patio y escalera de entrada proyectados en losas de terrazo, se sustituye por mosaicos hidráulicos del país de 8" x 8". Los pisos de cemento gris son eliminados y se sustituyen por pisos de losetas hidráulicas del país de 8" x 8".
5. No se construirá el mejoramiento del area para estacionamiento de vehículos.
6. No se suministrará ni se instalarán las lámparas para la iluminación para los salones de clases y otras dependencias del edificio.

7. La tubería para el conductor de la instalación eléctrica será en hierro galvanizado conocida como E.M.T., y no en hierro rígido como piden los planos.

8. Herrajes tales como goznes, pestillos, pasadores, etc., serán galvanizados y las cerraduras igual o similar a la "Kwickset" Serie 600.

9. Los aparatos sanitarios serán de tipo corriente, en color blanco, los lavabos sin llave mezcladora, los inodoros con tanques bajos y las bacinetas apoyadas sobre el piso. Los urinales serán colgados en la pared en válvula de resorte.

ARTICULO III – COMIENZO DEL TRABAJO

El Contratista deberá empezar la construcción en no menos de 10 días después de la firma de este Contrato.

ARTICULO IV – TIEMPO DE DURACIÓN

El Contratista se compromete terminar las obras de construcción que incluye este Contrato en doscientos treinta (230) días laborables desde la fecha que se le ordene comenzar.

ARTICULO V – CANTIDAD DE CONTRATO

El Dueño pagará al Contratista, por la ejecución del trabajo a que se refiere este Contrato, tomando en consideración los aumentos y deducciones de trabajo, la suma de DOSCIENTOS CINCUENTA Y UN MIL NOVENTA Y CINCO DOLARES ($251,095.00), en moneda corriente.

ARTICULO VI – PAGOS AL CONTRATISTA

Durante el curso de la construcción el Dueño hará al Contratista pagos parciales semanales para cubrir los gastos que se incurran durante ese periodo de tiempo. Al final del mes, el Contratista presentará un Certificado de Pago y el Dueño pagará al Contratista la diferencia entre los pagos parciales y el pago mensual, por el trabajo realizado durante el mes.

ARTICULO VII – CAMBIOS

Si durante la construcción ocurriesen cambios o fuesen solicitados por el Dueño, se hará por escrito. El Contratista suministrará el monto de este cambio al Dueño quien lo aprobará. Dichos cambios, si los hubiese se pagarán de acuerdo al Artículo VI de este Contrato.

ARTICULO VIII – ACEPTACION DE LOS TRABAJOS Y PAGO FINAL

Dentro del término de 10 días después de terminado el trabajo el Dueño hará una inspección de los trabajos realizados aceptando los mismos y pagará al Contratista el balance del Contrato.

SOCIEDAD DE PADRES AGUSTINOS DE PUERTO RICO

DUEÑO

POR: *p. José María Corot, osa*

Carlos Lázaro García

Calos Lázaro García

Contratista

Nota: las letras en cursiva están escritas a mano[188].

El Proceso de Construcción del Colegio San Agustín (mayo 1967–agosto 1968)

Los sótanos, primera y segunda planta del segundo edificio del Colegio San Agustín se construyeron desde mayo de 1976 hasta agosto de

---

[188] Contrato para la construcción de un edificio para el Colegio San Agustín en la Calle Duende y Calle Gardenia, Urbanización Lomas Verdes, Bayamón, Propiedad de la Sociedad de Padres Agustinos de Puerto Rico. Carpeta Construcción Colegio San Agustín, 1967 – 1968.

1968. Los pasos seguidos mes por mes, según se desprenden de las notas para los pagos y el proyecto trazado fueron los siguientes:

- ***Mayo 1967:*** se inició la movilización, la valla, la instalación de la oficina y otros; así como se pagó de la Cuota Preliminar Seguro de Obreros y de Arbitrios Municipales.

- ***Junio 1967:*** se había comenzado el movimiento de los terrenos, excavaciones para cimientos, la construcción de los cimientos, columnas y muro de hormigón; las instalaciones sanitarias y eléctricas.

- ***Julio 1967:*** estaba iniciada las instalaciones de las vigas de hormigón, las losas de hormigón sobre el terreno del garaje; el muro bajo de contención y los desagües del patio.

- ***Agosto 1967:*** inició la construcción de la baranda de galerías de hormigón; las losas de hormigón sobre muros y vigas; el empañetado liso.

- ***Septiembre 1967:*** se inició la escalera interior y de los patios; la instalación del alcantarillado, el concrete fins. Durante el trabajo de este mes se terminó el movimiento de terrenos, las excavaciones para cimientos, los cimientos de hormigón; el muro de hormigón; la losa de hormigón sobre relleno y garaje.

- ***Octubre 1967:*** se concluyó el muro de contención, el muro bajo de contención y el desagüe del patio.

- ***Noviembre 1967:*** se iniciaron las columnas del alero y se terminó la columna de hormigón.

- ***Diciembre 1967:*** inició la instalación de puertas, de los desagües del edificio, la limpieza de las instalaciones. Se instalaron los cerramentos de ventanas.

- ***Enero 1968:*** se terminó de instalar la baranda de la galería y las vigas de hormigón.

- ***Febrero 1968:*** comienza la instalación de los pisos de cerámica y los enchapes de azulejos, la pintura. Se terminó la losa de hormigón sobre muros y vigas, la instalación del alcantarillado e instalaciones eléctricas. De igual modo se concluyó la operación con los goterones del alero.

- ***Marzo 1968:*** se concluye la instalación de pisos, del concrete fins y del empañetado liso.

- ***Abril 1968:*** es el final de la obra, aquí se termina la escalera interior y del patio, las instalaciones sanitarias, puertas y ventanas, así como del toilet stalls, de los pisos de cerámicas y sus en chaspe de azulejos y zócalos.

Una vez terminado el edificio los Padres Agustinos introducen siete Órdenes de Cambio que retrasaron los procesos de terminación y entrega de la obra.

- ***Orden de cambio no. 1:***

Cuarto sanitario en la primera planta consistente en la instalación de dos inodoros, dos lavabos, un urinal y un vertedero. Paredes de bloques, azulejos, piso de cerámica, plafón de cartón suspendido con metal, ventilación mecánica y divisiones de metal con puertas entre los inodoros y los otros aparatos sanitarios.

- ***Orden de cambio no. 2:***

"1. Puerta de metal en los garajes no rebajada en el contrato original.
2. Tabique de bloques en la planta baja. Incluye bloques, empañetado y pintura
3. 12 salidas de corriente eléctrica en los tabiques eliminados.

- ***Orden de cambio no. 3, del 30 de abril de 1968:***

6 bajantes de agua pluviales en tubería P.V.C., 2 bajantes descargando a los desagües de patio, 2 bajantes desaguando directamente a la Calle Gardenia y 2 bajantes descargando a dos registros construidos para ese uso. 3 registros de hormigón con sus tapas de hierro fundido.

- *Orden de cambio no. 4, julio 1968:*

Suministro y montura de pizarras en una pared de cada uno de los catorce salones de clases. Pizarras de 16' de largo por 4' de alto con 1' de corcho en la pared superior de la pizarra.

- *Orden de cambio no. 5, julio 1968:*

Construcción de una verja de alambre eslabonado de 900 lineales, de 6' alto mas 1' con tres pelos de alambre con un tubo de hierro galvanizado para amarrar el alambre. Dos portones para entrada de vehículos y 4 portones para peatones. Un portón extra al patio entre la Iglesia y el Colegio.

- *Orden de cambio no. 6, julio 1968:*

1. Cerrar vanos entre columnas de fachada con tubos galvanizados.
2. Instalación de Plomería:
   a. 4 instalaciones para fuentes de agua.
   b. 1 instalación en la primera planta para fuente de agua con fuente.
   c. 4 instalaciones para máquinas de vender refrescos.
   d. 1 fregadero en la primera planta.
5. Instalaciones eléctricas en la planta baja para nevera, estufa, utensilios para freir, etc.
6. Portón de hierro en la planta baja y en la primera planta en la parte baja de la escalera al segundo piso.
7. Puertas entre oficina segunda y primera planta cambiar acceso a un cuarto de limpieza.
8. Preparación de local para la venta de dulces, etc., con puerta de cristal, bloques, mostrador, etc.
9. Escalera desde la planta baja al patio.
10. Acera de acceso para entrada.
11. Tubería de desagüe y agua potable para la Iglesia.
12. Mensura, planos, etc. para financiamiento.
13. Montura de lámpara para la iluminación general del edificio.

- *Orden de cambio no.7, julio 1968:*

Crédito por dos fuentes de agua no suministradas ni instaladas.

Crédito por extractor de aire y divisiones de metal en los cuartos de baño de la planta baja (Orden de cambio no. 1)

Bendición de la Construcción (1968)

El 4 de agosto de 1968 Mons. Luis Aponte Martínez, Arzobispo de San Juan, bendijo la nueva planta del Colegio San Agustín de Lomas Verdes[189]. Contando con la presencia de las autoridades de la Orden y los hermanos de la comunidad[190].

Actividades para el Pago de la Deuda contraída con el Banco para la Construcción del Colegio San Agustín (1968)

En la reunión del 5 de enero de 1968 "se trató de la urgencia y necesidad de conseguir del Banco Popular de Puerto Rico un préstamo de $100,000.00 dólares, hipotecando una parte de la Academia Santa Mónica de Santurce. La razón del mismo no es otra que la construcción del Colegio S. Agustín de Lomas Verdes; y para ello se cuenta con la autorización ya recibida del Definitorio"[191].

La Comunidad de Padres Agustinos de Lomas Verdes para pagar la deuda determinó realizar diversas actividades en el Centro Educativo. Entre ellas estuvieron:

- **Rifas Parroquiales**[192]

En el año 1968 se rifó un carro Toyota Corona Deluxe Senda, el agraciado con el premio fue el Sr. Sixto Rivera, residente en la Calle

---

[189] Cfr. Anuario Colegio San Agustín. Lomas Verdes, Bayamón, P.R. 1968. p.21.APSALV, Revista 1968.

[190] Nota: Aunque todos fueron invitados, no todos pudieron asistir debido al accidente que al venir hacia la bendición del colegio tuvieron los hermanos de la Comunidad de Aguada: PP. Benigno Palomo, Anselmo Castillo y Heber Nazario.

[191] Libro de Actas de la Vicaría Prov. de PP. Agustinos = Puerto Rico, Acta no. 47, p. 91.

[192] Cfr. Fiestas Patronales San Agustín. Lomas Verdes, Bayamón, P.R. 1969. p. 78. APSALV, Revista 1969.

Colombina, X 22[193] y en 1969 consistió en dos pasajes para ir a España de la línea aérea Iberia.

- ***Campañas Pro – Colegio***[194]

Las Campañas pro – colegio fueron las diversas actividades organizadas desde el Centro Educativo para apoyar los procesos de construcción del mismo. Por lo general estaban a cargo de la Asociación de Padres y Maestros.

---

[193] Cfr. Anuario Colegio San Agustín. Lomas Verdes, Bayamón, P.R. 1968. p.83.APSALV, Revista 1968.

[194] Cfr. Libro de Colecturía 1966 – 1969.

1967	MES	CANTIDAD	
	Mayo	508.00	
	Junio	650.00	
	Julio	628.00	
	Agosto	606.00	
	Septiembre	544.00	
	Octubre	735.00	
	Noviembre	686.60	
	Diciembre	1,895.00	
TOTAL			6,252.60
1968	Enero	974.00	
	Febrero	1,348.00	
	Marzo	1,850.00	
	Abril	840.00	
	Mayo	150.00	
	Junio	1,210.00	
	Julio	2,567.00	
	Agosto	-	
	Septiembre	280.00	
	Octubre	205.00	
	Noviembre	281.00	
	Diciembre		9,735.00
TOTAL			
1969	Enero	160.00	
	Febrero	175.00	
	Marzo	132.00	
	Abril	102.00	
TOTAL			569.00
Monto total			16,556.60

- *Verbenas: Fiestas Patronales*[195]

Agosto 1966	4,300.00
Agosto 1967	7,227.00
Agosto 1968	11,534.85
TOTAL	**23,061.85**

- *Actividades de Navidad: Trullas*[196]

Diciembre 1968   **1,557.94**

De las actividades realizadas se obtuvo por aportaciones el total de $41,176.39; el resto, equivalente a la mayor parte del pago de la obra correspondió a la Sociedad de Padres Agustinos.

3.2. Organización del Colegio San Agustín

Corporación sin Fines de Lucro (1970)

Los Padres Agustinos para procurar el bien del Colegio San Agustín decidieron constituirse en Lomas Verdes en una corporación sin fines de lucro. El documento de solicitud fue firmado en San Juan el 11 de febrero de 1970 por los PP. Pedro Reguera, Gonzalo González y Germán Lombó, miembros del Consejo Vicarial[197]. Esta solicitud fue aprobada por Arístides Román, Jefe de la División de Corporaciones del Departamento de Estado de Puerto Rico, el 25 de febrero de 1970[198].

---

[195] Ibidem.

[196] Ibidem.

[197] Cfr. Certificado de Incorporación de Padres Agustinos de Lomas Verdes, Bayamón (Puerto Rico), INC. fechado en San Juan, 11 febrero 1970. APSALV, Corporación sin Fines de Lucro 1970.

[198] Cfr. Carta de Arístides Román, Jefe División de Corporaciones, al Lic. José A. Annoni informando de la radicación y archivo del Certificado de Incorporación de "PADRES AGUSTINOS DE LOMAS VERDES, BAYAMON, PUERTO RICO, INC" fechada en San Juan, 25 febrero 1970. APSALV, Corporación sin Fines de Lucro 1970.

A la Corporación "PADRES AGUSTINOS DE LOMAS VERDES, BAYAMON, PUERTO RICO, INC." correspondió el número 5479.

Acreditación Escolar (1971)

El 25 de agosto de 1971 el Secretario de Instrucción Pública, Ramón Mellado, expidió a favor del Colegio San Agustín, escuela privada, el certificado de acreditación por el cual reconoce que reúne los requisitos mínimos exigidos por el Departamento de Instrucción Pública para impartir los grados que van del 1º. al 7º de acuerdo con la Ley Número 2 del 22 de agosto de 1958 y sus enmiendas[199].

3.3. Vida Religiosa Femenina en la Academia San Agustín

Agustinas Misioneras (1965 – 1969)

Tras los Capítulo Provinciales es normal que la vida religiosa remueva su personal. Así se produjo el traslado de Sor Rosael a Colombia en 1966.

> En diciembre de 1966 Sor Rosael es trasladada a Colombia y de allí viene Sor Ruth Quiñones para hacerse cargo de la Secretaría del Colegio y dar algunas clases. En Mayo del 1976 Sor Carmen Luz se trasladaría a Colombia y en su lugar vendría Sor Alcira Carrera para encargarse de la enseñanza de los niños de Kinder. Las Hnas. Leonor Sánchez y Herminia Zapata llegaron en el segundo semestre del curso 1967 – 1968[200].

El crecimiento de la institución creó la necesidad de contratar Maestras para trabajara bajo la coordinación de las hermanas Agustinas Misioneras. Entre ellas está la Sra. Dilcia Figueroa[201].

---

[199]   Certificado de Acreditación para impartir los grados 1º. A 7º del Colegio San Agustín firmada por Ramón Mellado, Secretario de Instrucción Pública, en San Juan el 25 de agosto de 1971. APSALV, Acreditaciones y Certificaciones.

[200]   Parroquia y Colegio San Agustín, 25 Aniversario. Bayamón, Puerto Rico, [1989]. p. 92.

[201]   Cfr. Ibid., p. 99.

Las Agustinas Misioneras sólo pudieron permanecer en el Colegio San Agustín hasta el curso 1968 – 1969. A sólo un año de haberse inaugurado dejaron la institución. Este cambio se debió a la falta de preparación para dar clases de inglés que requería la institución en este momento[202].

Hermanas de San José (1969 – 1972)

Tras el traslado de las Agustinas Misioneras se consiguió de las Hermanas de San José una hermana que viviendo en el convento que ellas tenían en Santurce, se trasladaba diariamente al Colegio San Agustín de Bayamón para ofrecer estos servicios. Sister Clara Ellen pasó a ser la nueva Principal del colegio[203]. Se registra entre sus labores el lograr la acreditación para el Colegio desde 1 hasta 7 grados[204] e iniciar las clases de religión en las aulas del colegio. Su estadía fue muy breve puesto que concluyó en el curso 1971 – 1972.

Madres Escolapias (1972 - 1974)

Las Madres Escolapias comenzaron a encargarse de la dimensión académica del Colegio San Agustín desde 1972. El 14 de agosto de este mismo año llegó para ser principal la Madre María Angustias López; el 20 de agosto, la Madre Dolores Cabello; el 8 de septiembre la Madre Encarnación Álvarez y el 22 de octubre la Madre Rosaura Ruiz, superiora de la casa[205]. Así inician una ardua labor educativa de la mano del P. Anselmo Castillo, párroco y director en estos tiempos.

---

[202] Cfr. Libro de Actas de la Comunidad San Agustín de Lomas Verdes No. I. Acta N. 22, p. 17. Cfr. Parroquia y Colegio San Agustín, 25 Aniversario. Bayamón, Puerto Rico, [1989]. p. 99.

[203] Cfr. Libro de Actas de la Comunidad San Agustín de Lomas Verdes No. I. Acta N. 22, p. 17.

[204] Cfr. Parroquia y Colegio San Agustín, 25 Aniversario. Bayamón, Puerto Rico, [1989]. p. 99.

[205] Cfr. Ibidem.

3.4. Asociación de Padres y Madres (1968 – 1969)[206]

Los Padres y Madres del Colegio San Agustín era una Asociación reconocida por el Departamento de Estado de P.R. constituida en 1968. Una vez concluida la construcción del Colegio, ellos consideraron que el Centro Educativo requería de algunos arreglos no considerados en el proceso de fabricación de la infraestructura, estos son:

-   Luces de mercurio del patio.
-   Construcción de la Cancha de Baloncesto.
-   Terminación del patio con sus jardines obra planeada por el Ingeniero Carlos Lázaro. Este proyecto presentado a la junta de Padres y Madres ascendía a $1,616.00
-   Corrección de los Corredores de las Galerías del Colegio con una pieza de hierro galvanizado en bien de la seguridad de los niños.

3.5. Clases de Religión (1969)

Las clases de religión en el Colegio San Agustín iniciaron en el año 1968 – 1969. Este proceso fue interrumpido durante el año 1970 debido al traslado de las agustinas. Luego, recuperado en el cuso 1971 – 1972[207]. Los maestros según sus grados fueron:

-   P. Coto: 4º. A y B.
-   P. Castillo: 5º. A y B, 6º. A y B.
-   P. Ferreras: 7º. y 8º.[208]

3.6. Nuevos Servicios y Crecimiento en el Número de Grados

El 31 de julio de 1969 la comunidad aprobó la contratación de una Secretaria para el Colegio. Su trabajo se realizaría a tiempo total,

---

[206] Cfr. Libro de Actas de la Comunidad San Agustín de Lomas Verdes No. I. Acta N. 16, p. 9 - 11.

[207] Cfr. Libro de Actas de la Comunidad San Agustín de Lomas Verdes No. I. Acta N. 40, p. 40 – 42.

[208] Cfr. Archivo de las Madres Escolapias en el Centro Educativo Paula Montal.

de siete horas y media, según lo establecido por el Departamento de Instrucción[209]. Esta disposición comenzó a tener vigencia a partir del año educativo 1979 – 1970.

Integración de los Grados según sus años:

Cuarto Grado (1968)
En el Anuario del Colegio correspondiente a 1968 se recogen las fotos de los Kinder A y B, Primer Grado A y B, Segundo Grado A y B, Tercer Grado A y B y Cuarto Grado[210].

Séptimo Grado (1970)
Los PP. Germán Lombó y Francisco Ferreras en la reunión del 30 de marzo de 1970 acordaron dividir el salón de actos del Colegio como preparación para abrir el séptimo grado en el curso 1970 – 1971[211].

3.7. Reparaciones Realizadas al Edificio del Colegio San Agustín (1970 – 1971)

En la reunión comunitaria del 31 de mayo de 1970 se aprueba la reparación de las cerraduras de todos los salones del Centro Educativo. Así como la construcción de una tarima en el salón de actos para los actos sociales y culturales[212].

Acordaron reparar las oficinas de la segunda planta, lugar donde la principal iba tener su equipo personal a partir del curso 1970 – 1971[213]. De igual modo, la compra de una copiadora electrónica para la Parroquia y el Colegio.

---

[209]   Cfr. Libro de Actas de la Comunidad San Agustín de Lomas Verdes No. I. Acta N. 22, p. 17.

[210]   Anuario Colegio San Agustín. Lomas Verdes, Bayamón, P.R. 1968. p. 26 – 30.

[211]   Cfr. Libro de Actas de la Comunidad San Agustín de Lomas Verdes No. I. Acta N. 31, p. 27.

[212]   Cfr. Libro de Actas de la Comunidad San Agustín de Lomas Verdes No. I. Acta N. 32, p. 28.

[213]   Cfr. Libro de Actas de la Comunidad San Agustín de Lomas Verdes No. I. Acta N. 33, p. 29.

IV

SEDE DEL VICARIATO DE LAS ANTILLAS 1974 – 1984

1. VIDA DE COMUNIDAD

Período Capitular que va desde febrero de 1974 hasta 1977

El 7 de febrero de 1974 la comunidad recibió la Visita del P. Félix Rodríguez, Prior Provincial, y el P. Pedro Reguera, Secretario de la Visita. Eran miembros de la Comunidad los PP: Félix José Moratiel, Anselmo Castillo, Manuel Vega Laiz y Fr. Alfonso Soriano[214].

El Oficio de destino de Fr. Alfonso a la comunidad fue enviado el 9 de marzo de 1974[215]. Su participación en el trabajo del Vicariato fue considerado de un modo especial, ya que era destinado sólo a realizar trabajos técnicos que se necesitasen, sin intervención en trabajo de tipo pastoral o litúrgico. A su vez, quedaba a disposición de cualquier comunidad del Vicariato que solicitase sus servicios[216].

En la reunión del 27 de abril de 1974 aprueban instalar en la Sala de Reuniones un aire acondicionado que la Comunidad de Santa Rita les había regalado[217].

---

[214] Libro de Actas de Reuniones de la Comunidad de Lomas Verdes, p. 73.

[215] Destino de Fr. Alfonso Soriano a la Comunidad de San Agustín de Lomas Verdes, firmado por P. Domingo Aller en Santurce, 9 marzo 1974. APSALV, Destinos y Oficios.

[216] Carta del P. Domingo Aller a Fr. Alfonso Soriano, fechada en San Juan el 9 de marzo 1974. APSALV, Destinos y Oficios.

[217] Libro de Actas de Reuniones de la Comunidad de Lomas Verdes, Acta No. 65, p. 73.

El 28 de junio de 1974 Fr. Alfonso Soriano fue nombrado sacristán de la parroquia[218]. Antes del 22 de agosto del mismo año fue trasladado el P. Manuel Vega, puesto que desde entonces su firma no aparece en el libro de actas[219].

El 1 de octubre de 1974 se hizo la redistribución de las actividades del Colegio San Agustín con motivo del traslado a esta casa del P. Domingo Aller,[220] Vicario de las Antillas desde 1973. Su traslado a la comunidad San Agustín de Lomas Verdes en Bayamón constituye esta casa en Sede Vicarial, en vista de que la sede se establece en el lugar donde reside el Vicario.

La comunidad recibió la visita del P. Theodore V. Tack, Prior General, con el P. Modesto Santamarta, Asistente General, el 4 de febrero de 1976[221].

El 16 de mayo de 1976 el P. Domingo Aller notificó al P. Anselmo Castillo que, de las 300 misas asignadas por la Curia General al Vicariato de las Antillas, correspondían a la Comunidad de Lomas Verdes celebrar un total de veinte y una[222].

El 14 de enero de 1977 se informó que el P. Félix Moratiel asistió al Encuentro Educacional de OALA realizado en Lima, Perú, desde el 1 hasta el 5 de febrero de 1977. De igual modo, participaría en el Seminario de Directivos de la COR que se realizó en Cali, Colombia, desde el 5 hasta el 18 del mismo mes[223].

En la Reunión Vicarial celebrada el 2 de abril de 1977 se comienzan a preparar las documentaciones para pedir al Capítulo Provincial la unificación de las Comunidades de Bayamón; o sea, Santa Rita de la

---

[218] Libro de Actas de Reuniones de la Comunidad de Lomas Verdes, Acta No. 66, p. 73 – 74.

[219] Libro de Actas de Reuniones de la Comunidad de Lomas Verdes, Acta No. 67, p. 74.

[220] Libro de Actas de Reuniones de la Comunidad de Lomas Verdes, Acta No. 68, p. 75.

[221] Libro de Actas de Reuniones de la Comunidad de Lomas Verdes, p. 77.

[222] Carta del P. Domingo Aller, Vic. Reg., al P. Anselmo Castillo, Prior Comunidad de Lomas Verdes, misas pro expensis curiae, fechado en Santurce el 19 mayo 1976. APSALV, Destinos y oficios.

[223] Libro de Actas de Reuniones de la Comunidad de Lomas Verdes, Acta No. 79, p. 81 – 82.

Urbanización Santa Juanita y San Agustín de la Urbanización Lomas Verdes[224].

Los PP. Domingo Aller y Félix José Moratiel asistieron al Capítulo Provincial en calidad de Vicario y de Delegado del Vicariato de las Antillas[225]. Le elección del P. Félix para esta función se realizó el día 15 de abril en la Comunidad de San Agustín de Bayamón[226].

Período Capitular que va desde 1977 hasta 1981

Fruto del Capítulo Provincial fue el traslado del P. Anselmo Castillo, como párroco de la Parroquia Santa Rita, y Fr. Alfonso Soriano, como Sacristán y encargado de otras dependencias de la Parroquia San Miguel de Cabo Rojo[227]. A raíz de lo aprobado en el número 6 de los Estatutos Provinciales de 1977, la Vicaría de las Antillas elaboró su Proyecto de Estatutos Vicariales[228].

A partir del 23 de septiembre de 1977 la comunidad quedó constituida por los PP. Domingo Aller, Vicario de las Antillas y Prior de la Comunidad; Lesmes Bernabé, párroco; Félix José Moratiel, Director del Colegio San Agustín y Administrador[229]. Durante su primera reunión comunitaria realizada este día, se pusieron de acuerdo en los asuntos pastorales de la Parroquia y del Colegio[230].

El 30 de septiembre del mismo año tuvieron una segunda reunión en la que hicieron su proyecto comunitario, en esta misma reunión se

---

[224] Acta de la Reunión Vicarial fechada el 12 de abril de 1977. APSALV, Reuniones Vicariales.

[225] Libro de Actas de Reuniones de la Comunidad de Lomas Verdes, Acta No. 81, p. 82 - 83.

[226] Documento de la Reunión y Elección. **Firmado:** P. Francisco Larrán, P. Heraclio Lobera y Fr. Alfonso Soriano. **Fechado:** Bayamón, 15 abril 1977. APSALV, Circulares Vicariales 1974 – 1984.

[227] Libro de Actas de Reuniones de la Comunidad de Lomas Verdes, Acta No. 82, p. 83.

[228] Proyecto de Estatutos Vicariales, [1977]. APSALV, Estatutos Vicariales.

[229] Comunidades de Puerto Rico circular firmada por el P. Domingo Aller, Vicario Regional, en Bayamón el 9 septiembre 1977. APSALV, Circulares Vicariales 1974 – 1984.

[230] Libro de Actas de Reuniones de la Comunidad de Lomas Verdes, Acta No. 83, p. 83 – 84.

decidió integrar a la Pastoral Parroquial a las Madres Escolapias y para este fin se tendría con ellas una reunión el día 2 de octubre. Parte de este mismo proceso consistía en instalar como Ministros Extraordinarios de la Comunión las Madres Dolores y Encarnación[231].

A partir del 13 de abril de 1978 el P. Domingo Aller se traslada al Seminario Santo Tomás de Villanueva de Bayamón y, con él, se traslada también la Sede Vicarial[232]. Deja de ser San Agustín de Lomas Verdes la Sede Vicarial y comienza a serlo el Seminario Santo Tomás de Villanueva ubicado también en Bayamón.

Para el 7 de septiembre de 1978 se integra a la Comunidad el P. Gonzalo González, con su venida se redistribuyó el trabajo pastoral[233].

Se acordó en la reunión del 19 de octubre de 1978 pagar a Fr. Agustín Sánchez Lloret la suma de $150.00 mensuales por el trabajo que realiza en el Colegio, la Iglesia y la Casa Parroquial. También hablar con Dn. Ismael procedente del Barrio Guaraguao para que pase a ejercer el oficio de Sacristán de la parroquia[234].

El 30 de octubre de 1978 la comunidad recibió la visita de renovación del P. Provincial, Jesús Domínguez Sanabria[235].

En la reunión del 1 de diciembre de 1980 se aumentó el sueldo de los Padres que trabajan en la Parroquia:

- P. Lesmes Bernabé $850.00
- P. Gonzalo González $800.00
- P. Félix José Moratiel $400, el resto faltante lo supliría el colegio[236].

---

[231] Libro de Actas de Reuniones de la Comunidad de Lomas Verdes, Acta No. 83, p. 83 - 84.

[232] Libro de Actas de Reuniones de la Comunidad de Lomas Verdes, Acta No. 88, p. 87.

[233] Libro de Actas de Reuniones de la Comunidad de Lomas Verdes, Acta No. 89, p. 87 – 88.

[234] Libro de Actas de Reuniones de la Comunidad de Lomas Verdes, Acta No. 90, p. 88.

[235] Libro de Actas de Reuniones de la Comunidad de Lomas Verdes, p. 89.

[236] Libro de Actas de Reuniones de la Comunidad de Lomas Verdes, Acta No. 98, p. 93.

El 3 de febrero de 1981 recibieron la Visita General de Renovación los hermanos de comunidad de Fr. Emilio Liébana, Asistente General[237].

En la reunión del 9 de junio de 1981 se aprobó la documentación que se enviaría al Capítulo Provincial Ordinario[238].

Período Capitular que va desde 1981 hasta 1984

Tras el Capítulo Provincial forman parte de la Comunidad los Padres Félix José Moratiel, Mario González y Bernabé González; su primera reunión la realizaron el 20 de octubre de 1981.

El P. Paulino Sahelices, Vicario de las Antillas, nombró con los cargos de Superior y Párroco el P. Mario González[239]. P. Bernabé González, pasó a ser Depositario de la Comunidad, y P. Félix Moratiel, Procurador de la Comunidad y Director del Colegio[240].

El 4 de marzo de 1982 la comunidad estudió, en busca de aplicación, el Proyecto del Cuatrienio Vicarial para el período 1981 – 1985. Al P. Mario se asigno presentar el parecer de la comunidad al vicario[241].

El 11 de febrero de 1983 el P. Valentín Díez, Superior Provincial, realizó la visita a la Comunidad. Le acompañó su secretario, quien firma con las siguientes siglas: EMNB[242].

En la reunión del 12 de mayo de 1983 se abordaron los temas que se enviarían al Capítulo Provincial y General Intermedios[243].

---

[237]   Libro de Actas de Reuniones de la Comunidad de Lomas Verdes, p. 93.

[238]   Libro de Actas de Reuniones de la Comunidad de Lomas Verdes, Acta No. 100, p. 94 – 95.

[239]   Destinado del P. Mario González como superior y párroco de San Agustín de Bayamón firmado por el P. Paulino Sahelices, Vic. Reg., fechado en Bayamón, 9 octubre 1981. APSALV, Destinos y Oficios.

[240]   Carta del P. Mario González, Superior de la Casa, al P. Paulino Sahelices, Vicario Regional de las Antillas, notificando los nuevos cargos de los hermanos de la casa, fechado en Bayamón el 22 de octubre de 1981. APSALV, Destinos y oficios.

[241]   Libro de Actas de Reuniones de la Comunidad de Lomas Verdes, Acta No. 101, p. 96.

[242]   Libro de Actas de Reuniones de la Comunidad de Lomas Verdes, p. 98.

[243]   Libro de Actas de Reuniones de la Comunidad de Lomas Verdes, Acta No. 105, p. 98.

La última reunión de la cual se tiene referencia del P. Bernabé González es el día 15 de julio de 1983[244]. En la siguiente reunión del 31 de enero de 1984 ya está presente en la comunidad el P. Eliseo García[245].

Clausura de la Visita Provincial de Renovación (1974)

El 12 de febrero de 1974 se clausuró la Visita de Renovación Provincial en el Centro Parroquial San Agustín de Aguada contando con la presencia de 26 religiosos de los 28 que componían la Vicaría. El orden para el desarrollo de la reunión consistió:

1. Paraliturgia presidida por el P. Félix Rodríguez, Provincial.
2. Diálogo sobre:
    - el ambiente comunitario,
    - La necesidad de la oración en común,
    - El apostolado en la pastoral y el apostolado del estudio, la promoción vocacional,
    - Nueva forma de administración de la Economía Vicarial,
    - La situación de los hermanos en República Dominicana.

Proyecto Comunitario (1974)

Los hermanos de Comunidad heredan como parte de la vida de la comunidad el proyecto que anteriormente tenían los hermanos. Éste se modificó en la reunión comunitaria realizada el 1 de octubre de 1974. Los cambios fueron los siguientes:

- Rezar la hora de Completas a las 11:00 p.m. y los viernes a las 10:00 p.m.
- Tener una hora de reunión comunitaria. [246]

---

[244] Libro de Actas de Reuniones de la Comunidad de Lomas Verdes, Acta No. 106, p. 98 – 99.
[245] Libro de Actas de Reuniones de la Comunidad de Lomas Verdes, Acta No. 107, p. 99 – 100.
[246] Libro de Actas de Reuniones de la Comunidad de Lomas Verdes, Acta No. 68, p. 75.

Ante la dificultad de la pérdida de privacidad de la clausura comunitaria debido a que algunos laicos entraban y salían de la casa sin pedir permiso; los hermanos reaccionaron el 17 de noviembre de 1976 pidiendo se procure la privacidad propia de la vida conventual[247].

El 30 de septiembre de 1977 se modifica nuevamente el proyecto comunitario. En esta ocasión se indica:

1. Rezar completas a las 11:00 p.m. de lunes a viernes, en forma pausada e intercalando alguna lectura.
2. Tener la reunión mensual los 2dos. Viernes de cada mes. En esta reunión se tendrá media hora de reflexión en la que se indicarán los temas de las homilías para todo el mes[248].

En la reunión del 20 de octubre de 1981 aprobaron el siguiente Proyecto Comunitario:

1. Seguir con el rezo de las Completas a las 10:30 p.m.
2. Bendición de la Mesa con las Oraciones del Ritual de la Orden.
3. Nombramiento de los cargos:
   - Colector: P. Mario,
   - Depositario: P. Bernabé,
   - Procurador: P. Félix,

4. Distribución del trabajo pastoral,
5. Pastoral de Enfermos en el Hospital Regional: P. Bernabé González[249].

En la reunión del 4 de marzo de 1982, tras cinco meses de estar viviendo en la misma comunidad se hace una evaluación positiva de la convivencia comunitaria. A la vez, se aprueba tener la Reunión

---

[247] Libro de Actas de Reuniones de la Comunidad de Lomas Verdes, Acta No. 78, p. 80.

[248] Cfr. Libro de Actas de Reuniones de la Comunidad de Lomas Verdes, Acta No. 83, p. 83 - 84.

[249] Libro de Actas de Reuniones de la Comunidad de Lomas Verdes, Acta No. 101, p. 95.

Comunitaria a mediados de cada mes con aviso previo de uno o dos días por parte del P. Mario[250].

El 31 de enero de 1984 convinieron en rezar la Hora Intermedia Sexta a las 11:30 a.m[251].

Renovación del Vicariato de las Antillas (1975)

La Reunión Zonal realizada en la Comunidad San Agustín de Lomas Verdes el día 10 de octubre de 1975 los padres que vivían en la Zona Metropolitano se plantearon la preparación de una encuesta en proyección a la planificación de la vicaría.

Esta planificación se enfocaría en los temas más urgentes entre los que están:

1. Vida Religiosa: Oración, Espíritu Agustiniano, Relaciones Humanas, Convivencia entre Comunidades y Vocaciones.
2. Economía,
3. Enseñanza,
4. Pastoral Parroquial,
5. Vocaciones.

En esta reunión quedaron nombrados para formular las preguntas los PP. Laureano Rodríguez y Anselmo Castillo. La próxima reunión sería el 4 de noviembre en Santurce[252].

Visita General de Renovación (1976)

El 9 de febrero de 1976 se hizo en el Centro Parroquial de Aguada la clausura de la Visita de Renovación General al Vicariato realizada por el P. Theodore V. Tack, Prior General, y el P. Modesto Santamarta, Asistente de la Orden. En ella se trataron los siguientes puntos:

---

[250] Libro de Actas de Reuniones de la Comunidad de Lomas Verdes, Acta No. 102, p. 96.

[251] Libro de Actas de Reuniones de la Comunidad de Lomas Verdes, Acta No. 107, p. 99 – 100.

[252] Reuniones Zonales, fechada en Lomas Verdes, 10 octubre 1974. APSALV, Reuniones Zonales.

- Vida Agustiniana,
- Apostolado,
- Organización Vicarial,
- Vocaciones[253].

Reparación y Construcción de la Segunda Planta de la Segunda Casa de los Padres Agustinos en Lomas Verdes (1976)

En la reunión del 16 de septiembre de 1976 se aprobó reparar el techo de la Casa Parroquial a bien de pintarla por dentro en sus dependencias principales;[254] ya que, tenía filtraciones y goteras.

El 18 de enero de 1978 se estudió la posibilidad de levantar un segundo piso de madera tratada en los altos de la casa parroquial[255].

Para el 16 de febrero del mismo año "quedó aprobada la construcción inmediata, en los altos de la Casa Parroquial, de una casa en madera tratada, que se compondría de tres habitaciones con baño privado cada una y una sala. Esta obra se llevará a cabo tan pronto como sea posible, siempre que su costo no sobrepase la cantidad de $12,000.00, que fijan nuestros Estatutos Vicariales de lo contrario habría que esperar y someter la propuesta del P. Vicario y su Consejo en la primera reunión[256].

El 7 de septiembre de 1978 "… se aprobó por unanimidad la construcción de la casa donde vivían los Padres que componen la comunidad de Lomas Verdes y que estaría ubicada en los altos del Colegio (en el solar que queda encima de las oficinas y los baños). De no ser aceptada esta propuesta por el Consejo Vicarial, la Comunidad presentará otra alternativa: construir la vivienda en los altos de la actual Casa Parroquial"[257].

---

253 Relación del P. General a los Miembros de la Vicaría de las Antillas, en Clausura de la Visita de Renovación, 31 de enero – 9 febrero de 1976. APSALV, Visita de Renovación General 1974 – 1984.
254 Libro de Actas de Reuniones de la Comunidad de Lomas Verdes, Acta No. 76, p. 79 – 80.
255 Libro de Actas de Reuniones de la Comunidad de Lomas Verdes, Acta No. 86, p. 85 -86.
256 Libro de Actas de Reuniones de la Comunidad de Lomas Verdes, Acta No. 87, p. 86 – 87.
257 Libro de Actas de Reuniones de la Comunidad de Lomas Verdes, Acta No. 87, p. 86 – 87.

El 16 de octubre de 1978 el P. Domingo Aller a través de una carta enviada al Superior y Comunidad indicaba que en la reunión del Consejo Vicarial celebrada el día 9 del mismo mes y año se había aprobado la petición sobre la construcción de una segunda planta a la casa de la Calle Duende 2 E 21. Junto a la aprobación se presentaron las siguientes observaciones:

1.   Deben revisar el proyecto presentado en orden a reducir sus costos.

2.   Necesitamos también que el P. Vicario Regional, el Ecónomo Vicarial y la Comisión Económica Vicarial sean informados del modo de financiarlo[258].

Según el número 13 de los Estatutos Vicariales esta remodelación debía ser aprobada por consulta y votación por los miembros del Vicariato.

El 31 de enero de 1979 el P. Domingo Aller da unas nuevas recomendaciones para la obra:

1.   "Antes de iniciar ninguna obra en dicha casa, se haga un estudio técnico, bajo sus indicaciones, para ver la posibilidad de conseguir una mayor privacidad y comodidad en la residencia actual sin necesidad de levantar una segunda planta.

2.   Encarguen hacer unos planos y un presupuesto exacto de la segunda planta proyectada"[259].

Luego se haría una consulta formal para tomar la decisión definitiva.

---

[258]   Carta del P. Domingo Aller, Vic. Reg., al Superior y Comunidad de Lomas Verdes aprobando la construcción de la segunda planta de la casa ubicada en la Calle Duende 2 E 21, fechada en Bayamón, 16 octubre 1978. APSALV, Destinos y Oficios.

[259]   Carta del P. Domingo Aller, Vic. Reg., al P. Superior y Comunidad sobre la construcción de la Segunda Planta de la casa ubicada en la Calle Duende 2 E 21 de Lomas Verdes. APSALV, Cartas Comunidad 1974 – 1984.

El 23 de marzo de 1979 el P. Domingo Aller, a través de una carta, indica a la comunidad que el Proyecto de la Segunda Planta ya había sido aprobado y que sólo se necesitaba la confirmación del P. Provincial[260].

Los planos de la remodelación y ampliación de la Casa de los Padres Agustinos fueron preparados por René Nieves, Ingeniero Civil. Las especificaciones de construcción y el plano se presentaron ante las autoridades de Bayamón bajo el proyecto número 79 – 15 – E012 BPC. Fueron aprobados el 19 de junio de 1979. El diseño de la segunda planta consistía en cuatro habitaciones con sus baños, una sala o quiete y una galería - corredor que se extiende desde la parte frontal, lateral derecha hasta posterior. En el diseño se contemplaban las adaptaciones de lugar al sistema de vigas de la casa construida anteriormente, la adaptación de unas escalinatas hasta el segundo piso, la apertura en dos aguas de las columnas de la galería corredor y su correspondiente balaustrada[261]. Para el 9 de noviembre de 1979 la nueva casa estaba construida[262].

En la reunión del 17 de enero de 1980 se habló de la instalación de las puertas automáticas de los garajes de los carros de la casa[263]. El 17 de marzo de 1980 se determinó donar a las monjas las verjas sobrantes de la primera planta de la casa[264].

---

[260] Carta del P. Domingo Aller al P. Superior y Comunidad sobre la construcción de la Segunda Planta en la casa ubicada en la Calle Duende 2 E 21 de Lomas Verdes, fechada en Santo Domingo el 23 de marzo de 1979. APSALV, Destinos y oficios.

[261] Cfr. Plano y Especificaciones Generales y Técnicas para la construcción de una estructura ubicada en la Calle Duende 2 E 21 Lomas Verdes, Bayamón, P. R. Firmado: Gil René Nieves Stanzional, Ingeniero Civil, Lic. #5874. APSALV, Remodelación y construcción casa Parroquial No. 2.

[262] Libro de Actas de Reuniones de la Comunidad de Lomas Verdes, Acta No. 94, p. 90 - 91.

[263] Libro de Actas de Reuniones de la Comunidad de Lomas Verdes, Acta No. 95, p. 91.

[264] Libro de Actas de Reuniones de la Comunidad de Lomas Verdes, Acta No. 96, p. 91 – 92.

Vocaciones Agustinianas (1977)

El trabajo con las Vocaciones en Puerto Rico se inició en 1977 cuando un grupo de jóvenes pidió comenzar a formar parte de la vida de la Orden de forma más activa. Por tales motivos,

"El P. Domingo Aller informó acerca de las conclusiones admitidas por los responsables de la Pastoral Juvenil de nuestras Parroquias de la Vicaría en reunión tenida en San Germán sobre qué hacer con los que quieren ser agustinos. Se llegó a algo concreto: alquilar una casa en Bayamón donde vivirán los candidatos con un Padre encargado, que deberá ser elegido por el Consejo Vicarial"[265].

Unidad de las Comunidades de Lomas Verdes y Santa Juanita en Bayamón (1977)

En la reunión del día 18 de marzo de 1977 "se acordó pedir al próximo Capítulo Provincial de la Vicaría que dé más autonomía "de derecho" del gobierno central de Madrid. Amparándose en el resultado de la Encuesta que recientemente se había aplicado a los hermanos del Vicariato, se consideró que no se querían Comunidades con menos de tres religiosos. Para eso se propuso la idea de que "los Padres de Lomas Verdes y Santa Juanita vivan juntos en una Casa a construirse en un punto intermedio"[266].

Clausura de la Visita Provincial de Renovación (1978)

El 15 de noviembre de 1978 los 30 religiosos de la Vicaría de las Antillas se reunieron en el Centro Parroquial de Aguada en torno al P. Jesús Domínguez Sanabria para dar clausura a la Visita Provincial de Renovación. Además de celebrar una Eucaristía por la Amistad.

---

[265] Libro de Actas de Reuniones de la Comunidad de Lomas Verdes, Acta No. 75, p. 78.

[266] Libro de Actas de Reuniones de la Comunidad de Lomas Verdes, Acta No. 80, p. 81 – 82.

Después de la misa, el P. Provincial, leyó sus actas conclusivas. Luego, se procedió a trabajar en tres grupos los temas: oración comunitaria, reunión mensual, reuniones de zonas y apoyo al Vicario[267].

Visita General de Renovación (1981)

El P. Emilio Liébana, Asistente General, realizó la Visita General de Renovación desde 29 de enero hasta el 24 de febrero de 1981. La clausura se tuvo en Aguada el último día de la visita, durante ésta se trataron los siguientes puntos:

1. Aspectos más positivos de la Vicaría:
- El Seminario y la Promoción Vocacional,
- Las Reuniones Zonales y Vicariales,
- Formación Permanente

2. Aspectos que debemos mejorar en la Vicaría:
- La Fraternidad,
- La Disponibilidad para el trabajo,
- La Oración,
- El Capítulo Local,

Anotaciones finales:

- Fiestas Agustinianas,
- Capítulo Local,
- Comisión de Pastoral
- Elección del próximo Vicario,
- Lectura del Acta de Clausura de la Visita de Renovación en las comunidades[268].

---

[267] Acta de la Visita de Renovación firmada por el P. Mario González, Secretario de la Reunión, fechada en Aguada, 15 noviembre 1978. APSALV, Visitas de Renovación 1974 – 1984.

[268] Relación de P. Asistente General a los Hermanos de la Vicaría de las Antillas en la Clausura de la Visita de Renovación. 29 enero al 24 de febrero de 1981. APSALV, Visita General de Renovación 1974 – 1984.

Aportaciones a la Economía Vicarial (1979)

En la reunión del 29 de junio de 1979 se acordó enviar al Ecónomo Vicarial la cantidad de $15,000.00[269].

El 17 de enero de 1980 se acordó enviar al Vicario la cantidad de $20,000.00[270]. Esta misma cantidad se aprobó enviar el día 18 de mayo de 1980, en la misma reunión que se indica se haría un préstamo a la Cooperativa de Ahorro y Crédito de Lomas Verdes por la cantidad de $8,000.00[271]. Al final del segundo semestre de 1980 determinaron enviar a la Vicaría la cantidad de $25,000.00[272].

En la reunión del 9 de junio de 1981 se aprueba el envío de $50,000.00 a la economía vicarial[273].

En la reunión del 12 de mayo de 1982 acordaron los hermanos enviar al Ecónomo Vicarial la suma de $30,000.00. Al final del Segundo Semestre, en la reunión del 31 de diciembre de 1982, se acordó enviar a la Vicaría la cantidad de $20,000.00[274].

En la reunión del 12 de mayo de 1983 la cantidad aprobada para enviar fue de $25,000.00[275]. El siguiente envío de dinero se aprueba en la reunión del 15 de julio de 1983, es igual a la cantidad de $30,000.00[276].

---

[269] Libro de Actas de Reuniones de la Comunidad de Lomas Verdes, Acta No. 93, p. 90.

[270] Libro de Actas de Reuniones de la Comunidad de Lomas Verdes, Acta No. 95, p. 91.

[271] Libro de Actas de Reuniones de la Comunidad de Lomas Verdes, Acta No. 97, p. 92 – 93.

[272] Libro de Actas de Reuniones de la Comunidad de Lomas Verdes, Acta No. 98, p. 93.

[273] Libro de Actas de Reuniones de la Comunidad de Lomas Verdes, Acta No. 100, p. 94 – 95.

[274] Libro de Actas de Reuniones de la Comunidad de Lomas Verdes, Acta No. 104, p. 97.

[275] Libro de Actas de Reuniones de la Comunidad de Lomas Verdes, Acta No. 105, p. 98.

[276] Libro de Actas de Reuniones de la Comunidad de Lomas Verdes, Acta No. 106, p. 98 – 99.

El 31 de enero de 1984 acordaron enviar a la Vicaría la cantidad de $70,000.00[277].

Presencia Agustiniana en la Conferencia de Religiosos de Puerto Rico, COR (1979)

El P. Lesme Bernabé asistió a los cursillos de la COR que tuvieron lugar el día 19 de noviembre de 1979[278]. Durante el período de sede Vicarial también fue sede el Presidente de la COR, ya que el P. Domingo Aller ostentaba este título.

Préstamo a la Parroquia Santa Rita de Casia (1982)

En la reunión del 12 de mayo de 1982 se concedió a la Parroquia Santa Rita el préstamo que había pedido sobre la cantidad de $10,000.00 con el propósito de ayudar a los fieles parroquiales del Barrio de Minillas en la construcción de su Capilla. El retorno del préstamo sería mensualmente de $300.00[279].

Primera Casa de los Padres Agustinos (1984)

Desde el traslado de los Padres Agustinos a la casa que se había adquirido en 1965 para casa de las Monjas, conocida en este texto como Segunda Casa de los Padres Agustinos ubicada en la Calle Duende 2 E 21, pasó a ejercer esta función la Primera Casa de los Padres Agustinos ubicada la Calle Gardenia 2 H 1. Cuando las Madres Escolapias que vivían en la Primera Casa de los Padres Agustinos decidieron dejar el Colegio San Agustín en 1984, la comunidad decidió darle otro uso a estas instalaciones físicas.

Se llegó al acuerdo acerca del uso que se dará a la casa de las Monjas. La Parroquia se encargará de mantenerla en buenas condiciones y estará disponible para Grupos Pequeños, tales como la Legión de María, etc. se

---

[277] Libro de Actas de Reuniones de la Comunidad de Lomas Verdes, Acta No. 107, p. 99 – 100.

[278] Libro de Actas de Reuniones de la Comunidad de Lomas Verdes, Acta No. 94, p. 90 - 91.

[279] Libro de Actas de Reuniones de la Comunidad de Lomas Verdes, Acta No. 103, p. 97.

reunirán en la misma y se rechazó la idea de alquilarla, de momento, a individuos o familias[280].

2. PASTORAL PARROQUIAL

2.1. Planes Pastorales

Cambio en los Horarios de Misas (1977 y 1980)

El 4 de noviembre de 1977 en la reunión de la comunidad se acordó tener a partir del 1º. De enero de 1978 una sola misa durante los días de semana y suprimir también la de los sábados por la mañana. Esta resolución sería presentada en la próxima reunión del Consejo Parroquial, que tendría lugar el 17 del corriente mes[281].

En la reunión del 9 de diciembre de 1977 se definió el nuevo horario de misas:

- Lunes y Martes a las 6:30 p.m.
- Miércoles y Jueves a las 7:30 p.m.
- Viernes a las 6:30 p.m.
- Los primeros viernes habría misas a las 6:30 p.m. para los Socios del Sagrado Corazón.
- Los Sábados habría misas a las 7:30 p.m. y se suprimiría la de las 8:30 a.m.[282]

En la reunión del 1 de diciembre de 1980 se acordó suprimir la Misa de los primeros viernes de mes a las 6:30 p.m.; en su lugar habría Confesiones[283]. Decisión que comenzaría a ser efectiva desde enero de 1981.

---

[280] Libro de Actas de Reuniones de la Comunidad de Lomas Verdes, Acta No. 107, p. 99 – 100.

[281] Libro de Actas de Reuniones de la Comunidad de Lomas Verdes, Acta No. 84, p. 84 – 85.

[282] Cfr. Libro de Actas de Reuniones de la Comunidad de Lomas Verdes, Acta No. 85, p. 85.

[283] Libro de Actas de Reuniones de la Comunidad de Lomas Verdes, Acta No. 98, p. 93.

Pastoral Juvenil (1983)

El Párroco asistió a la reflexión sobre los jóvenes que se celebró el 3 de marzo de 1983 en la Parroquia de la Gruta de Nuestra Señora de Lourdes de Trujillo Alto. La invitación para esta actividad le llegó a través de una invitación realizada por el Vicario de Pastoral de la Parroquia[284].

2.2. Liturgia y Sacramentos

Ministros Extraordinarios de la Comunión

Dentro de la Liturgia Eucarística los Ministros Extraordinarios de la Comunión son un ministerio instituido por el Obispo para dar la sagrada comunión a los fieles. Fuera de ésta llevan la comunión a los enfermos.

El impulso del Concilio Vaticano II se hizo sentir en la Arquidiócesis de San Juan con la organización de los Ministros Extraordinarios de la Comunión. Así, con el propósito de formarles se organizaron cursos desde 1976 en la Parroquia San Jorge; en 1977, en Santa María de los Ángeles[285]. Desde sus primeros momentos la Parroquia de San Agustín se hizo partícipe de este ministerio naciente en la arquidiócesis.

En la reunión del 7 de septiembre de 1978 se escogieron nuevos candidatos para ministros extraordinarios de la comunión[286]. También, el 19 de octubre se habló de la instalación de doce nuevos ministros y de dos más en Juan Sánchez[287].

---

[284] Libro de Actas de Reuniones de la Comunidad de Lomas Verdes, Acta No. 116, p. 105.

[285] Circular de Sister Catherine Wellinghoff, coordinadora, a los Párrocos sobre la formación de los Ministros Extraordinarios de la Comunión, fechada en San Juan el 29 de agosto de 1978. APSALV, Vicaría General 1974 – 1978.

[286] Libro de Actas de Reuniones de la Comunidad de Lomas Verdes, Acta No. 89, p. 87 – 88.

[287] Libro de Actas de Reuniones de la Comunidad de Lomas Verdes, Acta No. 107, p. 99 – 100.

Misas de Precepto de la Arquidiócesis de San Juan (1977)

En la carta circular que Mons. Antioquino Arroyo envió en tiempos de navidad de 1977 a los padres, se informa que las misas de precepto de la Arquidiócesis de San Juan, además de los domingos, son las siguientes:

1. Natividad del Señor, el 25 de diciembre, con Vigilia propia.
2. Maternidad Divina de la Santísima Virgen, 1 de enero.
3. Epifanía del Señor, 6 enero.
4. Las Misas del Ordo: Nuestra Señora de la Guadalupe, 12 diciembre; Santa Rosa de Lima, 23 agosto. Por ser patronas de América.
5. Nuestra Señora de la Providencia, 19 noviembre, y San Juan Bautista, 24 junio. Por ser los Patronos de Puerto Rico.
6. Aniversario de la Consagración de la Iglesia Catedral, 5 noviembre. Fiesta que adquiere el rango de Solemnidad en la Iglesia Catedral misma.
7. Solemnidades: Patronos y Titulares de las Iglesias Parroquiales y Parroquias (territorios). El Aniversario de la Consagración de la propia Iglesia[288].

Sacramento del Matrimonio (1978)

El 27 de abril de 1978 se explica a través de una circular del Vicario General de la Arquiócesis de San Juan, Antioquino Arroyo, los permisos que se concedían a las mujeres para casarse fuera de su parroquia en orden al canon 1095, 2 – 3. Con esta decisión se dejaba a los novios decidiesen el lugar de la boda, pudiendo ser la parroquia del novio[289].

Sobre este particular los hermanos en reunión consideraron que se debía exigir mayor orden y recato en el vestir de las Bodas[290].

---

[288] Circular de Mons. Antioquino Arroyo para Mons. Juan D. López, Obispo Auxiliar; Monseñores y Padres; Religiosos; fechado en San Juan, [navidad 1977]. APSALV, Vicaría General de San Juan.

[289] Circular de Mons. Antioquino Arroyo para Mons. Juan D. López, Obispo Auxiliar; Monseñores y Padres; Religiosos; fechado en San Juan, 27 abril 1978. APSALV, Vicaría General de San Juan.

[290] Libro de Actas de Reuniones de la Comunidad de Lomas Verdes, Acta No. 86, p. 85 – 86.

Confirmación de Adultos (1977)

En la reunión del 14 de enero de 1977 el P. Anselmo informó que tendremos Confirmación en la Parroquia San Agustín el día 10 de marzo para personas que tengan 12 años o más y que sean de esta Parroquia[291].

Estipendio de las Misas (1977)

En la reunión del 14 de enero de 1977 se acordó no cobrar por las misas; que cada uno dé lo que pueda. El primer domingo se dará una instrucción a los fieles en todas las misas sobre este particular[292].

Diaconado Permanente (1977)

En la reunión del 9 de diciembre de 1977 se discutió por largo rato sobre el Diaconado Permanente a escala diocesana e insular y los 3 padres estaban de acuerdo en que no se debe establecer el Diaconado Permanente en la Isla y, por lo tanto, tampoco en nuestra Parroquia[293]. Este mismo tema se trató nuevamente en la reunión del 10 de enero de 1978 y llegaron a la misma conclusión.[294]

Pero la Vicaría General de la Arquidiócesis de San Juan, con el ánimo de promover el diaconado permanente en la Arquidiócesis de San Juan, en línea con lo decretado por el Concilio Vaticano II, se envió una circular sobre su promoción.

En ella se mandaba hacer una intensa predicación sobre este grado del Sacramento del Orden Sacerdotal. Ésta debía hacerse el día de la Fiesta de la Santísima Trinidad, 21 de mayo de 1978. Los textos sobre los cuales se basaba la predicación debían tomarse del libro de los Hechos de los Apóstoles capítulo seis, la historia de San Esteban; la primera carta de San

---

[291] Libro de Actas de Reuniones de la Comunidad de Lomas Verdes, Acta No. 79, p. 81.

[292] Cfr. Libro de Actas de Reuniones de la Comunidad de Lomas Verdes, Acta No. 79, p. 81.

[293] Libro de Actas de Reuniones de la Comunidad de Lomas Verdes, Acta No. 85, p. 85.

[294] Cfr. Libro de Actas de Reuniones de la Comunidad de Lomas Verdes, Acta No. 86, p. 85 - 86.

Pablo a Timoteo capítulo tres, versículos del ocho al trece y del Evangelio de San Juan capítulo trece, versículos dos al siete[295].

Oficio de Difuntos (1978)

En torno a la cremación de los difuntos el P. Antioquino Arroyo envió una circular el 27 de abril de 1978 explicando que la iglesia prefería que los cristianos recibieran cristiana sepultura, sin destruirles. No obstante, a partir de la instrucción postconciliar "Píam et Constantem" del 5 de julio de 1963 la iglesia permitió la cremación bajo las siguientes circunstancias:

a. Cuando quienes la piden no están movidos por ideas paganas, materialistas, sentimentales, heréticas, etc.
b. Por causas serias: sanitarias, económicas o por el bien común o público o algún bien privado de notable importancia.
c. Puesto que la cristiana sepultura continuaba siendo la preferencia de la Iglesia, se prohibía que se celebrasen ritos de sepultura y sufragios en el lugar donde tuviere efecto la cremación, ni aún en forma de simple acompañamiento[296].

Confesión previa a la Primera Comunión (1978)

La Santa Sede había concedido ad experimentum la no confesión de los niños antes de la Primera Comunión. Luego, basada en el decreto del Papa Pío X, "Quam Simgulari", apoyada en el canon XXI del IV Concilio de Letrán, indicó el cese de dicho experimento y la vuelta a la confesión previa a la primera comunión de los niños[297].

---

[295] Circular de Antioquino Arroyo, Vicario General de la Arquidióces de San Juan, a los Párrocos sobre la cremación de cadáveres, fechada en San Juan el 12 de mayo de 1978. APSALV, Vicaría General San Juan 1974 – 1984.

[296] Circular de Mons. Antioquino Arroyo para Mons. Juan D. López, Obispo Auxiliar; Monseñores y Padres; Religiosos; sobre la cremación de cadáveres fechada en San Juan, 27 abril 1978. APSALV, Vicaría General de San Juan.

[297] Circular de Antioquino Arroyo, Vicario General de la Arquidióces de San Juan, a los Párrocos sobre la primera comunión de los niños, fechada en San Juan el 24 de mayo de 1978. APSALV, Vicaría General San Juan 1974 – 1984.

Cursillos Pre – Bautismales (1979)

A partir del día 9 de noviembre de 1978 los Cursillos Pre – Bautismales se realizaron los días lunes iniciando a las 7:30 p.m[298]. Éstos los debían recibir los padres y padrinos de los niños que serían bautizados.

Rezo de Vísperas antes de las Misas (1980)

Las Vísperas son las oraciones que la iglesia, como parte de su oficio divino, reza por la tarde. Está colocada después de la hora nona que equivale a las 3:00 p.m. y antes de completas, oración con la que la iglesia se prepara para ir al descanso nocturno. Por petición de algunos miembros de la Parroquia se comenzaría a tener Vísperas antes de las Misas de los días jueves a las 7:30 p.m. Esta decisión fue tomada en la reunión comunitaria del 1 de diciembre de 1980[299].

2.3. Grupos y Movimientos Apostólicos

Clases de Biblia (1974)

El 22 de agosto de 1974 los hermanos se dispusieron a reiniciar las clases de Biblia para los feligreses de la parroquia[300]. El programa como tal tendría una duración de unos meses. Tras unos años de descanso, se habló el 2 de marzo de 1979 de reanudar estas clases[301].

Comunidades Eclesiales de Base (1975)

Los hermanos de comunidad al proponerse a dar un nuevo impulso a la Pastoral coordinaron la creación de Comunidades Eclesiales de Base. Éste fue uno de los temas abordados en la reunión del 13 de marzo de

---

[298] Libro de Actas de Reuniones de la Comunidad de Lomas Verdes, Acta No. 94, p. 90 - 91.

[299] Libro de Actas de Reuniones de la Comunidad de Lomas Verdes, Acta No. 98, p. 93.

[300] Libro de Actas de Reuniones de la Comunidad de Lomas Verdes, Acta No. 67, p. 74.

[301] Libro de Actas de Reuniones de la Comunidad de Lomas Verdes, Acta No. 93, p. 90.

1975[302]. Consideraron que era una de las formas de unir el pueblo como iglesia.

Parte de este proceso fue el rezo del Rosario durante el mes de octubre. Se rezaría por las casas donde se celebraban estas reuniones[303] al estilo de asambleas.

Legión de María (1976)

En el año 1976 se conforma en la Capilla de San Martín de Porres el Presídium María Ideal de Santidad. Luego en la parroquia los presidia: Santa María del Amor en 1982, Madre de la Divina Gracia en 1983. Todos estos eran de adultos.

También nacieron en la parroquia los presidia juveniles: María Madre Inmaculada en 1983, María Madre de la Cruz y Nuestra Señora de la Consolación en 1984.

Asambleas Familiares (1978)[304]

Las Asambleas Familiares fueron reuniones de personas que con espíritu de comunidad familiar dialogaban sobre la Palabra de Dios y el sentido vivencial profundo que ella encierra. Nacieron en 1972 con motivo de la celebración de los 50 años de la Coronación de Nuestra Señora de la Alta Gracia en República Dominicana. Este método fue traído hasta la Parroquia San Agustín por el P. Domingo Aller el año 1978.

Este modelo de trabajo conllevó la movilización y organización de la parroquia. Para ello se crearon comités de propaganda, liturgia. Se hicieron hojas de control de las asambleas para conocer la cantidad de personas y los temas que semanalmente se daban. Se sectorizó la parroquia asignando sectores por equipos de trabajo.

Los moradores del sector se reunían siempre en la misma casa. El equipo asignado para el mismo se encargaba de desarrollarla en los siguientes pasos:

---

[302] Libro de Actas de Reuniones de la Comunidad de Lomas Verdes, Acta No. 71, p. 76.

[303] Cfr. Ibidem.

[304] Cfr. Asambleas Familiares. Primera Serie. Parroquia San Agustín, Lomas Verdes, Bayamón 1978. 1 – 4.

1.   Lectura del mensaje o tema.
2.   Breve explicación del mismo por un animador.
3.   Diálogo (familiar, cortés), evitando salirse del tema, procurando la intervención del mayor número.
4.   Conclusión: ellas indicaban el grado de asimilación del tema.

Semana Juvenil (1980)

El propósito con el que nace la Semana Juvenil es el de llevar un mensaje cristiano a la comunidad juvenil, buscando acercarlos a la Iglesia. Entre las actividades que durante ellas se realizaban estuvieron conferencias, días de juegos, fogatas, convivencias, días familiares, programas de talentos, noches de logros, bingos, festivales de coros. Los primeros en organizarlas desde su nacimiento en 1980 fue el Club de Jóvenes.

Esta Semana se dedicaba a un joven y a un adulto:

Año	Joven	Adulto
1980	Carlos A. Alegría	Don Santos
1981	Reynaldo Alegría	P. Lesmes Bernabé
1982	Aida Santana	
1983	Juan (Johnny) Colón	

Grupo de Mujeres en Cadena de Oración (1981)

El Grupo de Mujeres en Cadena de Oración nació el 23 de julio de 1981 a cargo de Mercedes Serrano. Procuraban llevar el mensaje de salvación especialmente a aquellas familias que no frecuentaban la iglesia. Con dicho propósito se reunían las mujeres una vez a la semana en casa diferente. Tenían tres actividades comunes en el año: Retiro Anual, Navidad y otra que así se planificase.

Eran Benefactores del Seminario Santo Tomás de Villanueva de los Padres Agustinos y lo visitaban periódicamente. Constituían un total de seis grupos:

-    Segunda Sección de Lomas Verdes: Carmen Ana Borrero,
-    Tercera Sección de Lomas Verdes: Doris Ruiz,
-    Cuarta Sección de Lomas Verdes: Cecilia Pérez,
-    Santa Juanita: Raquel Guzmán,

- Santa Juanita: Josefina Ramos,
- Santa Juanita: Mercedes Serrano.

Misión de los Hermanos Cheos (1983)

El 20 de febrero de 1983 los Hermanos Cheos realizaron una Misión en las distintas urbanizaciones de la Parroquia. Esto se informó en la reunión comunitaria del 31 de enero de 1984[305].

Pescadores (1983)

Los Pescadores son un grupo cuyo propósito es acercar a los alejados de la iglesia. Se trataba de hacer oración delante del Santísimo Sacramento del Altar y, luego, visitar a las personas u hogares que así eran consideradas. Para estas fechas el número de sus integrantes era mayo de 60. Su Comité Timón estaba formado por: Dno. Cristóbal Rivera, Mercedes Pérez, Margarita Pérez, Carlota Rivera y Pedro Vásquez.

Ejército Azul (1984)

El Ejército Azul inició en la parroquia el primer sábado de febrero de 1984 bajo la presidencia de José A. Irizarry y Angelita Caro. Su propósito consistía en llevar a efecto lo que la Virgen pidió en Fátima:

- Oración, sobre todo el rosario,
- Hacer penitencia,
- Misas y comuniones reparadoras de los primeros sábados de mes,
- Consagración al Inmaculado Corazón de María.

2.4. Reparaciones al Templo Parroquial

Bancos para la Iglesia Parroquial

El Consejo Parroquial se propuso adquirir 40 bancos sencillos. Para tales asuntos la Comunidad de Padres Agustinos aportó la mitad del

---

[305] Libro de Actas de Reuniones de la Comunidad de Lomas Verdes, Acta No. 107, p. 99 – 100.

monto total de su costo; o sea, su aporte fue equivalente a $2,500.00 de un total de $5,00.00[306].

Salón Parroquial

Los padres aprobaron construir un salón parroquial al lado de las instalaciones de las Oficinas del Colegio con el fin de ir dejando un salón parroquial fijo y exclusivo en las facilidades con las que en aquel momento se contaba[307].

Mantenimiento (1980)

En la reunión del 17 de marzo de 1980 se terminó pintar la parroquia por un costo de $3,000.00[308].

2.5. Capillas

Remodelación de la Capilla San Martín de Porres (1975)

Se aprobó la remodelación de la Capilla San Marín de Porres en la reunión comunitaria del 13 de marzo de 1975[309]. Ésta consistía en ampliar la estructura física de la capilla manteniéndola del mismo ancho y cambiar el sistema de techos. Lo que conllevó reponer el techo en concreto armado.

El 9 de junio de 1981 se habló de la conveniencia de adquirir una casa, con el solar correspondiente, que queda detrás de la Capilla de San Martín de Porres, ante la posibilidad de que dicha Capilla sea expropiada por el Gobierno en un futuro más o menos cercano, cuando construyan la proyectada autopista. Mientras tanto la casa pudiera servir para una

---

[306] Libro de Actas de Reuniones de la Comunidad de Lomas Verdes, Acta No. 66, p. 74.

[307] Libro de Actas de Reuniones de la Comunidad de Lomas Verdes, Acta No. 67, p. 74.

[308] Libro de Actas de Reuniones de la Comunidad de Lomas Verdes, Acta No. 96, p. 91 – 92.

[309] Libro de Actas de Reuniones de la Comunidad de Lomas Verdes, Acta No. 71, p. 76.

escuelita de párvulos. Mientras tanto se iba a hacer mejoras al techo, los baños y las lámparas de la Capilla San Martín de Porres[310].

Capillas de Cristo Rey (1980)

La Capilla de Cristo Rey se comenzó a construir en 1980. Por estos motivos se permitió retener las colectas para la construcción en la reunión del día 28 de mayo de 1980[311]. Para entonces, la comunidad de Guaraguao poseía un solar de aproximadamente 1,000 metros cuadrados donde se construirá la futura capilla[312].

Pero no fue hasta el 12 de mayo de 1982 cuando se le concedió al P. Bernabé la autorización para iniciar los trámites de planos y terrenos para la construcción de la nueva capilla de Cristo Rey en Guaraguao[313].

Después de haberse terminado su edificación, el P. Eliseo García fue el responsable del Taller de Liturgia que en ella se impartió a partir del 26 de febrero de 1984[314].

Capilla de Nuestra Señora del Buen Consejo (1982)

En la reunión comunitaria del 12 de mayo de 1982 se le concedió al P. Bernabé la autorización para comprar un solar o casa en Villas de San Agustín con el propósito de atender allí pastoralmente estas urbanizaciones. Debía poseer una localización adecuada a la celebración de la liturgia eucarística[315].

---

[310] Libro de Actas de Reuniones de la Comunidad de Lomas Verdes, Acta No. 100, p. 94 – 95.

[311] Libro de Actas de Reuniones de la Comunidad de Lomas Verdes, Acta No. 97, p. 92 – 93.

[312] Libro de Actas de Reuniones de la Comunidad de Lomas Verdes, Acta No. 100, p. 94 – 95.

[313] Libro de Actas de Reuniones de la Comunidad de Lomas Verdes, Acta No. 103, p. 96 – 97.

[314] Libro de Actas de Reuniones de la Comunidad de Lomas Verdes, Acta No. 107, p. 99 – 100.

[315] Libro de Actas de Reuniones de la Comunidad de Lomas Verdes, Acta No. 103, p. 96 – 97.

3. PASTORAL EDUCATIVA

3.1. Edificios del Colegio San Agustín

Construcción de la Tercera Planta del Segundo Edificio Colegio San Agustín

En la reunión comunitaria del 3 de noviembre de 1974 se habló extensamente sobre la petición al Consejo Vicarial de los permisos concernientes a la construcción de nuevos salones para el Colegio[316]. Estos eran correspondientes a la tercera planta del mismo.

El P. Domingo Aller, Vicario de las Antillas, comunicó a los hermanos del Vicariato el 12 de febrero de 1974 sobre los resultados de la consulta positivos sobre la ampliación del Colegio San Agustín[317].

El 27 de marzo de 1975 el Ingeniero Plinio Otero Lima presentó el presupuesto para la aprobación de la construcción que en adelante se cita:

PRESUPUESTO
EDIFICIO: COLEGIO SAN AGUSTIN
DIRECCION: CALLE DUENDE ESQ. GARDENIA, LOMAS VERDES
FECHA: FEBRERO 29175

NO.	CANTIDAD	UNIDAD	DESCRIPCIÓN	PRECIO UNITARIO	TOTAL
1	----	L / S	DEMOLICION	---	500.00
2	5.0	C/YDS.	EXCAVACIONES	8.00	40.00
3	10.0	"	CONC. EN FUNDACIONES	35.00	350.00
4	50.0	"	CONC. EN LOSA TECHO	75.00	3,750.00
5	60.0	C/YDS.	CONC. EN VIGAS D COLUMNAS	85.00	5,100.00
6	1,500.0	F/6	BLOQUES 6"	1.00	2,500.00

[316] Libro de Actas de Reuniones de la Comunidad de Lomas Verdes, Acta No. 69, p. 75.
[317] A todos los Religiosos de la Vicaría, Firmado: P. Domingo Aller, Vicario de las Antillas. Fechado en Santurce, 12 febrero 1975. Circular 1/75. APSALV, Circulares Vicariales 1974 – 1984.

7	75.00	2/YD.	EMPAÑETADO	2.00	1,500.00
8		L / S	PISO TERRAZO	---	3,500.00
9		L / S	PUERTAS	---	1,200.00
10		L / S	VENTANAS	---	1,600.00
11		L / S	ELEC. INSTALACION	---	3,400.00
12		L / S	PINTURA	---	2,500.00
13		L / S	TABLILLAS	---	2,000.00
14		L / S	LIMPIEZA SITIO	---	800.00
15		L / S	INSTALACION TEL.	---	1,200.00
16		L / S	INSTALACION INTERCOM.	---	5,000.00
17		L / S	SEGUROS Y OTROS	---	2,500.00
18		L / S	REALING ESCALERAS	---	1,200.00

CONST. TOTAL COSTO $40,640.00[318]

El procedimiento para la nueva construcción comenzaba con la demolición de partes del techo de la antigua estructura, su limpieza para evitar polvos y cuidado de su ensamblaje del antiguo y el nuevo hormigón a través de una lechada. Una vez terminado este momento se procedía

[318] Presupuesto para la Construcción de la Tercera Planta del Colegio San Agustín firmado por Plinio Otero Lima, Licencia No. 1149, aprobado el 5 de febrero de 1975. APSALV, Construcción Tercera Planta del Colegio San Agustín, 1975.

con la construcción de un edificio según los pasos que va marcando el mismo presupuesto[319].

Alquiler de la Cafetería (1974)

En la reunión comunitaria del 28 de junio de 1974, en vista de lo difícil que resultaba para el administrador del Colegio estar directamente atento a la Cafetería y para bien de la familia Olivella, los hermanos decidieron alquilársela a la Sra. Rosa de Olivella por un total de $200.00 mensuales[320].

Aula de Recreo (1979)

El 2 de marzo de 1979 se aprobó la construcción de un aula de recreo en el patio para los alumnos de Pre – Kinder y Kinder[321].

Cancha Auditorium (1981)

La comunidad venía viendo la necesidad de un auditórium y una cancha para el Colegio. El 31 de diciembre de 1981 se admitió la posibilidad de construir un Auditorium, con cancha debajo, en el patio que queda detrás de la Iglesia Parroquial[322].

Nuevas Escaleras y Salones (1983)

En la reunión comunitaria del 12 de mayo de 1983 se acordó construir tres salones y unas escaleras en la parte del edificio del colegio

---

[319] Contrato de Construcción de la Tercera Planta del Edificio del Colegio San Agustín, fechado el 5 de febrero de 1975. APSALV, Construcción Tercera Planta del Colegio San Agustín, 1975.

[320] Libro de Actas de Reuniones de la Comunidad de Lomas Verdes, Acta No. 66, p. 74.

[321] Libro de Actas de Reuniones de la Comunidad de Lomas Verdes, Acta No. 92, p. 89 - 90.

[322] Libro de Actas de Reuniones de la Comunidad de Lomas Verdes, Acta No. 104, p. 97.

que está ubicada encima de los baños y las oficinas[323]. El P. David Iñiguez, Vicario de las Antillas, informó que la Comunidad de Lomas Verdes había solicitado las siguientes obras:

a. Construcción de una escalera, que sería continuación de la ya existente, próxima a las oficinas,, lado oeste, cuya finalidad sería el acceso al tercer piso del Colegio;
b. Construcción de tres salones sobre la segunda planta del Colegio, lado este.

El Consejo vio ponderadas las razones (escalera obligatoria según ley, - terremotos, incendios, emergencias -, ocupación de laboratorio, biblioteca, salones parroquiales, por falta de aulas, etc.), y escuchado el parecer del Ecónomo Vicarial, aprobó la realización de esa obra cuyo costo oscila entre los 44.000 y los 66.000 dólares. La cifra intermedia lógica sería 55.000 dólares, según el avance del ingeniero[324].

Laboratorio de Inglés (1984)

En la reunión del 31 de enero de 1984 el P. Félix Moratiel explicó a la Comunidad como estaban repartidas las nuevas facilidades del Colegio, sobre todo las referentes al nuevo Laboratorio de Inglés[325].

3.2. Organización del Colegio San Agustín

Acreditaciones Escolares (1971)

La licencia concedida el 25 de agosto de 1971[326] fue renovada para los grados que van del Prekindert, Kinder a Octavo, bajo la firma de Carlos E. Chardón, Secretario de Instrucción Pública. Según las disposiciones de

---

[323] Libro de Actas de Reuniones de la Comunidad de Lomas Verdes, Acta No. 105, p. 98.
[324] Religiosos de la Vicaría del P. Davidi Iñiguez, Vic. Reg., fechado en Santurce, 1 julio 1983. APSALV, Circulares Vicariales 1974 – 1984.
[325] Libro de Actas de Reuniones de la Comunidad de Lomas Verdes, Acta No. 107, p. 99 – 100.
[326] Certificado de Acreditación para impartir los grados 1º. A 7º del Colegio San Agustín firmada por Ramón Mellado, Secretario de Instrucción

la Ley número 31 del 10 de mayo de 1976. Esta licencia estaba numerada bajo el 0139(R), se extendía desde el 6 de febrero de 1979 hasta el 5 de febrero de 1983[327].

No obstante la duración de la anterior licencia, se le concede una nueva bajo el número 0139 que abarca desde el 1 de mayo de 1981 hasta el 27 de agosto de 1984[328].

Supervisiones (1979)

Una vez realizadas las supervisiones al Colegio San Agustín de parte del Departamento de Salud, 5 de febrero de 1979, se certificó que esta institución reunía las condiciones sanitarias aceptables según el reglamento vigente del Departamento de Educación[329]. De igual modo, el Servicio de Bomberos de Puerto Rico certificó el 6 de febrero de 1979 que no presentaba ninguna objeción a la institución[330].

Donaciones a la Escuela Superior (1983)

En la reunión del 15 de julio de 1983 se informó y aprobó iniciar con las donaciones a la Escuela Católica de Bayamón equivalente a $5,000.00 cada semestre durante los dos próximos años educativos.[331]

Pública, en San Juan el 25 de agosto de 1971. APSALV, Acreditaciones y Certificaciones.

[327] Licencia para Escuela Privada del Colegio San Agustín expedida en San Juan de Puerto Rico el 6 de febrero de 1979, expira el 5 de febrero de 1983. APSALV, Acreditaciones y Certificaciones.

[328] Licencia para operar escuela privada expedida en San Juan de Puerto Rico el 1 de mayo de 1981 expira el 27 de agosto de 1984. APSALV, Acreditaciones y Certificaciones.

[329] Certificación firmada por Rita M. Goytía de Olivo, Directora Oficina Local de Salud Ambiental, fechada en Bayamón el 6 febrero 1979. APSALV, Acreditaciones y Certificaciones.

[330] Certificado firmado por Cándido Ortiz Soto, Divisiónn de Prevención de Incendios, fechado en Santurce el 6 de febrero de 1979. APSALV, Acreditaciones y Certificaciones.

[331] Libro de Actas de Reuniones de la Comunidad de Lomas Verdes, Acta No. 106, p. 98 – 99.

3.3. Comunidad Educativa

Aumentos de Sueldo a los Maestros (1976)

En la reunión del 13 de mayo de 1976 se estableció como sueldo mínimo para los maestros la cantidad de $35.00. Este sueldo comenzaría a regir durante el curso 1976 – 77. A éste se suma la cantidad de $10.00 para cada uno de los que tenían más de cinco años de experiencia en el colegio[332].

En la reunión del 2 marzo de 1979 se aprueba aumentar nuevamente los sueldos de los maestros.[333]

En la reunión del 17 de enero de 1980 se habló del aumento de sueldo a los Maestros y empleados full time, los que pasaron a recibir un total de $60.00 de aumento. Decisión que sería efectiva a partir del próximo curso[334].

En la reunión del 15 de julio de 1983 se aprueba un nuevo aumento a los sueldos de los maestros de $50.00[335].

Matrícula (1977)

El 9 de diciembre de 1977 se decidió adelantar la Matrícula del año 1978 – 1979 al mes de febrero. Su costo por estudiante quedaba fijado en $40.00; pero, su mensualidad subía de $30.00 a $35.00[336].

---

[332] Libro de Actas de Reuniones de la Comunidad de Lomas Verdes, Acta No. 75, p. 78-79.

[333] Libro de Actas de Reuniones de la Comunidad de Lomas Verdes, Acta No. 93, p. 90 - 91.

[334] Libro de Actas de Reuniones de la Comunidad de Lomas Verdes, Acta No. 95, p. 91.

[335] Libro de Actas de Reuniones de la Comunidad de Lomas Verdes, Acta No. 106, p. 98 – 99.

[336] Libro de Actas de Reuniones de la Comunidad de Lomas Verdes, Acta No. 85, p. 85.

3.4. Vida Religiosa Femenina en el Colegio San Agustín

Madres Escolapias

El 17 de enero de 1980 se habló del aumento de su sueldo y de que se hablaría con ellas al respecto[337]. Como regalo de despedida se le entregó a cada una la cantidad de $100.00[338].

Entre las que trabajaron en el Colegio San Agustín se encuentra:

- Madre Rosaura Ruiz, superiora (1972 – 1979).
- Madre María López, Principal del Colegio (1972 – 1978).
- Madre Dolores Cabello, Maestra del Colegio (1972 – 1978) y Principal (1978 – 1981).
- Madre María E. Álvarez, Maestra del Colegio (1972 – 1980).
- Madre María Antonia Serrato, Maestra del Colegio (febrero 1979 – 1981).
- Madre María Teresa Salete, Maestra del Colegio (1979 – 1980)[339].

Las Hermanas Escolapias deciden dejar definitivamente el Colegio en 1982 debido a las dificultades con el número de miembros de la congregación para atender todo lo que el Centro Educativo demandaba.

3.5. Reparaciones y Mantenimiento al Colegio San Agustín (1974)

En la reunión comunitaria del 27 de abril de 1974 se aprueba instalar acondicionadores de aires en las Oficinas del Colegio[340]. El17 de marzo de 1980 se terminó de pintar la estructura del Colegio por un costo de

---

[337] Libro de Actas de Reuniones de la Comunidad de Lomas Verdes, Acta No. 95, p. 91.

[338] Libro de Actas de Reuniones de la Comunidad de Lomas Verdes, Acta No. 100, p. 94 – 95.

[339] Escolapias que han trabajado en el Colegio San Agustín. Archivo del Centro Educativo Paula Montalvo, Bayamón.

[340] Libro de Actas de Reuniones de la Comunidad de Lomas Verdes, Acta No. 65, p. 73.

$5,000.00[341]. En la reunión del 30 de marzo de 1981 se acordó echar asfalto al patio del Colegio durante el mes de abril del mismo año[342].

4. PASTORAL DE LA SALUD

El Hospital Regional de Bayamón se encuentra ubicado en la Avenida Laural de la Urbanización Lomas Verdes. O sea, dentro de la zona pastoral asignada a la Parroquia San Agustín de Lomas Verdes. Por tales motivos los Pares de Agustinos al crear su proyecto comunitario tuvieron presente la Pastoral de la Salud asignando al P. Bernabé González las atenciones pastorales a los enfermos de dicho hospital el 20 octubre de 1981[343].

---

[341] Libro de Actas de Reuniones de la Comunidad de Lomas Verdes, Acta No. 96, p. 91 – 92.

[342] Libro de Actas de Reuniones de la Comunidad de Lomas Verdes, Acta No. 99, p. 93 – 94.

[343] Cfr. Libro de Actas de Reuniones de la Comunidad de Lomas Verdes, Acta No. 101, p. 95.

V

HUELLAS DEL VEINTICINCO ANIVERSARIO 1984 – 1994

1. VIDA COMUNITARIA

Período Capitular que va desde febrero de 1984 hasta 1985

En 1984 continuaban formando parte de la Comunidad los PP. Mario González de Prada, Félix José Moratiel y Eliseo García[344]. El 13 de junio de 1985 examinaron, aprobaron y firmaron los documentos que iban a ser enviados al Capítulo Provincial Ordinario de 1985[345].

En la reunión del 15 de abril de 1986 se leyó a la comunidad la carta del P. David Iñiguez, Vicario Regional de las Antillas, con motivo del XVI Centenario de la Conversión de San Agustín. Este sería el motivo con que se celebraría el triduo de este año en la Parroquia.[346]

Período Capitular que va desde 1985 hasta 1989

El 4 de diciembre de 1985 tuvo lugar la primera reunión de la comunidad de Lomas Verdes constituida después del Capítulo Provincial. Ésta fue integrada por: PP. Mario González, prior y párroco; P. Pablo

---

[344] Libro de Actas de Reuniones de la Comunidad de Lomas Verdes, Acta No. 107, p. 99 – 100.

[345] Libro de Actas de Reuniones de la Comunidad de Lomas Verdes, Acta No. 107, p. 99 – 100.

[346] Libro de Actas de Reuniones de la Comunidad de Lomas Verdes, Acta No. 116, p. 105.

Bocanegra, director del Colegio San Agustín y ecónomo, y P. Belisario Martínez.[347]

Al P. Belisario Martínez se le encargó de la secretaría y economía comunitaria, así como de una gran porción de la pastoral parroquial. Puesto que se le confió las capillas San Martín de Porres del Barrio Juan Sánchez y Nuestra Señora del Buen Consejo de la Urbanización Villas de San Agustín y los Enfermos del Hospital Sub – Regional de Bayamón.[348] También, por motivos de las vacaciones del P. Mario González, fue designado párroco interino el 11 de junio de 1986.[349]

El 16 de julio se decidió comprar un mimeógrafo y máquinas de escribir para la parroquia.[350]

El 12 de febrero de 1987 se lee la carta del P. Vicario y se entregan las boletas para la elección del Delegado de Base de OALA[351]. En esta misma reunión se informa que de las misas asignadas por la Curia General al Vicariato, a esta comunidad le correspondía celebrar el número de veinticuatro.[352]

En la reunión del 27 de octubre de 1987, el P. Mario leyó las cartas emitidas por el P. Vicario anunciando el Programa Vocacional que se tendría en la segunda semana de noviembre y por Mons. Luis Cardenal Aponte Martínez sobre las innovaciones en los textos litúrgicos. Se informó sobre la semana de los monaguillos a cargo de Jovany, sacristán de la parroquia. Se informó sobre el retiro de los sacerdotes que se tendría en el Santuario de Shöensttat (Cabo Rojo) el 19 de noviembre, el programa de Caridad Católica que se encontraba trabajando en la

---

347 Cfr. Circular a todos los Religiosos de la Vicaría firmada por el P. David Iñiguez, Vic. Reg., fechada en Santurce el 8 noviembre 1985. APSALV, Circulares Vicariales 1984 – 1994.

348 Libro de Actas de Reuniones de la Comunidad de Lomas Verdes, Acta No. 112, p. 103.

349 Libro de Actas de Reuniones de la Comunidad de Lomas Verdes, Acta No. 117, p. 105.

350 Libro de Actas de Reuniones de la Comunidad de Lomas Verdes, Acta No. 118, p. 106.

351 Libro de Actas de Reuniones de la Comunidad de Lomas Verdes, Acta No. 121, p. 107.

352 Circular para los Priores y Comunidad firmada por el P. David Iñiguez, Vic. Reg. fechada en Santurce el 4 febrero 1987. APSALV, Circulares Vicariales 1984 – 1994.

organización de un Albergue para los enfermos del SIDA, el radio maratón y otros proyectos.

Se deliberó el día del retiro – taller de adviento en la parroquia. Llegaron a la conclusión de realizarlo el 6 de diciembre (domingo) de 1:00 p.m. a 5:00 p.m.

Aunque las Religiosas Ave Marianas se habían interesado en participar en algún programa de pastoral en la parroquia y se dialogó con ellas, este proceso no produjo los frutos esperados[353].

La primera semana de febrero de 1988 se realizó el retiro espiritual, según lo avisado en la reunión del 11 de diciembre de 1987.[354] Estas fechas se concretaron en la reunión del 8 de enero del año siguiente, establecidas para su desarrollo desde el 8 hasta el 12 de febrero de 1988[355].

A partir del 24 de mayo 1988, los hermanos de comunidad comenzaron a trabajar sobre la corrección de los nuevos Estatutos Provinciales. "El P. Superior de la casa nos entregó el proyecto de revisión de los nuevos Estatutos Provinciales a fin de poder aportar nuevas enmiendas para la revisión y aprobación en el Capítulo Provincial Ordinario de 1989"[356].

Al ir nuevamente de vacaciones a España el P. Mario, quedó como párroco interino el P. Pablo Bocanegra. Decisión que fue tomada el 13 de julio de 1988. En esta misma reunión "se mencionaron algunos detalles en torno a la organización del triduo y fiesta de San Agustín; así como de algunos pormenores sobre la culminación y cierre del Año Mariano, prevista para el día 15 de agosto con la celebración de un triduo mandado por el Sr. Cardenal y la Vicaría de Pastoral de la Arquidiócesis"[357].

En la siguiente reunión del 6 de octubre de 1988 "se comentó algo sobre las actividades pastorales habidas en el verano en torno al cierre del Año Mariano y fiesta de San Agustín. El P. Pablo informó sobre

[353]   Libro de Actas de Reuniones de la Comunidad de Lomas Verdes, Acta No. 124, p. 109.

[354]   Libro de Actas de Reuniones de la Comunidad de Lomas Verdes, Acta No. 125, p. 109.

[355]   Libro de Actas de Reuniones de la Comunidad de Lomas Verdes, Acta No. 126, p. 109.

[356]   Libro de Actas de Reuniones de la Comunidad de Lomas Verdes, Acta No. 130, p. 111.

[357]   Libro de Actas de Reuniones de la Comunidad de Lomas Verdes, Acta No. 131, p. 111.

los preparativos para la celebración de los 25 años del Colegio y la Parroquia".[358]

El 10 de marzo de 1989, el P. Superior leyó una carta invitación del Coro "Mensajeros de Cristo". Se trataba de la convocatoria al homenaje que ellos habían preparado para los Padres Agustinos con motivo del 25 Aniversario en la Parroquia y el Colegio. El Acto se llevó a cabo el 13 de mayo de 1989 a las 8:30 p.m.[359]

Período Capitular que va desde 1989 hasta 1993

Tras el Capítulo Provincial de 1989, la comunidad quedó constituida por el P. Heraclio R. Lobera y Benigno Palomo. Su primera reunión se realizó el día 29 de septiembre de 1989.

> "En esta primera reunión se repartieron las tareas de la Parroquia, así como la atención a la Oficina Parroquial.
>
> Quedó como sigue: Párroco asignado, el P. Benigno; Director del Colegio San Agustín el P. Heraclio. Encargado de Juan Sánchez, Villa de San Agustín, las Américas y Villa Verde, el P. Heraclio. Hospital Regional, según oficina todas las mañanas el P. Benigno y miércoles y viernes en la tarde, el P. Heraclio.
>
> También se acordó comprar una lavadora, secadora y aspiradora para la limpieza y aseo de la casa"[360].

En la reunión del 10 de noviembre de 1989 aprobaron comprar un mimeógrafo y un inter-come para el colegio. Se trataba de reponer estos materiales, puesto que los anteriores se habían deteriorado.[361]

---

[358] Libro de Actas de Reuniones de la Comunidad de Lomas Verdes, Acta No. 132, p. 111.

[359] Cfr. Libro de Actas de Reuniones de la Comunidad de Lomas Verdes, Acta No. 138, p. 114.

[360] Libro de Actas de Reuniones de la Comunidad de Lomas Verdes, Acta No. 139, p. 114.

[361] Libro de Actas de Reuniones de la Comunidad de Lomas Verdes, Acta No. 140, p. 115.

El 24 de diciembre de 1989 murió la madre del P. Heraclio Lobera, por tales motivos viajó a España. Por tales motivos, sólo el P. Benigno Palomo viajó de vacaciones a España durante los meses julio y agosto de 1990, vino desde allá a sustituirle el P. Arsenio de Dios, miembro del la Comunidad del Colegio Nuestra Señora del Buen Consejo de León.[362]. Después de las vacaciones y la visita del P. Arsenio se reanudaron las oraciones de la mañana a las 7:00 a.m.[363]

El 21 de enero de 1991, la comunidad recibió la visita del P. Jesús Domínguez Sanabria, Prior Provincial[364]. Tras esta visita, fue destinado a la comunidad el P. Gonzalo González Pereda. En la primera reunión de la que participó el P. Gonzalo González se le asignó la capellanía del Hospital Regional, esto fue el 25 de octubre de 1991. Otro de los cambios producidos por la llegada del P. Gonzalo consistió en la introducción el rezo de la Hora Sexta con un momento de meditación tras la lectura breve. Pautaron como hora de inicio de ésta oración las 11:50 a.m. [365].

El jueves 1 de agosto de 1991 la parroquia celebró los 25 Años de Ordenación Sacerdotal del P. Benigno Palomo[366].

El 27 de octubre de 1992 recibieron la Visita de Renovación General del P. Miguel Ángel Orcasitas, y su Asistente General, Fr. J.J. González. Como nota de la misma dejan la siguiente inscripción en el libro: "Visto en Visita General de Renovación. Se hace notar la ausencia de reuniones y actas durante 6 meses"[367].

En la reunión del 20 de mayo de 1992 se discutió y analizó el informe de Justicia y Paz de la Organización de Agustinos de Latino América

---

[362] Libro de Actas de Reuniones de la Comunidad de Lomas Verdes, Acta No. 142, p. 115 – 116.

[363] Libro de Actas de Reuniones de la Comunidad de Lomas Verdes, Acta No. 145, p. 117.

[364] Libro de Actas de Reuniones de la Comunidad de Lomas Verdes, Acta No. 146, p. 118.

[365] Libro de Actas de Reuniones de la Comunidad de Lomas Verdes, Acta No. 147, p. 118 – 119.

[366] Libro de Actas de Reuniones de la Comunidad de Lomas Verdes, Acta No. 146, p. 118.

[367] Libro de Actas de Reuniones de la Comunidad de Lomas Verdes, p. 120.

(OALA), en vista del Capítulo General Intermedio a celebrarse en Brasil en el mes de septiembre"[368].

En la reunión del 31 de diciembre de 1993 se "habló y comentó sobre la sugerencia del P. General de las principales conclusiones del Capítulo General. Se discutió la de Justicia y Paz: hay que mentalizar. Entendemos que hay que hacer algo y solidarizarse con la Paz y la Justicia. Si no hay conciencia, para qué crear conciencia.

Sugerencias para definir la labor del Asistente General que su asistencia (asistir) no dependa de que le paguen los viajes[369].

Período Capitular que va desde 1993 hasta enero de 1994

Tras el Capítulo Provincial Ordinario la comunidad quedó constituida por los PP. Benigno Palomo, Eliseo García y Gonzalo González. La primera reunión la tuvieron el día 19 de octubre de 1993. En ella distribuyeron el trabajo de la siguiente manera:

- Del Colegio se encargará el P. Eliseo.
- En relación con la Parroquia, el P. Gonzalo atenderá Villas de San Agustín; el P. Eliseo, Juan Sánchez y el P. Benigno, el sector de la Parroquia.
- El P. Gonzalo seguirá atendiendo el Hospital Regional.
- En cuanto a la Oficina Parroquial:
  o Lunes, Martes, Jueves y Sábados, el P. Benigno.
  o Miércoles el P. Eliseo.
  o Viernes el P. Gonzalo[370].

---

[368] Libro de Actas de Reuniones de la Comunidad de Lomas Verdes, Acta No. 150, p. 120 – 121.

[369] Libro de Actas de Reuniones de la Comunidad de Lomas Verdes, Acta No. 151, p. 121.

[370] Libro de Actas de Reuniones de la Comunidad de Lomas Verdes, Acta No. 152, p. 122.

Agustinos Seculares (1985)

En la Reunión Comunitaria realizada el 6 de febrero de 1985 se habló de las personas que quieren ser Agustinos Seculares, tema que fue transferido al Vicario y su Consejo[371].

Tercera Casa de los Padres Agustinos en Lomas Verdes (1985)

En la reunión del 6 de febrero de 1985 se habló de comprar la casa adyacente a la Primera Casa de los Padres Agustinos ubicada en la manzana 2 H 1, y, de hecho, se le sugirió al Vicario Provincial la adquisición de la misma[372].

Erección de la Parroquia Nuestra Señora de la Monserrate de Santa Olaya (1985)

El 6 de febrero de 1985 se presentó a la comunidad el Decreto de Erección de la Parroquia Nuestra Señora de la Monserrate de Santa Olaya, la que pasa a ser atendida por los Sacerdotes del Seminario[373]. Se trata de una parroquia rural inserta en la sierra Bayamón.

Aportación a la Economía Vicarial (1985)

El 13 de junio de 1985 se acordó entregar a la Vicaría la cantidad de $90,000.00[374].

---

[371] Libro de Actas de Reuniones de la Comunidad de Lomas Verdes, Acta No. 110, p. 102.

[372] Libro de Actas de Reuniones de la Comunidad de Lomas Verdes, Acta No. 107, p. 99 – 100.

[373] Libro de Actas de Reuniones de la Comunidad de Lomas Verdes, Acta No. 110, p. 102.

[374] Libro de Actas de Reuniones de la Comunidad de Lomas Verdes, Acta No. 110, p. 102.

En la reunión del 14 de enero de 1986 se aprobó enviar a Vicaría la cantidad de $30,000.00[375]. En la reunión del 14 de febrero del mismo año se dispuso enviar la misma cantidad[376].

El 10 de septiembre de 1986 se envió a la Vicaría la cantidad de 10,000.00[377]. El 28 de octubre del mismo año se hizo el otro envío por el mismo monto[378].

En la reunión del 12 de febrero de 1987 se aprobó el envío de $10,000.00[379].

En la reunión del 23 de diciembre de 1989 se aprobó enviar a la Vicaría la cantidad de $56,000.00. De ellos un total de $6,000.00 procedían de la casa y de $50,000.00 del Colegio[380].

En la reunión del 13 de junio de 1990 se aprobó enviar a la Vicaría la cantidad de $70,000.00. Procedente un monto de $10,000.00 de la parroquia y de $60,000.00 del Colegio[381].

Se aprobó enviar a la Vicaría la cantidad de $50,000.00; de ellos $10,000.00 de la parroquia y $40,000.00 del Colegio[382].

---

[375] Libro de Actas de Reuniones de la Comunidad de Lomas Verdes, Acta No. 113, p. 103 – 104.

[376] Libro de Actas de Reuniones de la Comunidad de Lomas Verdes, Acta No. 114, p. 104.

[377] Libro de Actas de Reuniones de la Comunidad de Lomas Verdes, Acta No. 119, p. 106.

[378] Libro de Actas de Reuniones de la Comunidad de Lomas Verdes, Acta No. 120, p. 106.

[379] Libro de Actas de Reuniones de la Comunidad de Lomas Verdes, Acta No. 121, p. 107.

[380] Libro de Actas de Reuniones de la Comunidad de Lomas Verdes, Acta No. 141, p. 115.

[381] Libro de Actas de Reuniones de la Comunidad de Lomas Verdes, Acta No. 144, p. 117.

[382] Libro de Actas de Reuniones de la Comunidad de Lomas Verdes, Acta No. 146, p. 118.

Proyecto Comunitario (1989)

En la reunión del 10 de noviembre de 1989 se aprueba tener de lunes a viernes oración en común a las 7:00 a.m.[383]

Segunda Casa de los Padres Agustinos (1990)

En la reunión del 16 de abril de 1990 se reunió la Comunidad para trarar los siguientes asuntos:

- "Reconstruir la casa parroquial: la cocina, el garaje.
- Hacer una cocina nueva donde estaba la llamada "Sala de juegos", la vieja deponerla y por la venta hacer una puerta de entrada para no tener que pasar por la Oficina Parroquial cuando se entre a la casa.
- Para ello llamar a un diseñador que nos haga un plano de la misma.
- También el garaje alargado 30 pulgadas para que puedan caber los carros grandes, hacer un tejadito con tejas españolas"[384].

2. Veinticinco Aniversario de los Agustinos en la Parroquia San Agustín de Lomas Verdes (1989)

En la reunión comunitaria del 24 de febrero de 1988 se habló de la preparación y posibles proyectos para celebrar los 25 Años de la fundación de la Parroquia y el Colegio para el verano de 1989[385]. Estas inquietudes se mantuvieron hasta el 18 de noviembre de 1988 cuando se expresó la necesidad de anunciar en las misas los próximos domingos la venta de camisetas conmemorativas del 25 Aniversario.

---

[383] Libro de Actas de Reuniones de la Comunidad de Lomas Verdes, Acta No. 140, p. 115.

[384] Libro de Actas de Reuniones de la Comunidad de Lomas Verdes, Acta No. 143, p. 116.

[385] Libro de Actas de Reuniones de la Comunidad de Lomas Verdes, Acta No. 127, p. 110.

- En la reunión comunitaria del 23 de diciembre de 1988 se hizo entrega de los Calendarios editados con motivo de los 25 Años de la Parroquia[386].
- Se reservó para el 30 de diciembre el Anuncio Proclamación oficial de la celebración de los 25 años de fundación del Colegio y la Parroquia San Agustín. La misa de este día se dedicó al recuerdo y agradecimiento por los difuntos bienhechores que ayudaron a la construcción de la Iglesia y el Colegio[387].
- Ese mismo día el Coro Mensajeros de la Paz de Cristo celebró su tradicional Concierto de Navidad.
- Durante el mes de enero se tuvo un ciclo de conferencias de interés para toda la feligresía.
- Todos los grupos pastorales hicieron sus actividades con cariz de fiesta por motivo de los 50 Años.
- 23 abril, Día Familiar en la cancha de la Tercera Sección de Lomas Verdes.
- 28 agosto, Fiesta de San Agustín, se entregaron reconocimientos a los Padres que habían trabajado en la Parroquia con motivos de los 25 Años. Entre ellos estarían los Padres Francisco Larrán, Anselmo Castillo, José Vlaam (dominico) y algún otro[388].

3. PASTORAL PARROQUIAL

3.1. Planes Pastorales

Visita Pastoral (1980)

Los días que van del 8 al 10 de marzo de 1980 la Parroquia San Agustín de Lomas Verdes recibió la visita pastoral de Mons. Luis Cardenal

---

386 Libro de Actas de Reuniones de la Comunidad de Lomas Verdes, Acta No. 134, p. 112.

387 Libro de Actas de Reuniones de la Comunidad de Lomas Verdes, Acta No. 133, p. 112.

388 Libro de Actas de Reuniones de la Comunidad de Lomas Verdes, Acta No. 135, p. 113.

Aponte Martínez. El acta de la misma fue enviada al P. Mario González 29 de diciembre de 1981[389].

Encuesta Pastoral (1988)

En la reunión del 24 de febrero de 1988 el P. Mario hizo entrega de los formularios de la encuesta que el arzobispado había dirigido a los sacerdotes y religiosas para cubrir mejor las necesidades pastorales y administrativas en la Arquidiócesis[390].

3.2. Liturgia y Sacramentos

Cuaresma (1987)

En la reunión del 12 de febrero de 1987 "El P. Mario expuso algunos planes de evangelización para la Parroquia en tiempo de Cuaresma: el retiro cuaresmal para toda la parroquia el 15 de marzo y las misiones por los distintos sectores de la comunidad.

-    Retiro de Cuaresma en la Comunidad de Juan Sánchez el 8 de marzo de 1987 y la semana del 22 al 28 de marzo se iba realizar la Misión en la Comunidades de Juan Sánchez, Versalles y Villas de San Agustín[391].

El 24 de abril se estaría realizando una Hora Santa para toda clase de público y jornadas misionales del 1 al 10 de abril. Así se terminó en la reunión del 18 de marzo de 1987[392].

---

[389]   Acta de la Visita Pastoral girada a la Parroquia San Agustín de Lomas Verdes durante los días 8,9 y 10 de marzo de 1980. APSALV.

[390]   Libro de Actas de Reuniones de la Comunidad de Lomas Verdes, Acta No. 127, p. 110.

[391]   Libro de Actas de Reuniones de la Comunidad de Lomas Verdes, Acta No. 121, p. 107.

[392]   Libro de Actas de Reuniones de la Comunidad de Lomas Verdes, Acta No. 122, p. 108.

Día de los Matrimonios (1988)

En la reunión del 8 de enero de 1988 "se leyó la carta circular del Cardenal anunciando las posibles actividades para el día del matrimonio el 14 de febrero. Entre ellas están la de hacer un reconocimiento público, con entrega de diplomas, a los matrimonios que hayan cumplido 25 o 50 años de casados"[393].

Año Santo Mariano (1988)

Con motivo del Año Santo Mariano se programó en la Universidad Sagrado Corazón una actividad a la que todos los Padres decidieron asistir. Esta se realizó el 30 de mayo de 1988[394].

Reflexión de Adviento (1988)

En la reunión del 18 de noviembre de 1988 se aprobó la realización de una tarde de reflexión con motivo de preparación para la celebración del adviento[395].

Procesión de Viernes Santo (1988)

En la reunión del día 16 de marzo de 1988 se informó que la Procesión se haría más corta y la trayectoria saldría en orden inverso al acostumbrado[396].

[393] Libro de Actas de Reuniones de la Comunidad de Lomas Verdes, Acta No. 126, p. 109.
[394] Libro de Actas de Reuniones de la Comunidad de Lomas Verdes, Acta No. 130, p. 111.
[395] Libro de Actas de Reuniones de la Comunidad de Lomas Verdes, Acta No. 133, p. 112.
[396] Libro de Actas de Reuniones de la Comunidad de Lomas Verdes, Acta No. 128, p. 110.

Triduo al Espíritu Santo (1992)

En la reunión del 20 de mayo de 1992 se informa: Se celebrará un Triduo al Espíritu Santo (Pentecostés), y predicarán los Padres Benito Reyes, Mons. Fontáñez y Reinaldo Rivera[397].

3.3. Grupos y Movimientos Apostólicos

Semana de la Juventud (1984)

A partir de 1986 la Semana de la Juventud pasó a ser coordinada por los Apóstoles Agustinos en Acción, o Triple A. Fueron dedicadas a:

Año	Joven	Adulto
1985	Roberto Cancel	P. Mario González
1986	Elba Castellanos	Carmen May
1987	Luis Pérez	Loyda Sáez
1988	Wilfredo Deliz	Teodoro Maldonado
1989	Carmen Odrein	Antonio (Toño) Cordero

Apóstoles Agustinianos en Acción (1985)

Por iniciativa del P. Mario González se formó el grupo juvenil Apóstoles Agustinianos en Acción en 1985. Conocido como la Triple A. Eran doce personas con el propósito de unir los jóvenes de la parroquia para las actividades parroquiales, Agustinianos por la identidad parroquial y en Acción porque su propósito era el hacer que los jóvenes se mantuvieran en un apostolado.

Eran los encargados de formar los líderes juveniles, colaborar en retiros y dar temas para jóvenes en la parroquia. Entre sus miembros estuvieron Julián Hernández, Julio Galán, Elba Castellanos, Ramón A. Torres, Wilfredo Deliz, Aimée Otero, Luis Torres, Mariana García, Manuel Rivera, Diana Díaz y Carmen Ordein.

---

[397] Libro de Actas de Reuniones de la Comunidad de Lomas Verdes, Acta No. 150, p. 120 – 121.

Club AJA (1985)

El antiguo Club de Jóvenes pasó a nominarse Club Juvenil Agustiniano en 1985 por disposición del P. Mario González, párroco. Tenían el propósito de confraternizar, reflexionar y formarse semanalmente en la fe en un compartir con los jóvenes de la comunidad. Buscaban que Cristo fuera cada vez más conocido entre los jóvenes, para que llegaran a ser apóstoles firmes llevando el mensaje del amor de Él.

Entre sus coordinadores se citan: Aracelis Cruz, María Figueroa, Myrna Liz Ortiz, Manuel Rivera, Maribel Vallellanez, Luis E. Vásquez, Heriberto García, Benito López y Omar Cruz.

Eran miembros de la directiva elegida en 1988: Manuel Rivera, presidente; Luis Vásquez, Vice – presidente; Noemí López, Secretaria; Katherine Santana, Tesorera; Vocales: Ángel Manuel González, Ricky (Luis), Benito López y Johana López.

Legión de María (1986)

La Legión de María continuó creciendo en la parroquia. Puesto que surgieron en la parroquia los presidia María Madre de la Divina Providencia en 1986 y Nuestra Señora del Rosario en 1987. De igual modo en la Capilla de Juan Sánchez el denominado María Maestra de Vida Espiritual el 14 de marzo de 1988.

Triduo en el XVI Centenario de la Conversión de San Agustín (1986)

Los días 22, 23 y 24 de 1986 se celebró en la parroquia de forma especial un Triduo con motivo del XVI Centenario de la Conversión de San Agustín. Esta actividad, además de motivar al pueblo, quedaba integrada dentro del conjunto de actividades del Vicariato de las Antillas sobre esta especial efeméride realizadas en las demás casas[398].

Sembradores de Fe (1987)

Durante la cuaresma de 1987 se reunió por primera vez el grupo Sembradores de Fe con el propósito de organizar la procesión de Viernes

---

[398] Libro de Actas de Reuniones de la Comunidad de Lomas Verdes, Acta No. 116, p. 105.

Santo. Coordinar los ensayos, seleccionar sus personajes, observar sus vestuarios y la decoración de las carrozas.

Auxiliares de los Apóstoles Agustinos en Acción (1988)

El grupo de Auxiliares de los Apóstoles Agustinos en Acción nació en el retiro de Jueves Santo dedicado a los jóvenes durante el año 1988. Buscaban comunicar un mensaje de paz, amor y unidad por medio de actividades religiosas, recreativas y sociales, siempre teniendo a Cristo como figura central en su labor.

Organizaron carnavales deportivos, gira – convivencias parroquiales y un torneo Intramural de Volleyball el 29 de octubre de 1988. Conformado por diez jóvenes: Wilma Castellanos, Bernard Hernández, Carmen Torres, Ana Rodríguez, Ana Solís, Vilmarie Hernández, Carmen Torres, Ana Rodríguez, Ana Aymee Ortiz, Jimmy Rivera y Carmen Ordein (portavoz).

Benefactores Agustinos (1990)

Los Benefactores Agustinos Seglares nacieron en 1990 con el objetivo de acción y oración continua por las vocaciones agustinianas. Para ellos se creó el Proyecto BASE (Benefactores Agustinos Seglares). Como parte de su reunión ha estado siempre el rezo de la Coronilla Agustiniana por las vocaciones, meditación de la Palabra de Dios, formación agustiniana. Anualmente han tenido un encuentro con otros grupos de las demás parroquias agustinianas de Puerto Rico.

Mensajeros de Jesús (1992)

Los Mensajeros de Jesús comenzaron a traer sus misiones a Puerto Rico en 1992. En este mismo año, el día de Pentecostés, nació el grupo en Monte Santo. Su propósito es llevar el Evangelio a los más necesitados dentro y fuera de la parroquia. Para ello visitan enfermos y envejecientes en sus casas y hospitales, visitan las presas, llevan la palabra a través de celebraciones comunitarias y reflexiones escritas.

3.4. Consejo de Asuntos Económicos (1984)

El 27 de enero de 1984, el P. Mario González informó a Mons. Luis Cardenal Aponte Martínez sobre el listado de personas que componían el Consejo de Asuntos Económicos de la Parroquia San Agustín de Lomas Verdes, ellos fueron:

- Rdo. Ignacio Pérez – diácono,
- Sr. Ramón Ortiz – contable,
- Sr. Daniel Velázquez – pensionado del ELA,
- Sr. Eduardo Rivera Dones – auditor,
- Sra. Carmen Camacho – secretaria[399].

3.5. Capillas

Capilla de San Agustín (1987)

En la reunión del 18 de marzo de 1987 "también vimos la necesidad de que el P. Mario, como Párroco y superior de la Comunidad girase una entrevista con el Cardenal en vista a la posible adquisición de terrenos que se ofrecen en Villas de San Agustín para hacer la futura iglesia; con posibilidad también de hacer un colegio de enseñanza para niños"[400].

En la reunión del 30 de marzo de 1992 el P. Gonzalo González trató el tema de ir buscando un lugar donde construir una capilla en Villas de San Agustín[401].

En la reunión del 20 de mayo de 1992, se indica "el P. Gonzalo miró dos terrenos de Villas de San Agustín, y están en conversaciones, en vistas a una futura Iglesia en ese lugar"[402].

---

[399] Carta del P. Mario González, párroco, a Mons. Luis Cardenal Aponte Martínez, fechada en Bayamón el 27 de enero de 1984. APSALV, Cartas Parroquia.

[400] Libro de Actas de Reuniones de la Comunidad de Lomas Verdes, Acta No. 122, p. 108.

[401] Libro de Actas de Reuniones de la Comunidad de Lomas Verdes, Acta No. 149, p. 119 – 120.

[402] Libro de Actas de Reuniones de la Comunidad de Lomas Verdes, Acta No. 150, p. 120 – 121.

En la reunión del 31 de diciembre de 1992 se indicó sobre "unos terrenos, aparentemente muy favorables de cerca de 4 cuerdas, quedando en hacer las gestiones para ver precios, etc."[403].

3.6. Manifestaciones Marianas en la Parroquia San Agustín de Bayamón (1986)

Se conservan en el Archivo de la Parroquia fotocopias de dos documentos que hablan de estas Manifestaciones Marianas. El primero de estos textos está escrito a maquinilla y el segundo a mano. A continuación se presentan ambos documentos:

Texto Escrito a Maquinilla:

MONTE SANTO[404]

A la vera de la carretera 174 frente a las callees Flamboyán y Nogal se encuentra un campo despojado y limpio que en dos años se ha transformado por completo. Desde dicha carretera se baja por una rampa suave y curva hecha de concreto, que, una vez vencida la pendiente, se alarga unos 150 pies en línea recta y franqueda por ambos lados por amplias franjas de terreno bien cuidado y adornadas de arwbustos y flores. Al final se eleva una cruz iluminada en neón por las noches. A continuación viene otra pequeña pendiente que se salva con una escalinata de diez peldaños o mediante una rampa suave en forma de media Z. Estos accesos dan a una capillita de madera en cuyo frontispicio se puede leer este mensaje.

LUGAR DE ORACIÓN
Preside la capilla una imagen de la Virgen Milagrosa.
Y ¿qué significa todo esto? (Se puede poner simpemente el signo de interrogación para continuar la redacción.
El campo descrito era un fangal impenetrable de yerbas altas y matorrales espesos por doquier sin cuidado alguno. Pero al cabo de tres años todo se ha cambiado y se ha convertido en un verdadero jardín gracias a manos atentas y corazones esmerados en mantener el lugar a

---

[403] Libro de Actas de Reuniones de la Comunidad de Lomas Verdes, Acta No. 151, p. 121.

[404] Monte Santo. APSALV, Monte Santo.

propósito para una fácil elevación espiritual. ¿Por qué? Todo comenzó el 30 de Abril de 1986, cuando unos niños del Colegio San Agustín decían ver a la Virgen sobre la cruz que remata la construcción del templo parroquial. Decían que la silueta brillante de la Virgen se movió luego hacia la calle Flamboyán y poco a poco se fue alejando hasta fijarse sobre el arobollado en que hoy se levanta la sencilla capilla de madera antes descrita. ¿Sugestión? … ¿Ilusión? … ¿Manifestación sobrenatural? … No es fácil determinarlo ni aún para quienes han seguido de cerca todo ese movimiento que al principio fue de multitudes. Hoy, a pesar de ahber disminuido mucho el masivo acudir de gnetes de los primeros meses, no ha cesado de acudir a horar…, a reflexioanr… a buscar alivio espiritual y hasta físico. Los que han seguido de cerca los acontecimientos pueden asegurar la buena fe de losque promovieron el comienzo de todo. Lo cual no se afirmar categóricametne su carácter milagroso o sobrenatural. Sí ocurrió un hecho constatado por testigos fidedignos, que los médicos no se explican fácilmente a la luz de la ciencia média; la curación de una mujer que andaba por casi un año en silla de ruedas. La señora X, después de mucho pedir y confiar en la ayuda de María se sintió curada y hoy es el día que no necesita para nada su silla de ruedas. El hecho ocurrió el 25 de Mayo de 1986. Es el caso más relevante. Hoy, sin que la autoridad eclesiástica, haya dado una decisión al respecto sigue siendo un lugar en donde se reza, se reflexiona y puede uno encontrar unos momenetos de paz para el espíritu,gracias a lo recogido del lugar y al cuidado que del mismo tienen voluntarios solícitos.

Es poco el tiempo transcurrido para poder dar un juicio definitivo. Por ahora el calificarlo de un lugar de oración no es nada exagerado ni es tampoco algo de poca importancia cuando hay tantos lugares dedicados a otras actividades no aptos ni mucho menos para la elevación y crecimiento espiritual de la gente. Sin que estas líneas sirvan de confirmación de ninguna clase a aparición sobrenatural o cosa semejante, sí están inspiradas por el sincero propósito de respetar la conciecnia y la buena fe de quienes van a ese lugar en busca de serenidad espiritual y fuerzas para seguir luchando en la vida.

Fotos de ayer y hoy.

Texto Escrito a Mano:

P. 1.

1986[405]
MANIFESTACIONES MARIANAS
Supuestas Apariciones de la Virgen en Monte Santo, Lomas Verdes – Bayamón, P.R.

Para finales de abril y principios de mayo de 1986 dicen que algunos niños del Colegio San Agustín, Lomas Verdes, Bayamón, P.R. vieron la imagen de la Virgen María sobre la Cruz de la Iglesia Parroquial que suavemente se fue moviendo hacia la floresta que se conoce hoy como Monte Santo. Al terminar las clases en las primeras horas de la tarde muchos alumnos se fueron en tropel buscando el lugar donde la Virgen pensaban se había detenido.

Allí comenzó un ir y venir del Colegio y de toda clase de personas comentando las distintas experiencias hasta altas horas de la noche allí tuvieron las personas; unos que veían a la Virgen, otros hablaban del olor y perfume de rosas en el ambiente.

P. 2.

La calle que va desde los portones del Colegio San Agustín hasta el Monte Santo era un continuo fluir de gente que iba y venía comentando lo sucedido. El lugar de Monte Santo era un lugar para entonces prácticamente un barrizal, allí quedaron atolladas esa noche zapatillas, zapatos y chancletas, así siguieron las siguientes noches. Unos rezaban el rosario, otros curioseaban, otros decían que veían a la Virgen, algunos hasta llevaban la merienda y acompañaban, para esperar ver a la Virgen en algún momento. Unas niñas y niños del Colegio San Agustín, 4 ó 5 de ellos, que eran como los líderes de esta manifestación, hacia mediados de marzo hacían que para el 25 de marzo, Fiesta Solemne de la Santísima Trinidad ese año de 1986, habría manifestaciones en el sol, la naturaleza y algún milagro en las personas; pero que estuviera presente un sacerdote.

Efectivamente el 25 de marzo de dicho año hacia las 3 de la tarde, el público

P. 3.

---

[405] Manifestaciones Marianas. APSALV, Monte Santo.

para esa hora allí presente era muy numeroso, vieron cómo una señora que vivía en la Urb. Caná de Bayamón y que se había pasado toda la mañana y la tarde en el lugar del Monte Santo, que incluso se había negado a irse para su casa con su esposo y sus hijos que la acompañaban, porque les dijo que esperaba curarse allí; de momento se bajó del sillón de ruedas donde la habían traído sus familiares, se levantó pro ella misma y siguió caminando ella sola hasta el altarcito que se había preparado al pide de un árbol.

Todo el público se sobresaltó. Fue ese momento cuando la gente dice vio el sol emitiendo una especie de rayos y en la naturaleza formar sobre los árboles como ríos de colores.

Alguien comenzó el rezo del Santo Rosario y la gente se fue calmando. Al día siguiente, lunes, fueron a saber de la señora en la Urb. Caná donde residía y le preguntaron curiosamente cómo es que fue curada. Con mucha humildad y sencillez les dijo: por la tarde cuando había mucha gente, de momento vi a la Virgen que nos decía recen por la paz, pero ven, ven y me hacía señas con las manos. En ese momento fue que me tiré del sillón de ruedas y caminé hacia Ella, hacia el altarcito junto al árbol. Después se rezó el rosario.

Días más tarde se preguntó a los doctores que atendían a esta señora sobre porqué estaba en un sillón de ruedas. Ellos dijeron: al bajarse de una guagua cayó en una zanja o pocito y se lastimó severamente el nervio ciático. Por 2 años hemos estado dándole terapia, psicoterapia, etc. y no hemos podido hacerla andar por sí misma. Cuando le dijeron: en estos mementos está andando por ella misma. Ellos contestaron: pues no podemos explicarnos, aunque con el tiempo se supone que si podría hacerlo.

Un tiempo más adelante como seguía el fervor y la gente se reunió diariamente un grupo de personas pidieron entrevistarse con el Sr.

P. 5

Cardenal Luis Aponte Martínez, que los recibió muy amablemente y le pidieron que si podía autorizar a que en ese lugar se celebrase la Santa Misa. La contestación fue que debieran ir abandonando ese lugar y mientras tanto que alguien bien preparado dirigiese el rezo del Santo Rosario debidamente. Hasta el presente así se ha venido haciendo: la gente visita el lugar, se reza el rosario, cantan, dan algunas charlas, mantienen limpio el lugar y el recuerdo de aquellos primeros diez de las manifestaciones marianas está muy vivo y presente en la mente de muchas personas.

4. Estatus de la Parroquia de San Agustín en su Veinticinco Aniversario

INFORME AL CAPÍTULO PROVINCIAL ORDINARIO 1989

En 1989 la Parroquia San Agustín de Lomas Verdes, P.R. tenía aproximadamente 30 mil habitantes. La iglesia parroquial está enclavada en la Urb. Lomas Verdes; tiene capacidad para 700 personas sentadas.

Además de la iglesia parroquial tiene la Capilla San Martín de Porres en el Barrio Juan Sánchez. También se compró una casa en la Urb. Villas de San Agustín, donde se celebra la misa todos los domingos y se atiende pastoralmente dicha urbanización.

El Colegio San Agustín, que está en los mismos terrenos de la iglesia parroquial, tiene 780 alumnos en la enseñanza primaria; es dirigido y administrado por un sacerdote y las clases son impartidas por profesores seglares y tres religiosas de las Madres Escolapias, que desde hace dos años han vuelto a residir en la parroquia y nos ayudan también en las tareas pastorales.

Atendemos también espiritualmente el Hospital Regional de Bayamón. Dentro de la Parroquia existen los siguientes grupos parroquiales apostólicos: Cursillos de Cristiandad, Legión de María, Renovación Carismática, Santo Nombre, Socias del Sagrado Corazón, Catequesis, Pescadores, Apóstoles Agustinianos en Acción y otros grupos juveniles.

Para la atención pastoral de la parroquia contamos también con la ayuda de cuatro diáconos, un buen número de ministros extraordinarios de la comunión y bastantes catequistas.

Obras Materiales:

Durante el cuatrienio se hicieron reparaciones a la iglesia parroquial, al colegio y a la capilla San Martín de Porres. Se amplió el pasillo del salón parroquial y se reparó la verja del patio.

Proyectos:

El Consejo Vicarial aprobó tramitar la compra de tres cuerdas de terreno, propiedad del Sr. Fuentes, situadas entre las urbanizaciones Villas de San Agustín, Villaverde y Las Américas. Hasta ahora no se ha podido concretizar nada debido a que el Gobierno no autoriza a segregar la finca porque está proyectado la construcción de una carretera que pasa por parte de los terrenos propiedad del Sr. Fuentes.

También llevamos dos años intentando conseguir el permiso del Gobierno para cubrir el patio detrás de la iglesia con el fin de que los estudiantes tengan un sitio apropiado para resguardarse de la lluvia y del sol y puedan aprovechar mejor el sitio para jugar. Hasta ahora no lo hemos conseguido"[406].

5. PASTORAL EDUCATIVA

5.1. Edificios del Colegio San Agustín

Salón y Cancha Polideportiva (1985)

El Colegio San Agustín llevaba mucho tiempo careciendo de un salón cultural amplio que le permitiera tener sus actos fuera de la iglesia. Por esto se hizo lo siguiente:

"Aprobamos el proyecto de habilitar una parte del patio del Colegio que está detrás de la iglesia, para techarlo y acondicionarlo, de tal forma que sirva al mismo tiempo de salón cultural y cancha polideportiva cubierta para los alumnos"[407].

El P. David Iñiguez, Vicario Provincial, informó sobre esta resolución a través de una circular publicada el 14 de febrero de 1986: "se han hecho previsiones para la posibilidad de comenzar el próximo verano la construcción de un pabellón o carpa que sirva para los actos sociales del Colegio y de protección a los alumnos en los días de lluvia"[408].

Pero esta obra de techado tuvo que esperar, hasta el 3 de febrero de 1992 se habló de construir un techo detrás de la Parroquia[409].

---

[406] Informe del Estado de la Casa de Lomas Verdes, Bayamón, P.R. Enviado al Capítulo Provincial de 1989. APSALV, Informe enviado al Capítulo Provincial 1989.

[407] Libro de Actas de Reuniones de la Comunidad de Lomas Verdes, Acta No. 113, p. 103 – 104.

[408] Circular enviada a los Hermanos de la Vicaría por el P. David Iñiguez, Vicario Provincial, el 14 de febrero de 1986. APSALV, Circulares Vicariales 1984 – 1994.

[409] Libro de Actas de Reuniones de la Comunidad de Lomas Verdes, Acta No. 148, p. 119.

En la reunión del 20 de mayo de 1992: Se habló del Proyecto de cancha bajo techo detrás de la Iglesia, y se espera analizar y ver el proyecto y el presupuesto. En carta del P. Vicario y su consejo, se dice que en principio está aprobado, pero que se debe ver el presupuesto y aprobaciones de planos, que es por lo que está esperando"[410].

El 1 de julio de 1992 se especificó el proyecto para la construcción de la cancha:

PROYECTO ACADEMIA SAN AGUSTÍN

LABORES A REALIZAR:
1. HACER PLANOS DE PRESENTACIÓN DEL PROYECTO ANTE LAS OFICINAS DE GOBIERNO (ARPE).
2. PREPARACIÓN DEL TERRENO
   A. PREPARAR CIMIENTOS PARA ANCLAR LA ESTRUCTURA DE ACERO SEGÚN PLANOS:
   B. HACER MURO DE CONTENCIÓN EN LA ENTRADA POSTERIOR LATERAL IZQUIERDA DEL PORTÓN.
   C. RELLENAR TODA EL ÁREA DE PISO PARA NIVELAR EL PISO EN HORMIGÓN.
   D. COLOCAR WIRE METCH DE ACERO SOBRE TODO EL PISO Y TIRAR DE 4 A 5 "(PULGADAS) DE CONCRETO, SEGÚN SEA NECESARIO, EN UN ÁREA TOTAL DE 5,060 CUADRADOS DE PISO CON MEDIDAS DE 110 X 46 = 5,060 ^{2}.
5. ESTRUCTURA
   A. SUPLIR E INSTALAR UNA ESTRUCTURA DE ACERO (SEGÚN PLANO), SOBRE EL ÁREA DE PISO YA PREPARADO SIGUIENDO LOS ESTATUTOS DE LEY APROBADOS POR EL COLEGIO DE INGENIEROS SEGÚN SU USO.
   B. CUBIERTAS LATERALES O "SIDING" PARA AMINORAR LA LLUVIA Y EL SOL CON STEEL DECK.
   C. TRAGALUCES MEDIANTE PLANCHAS PLASTICAS.

---

[410] Libro de Actas de Reuniones de la Comunidad de Lomas Verdes, Acta No. 150, p. 120 – 121.

D. BAJANTES Y CANALES DE METAL PARA RECOGER LAS AGUAS.

E. DICHA ESTRUCTURA SERA ENTREGADA EN SU TOTALIDAD CON LA PINTURA O PRIMER QUE TRAE DE FABRICA (OXIDO ROJO). LA MISMA SERA RETOCADA EN LAS AREAS QUE SEA NECESARIO ANTES DE CUBRIR SUS LATERALES POR EL SUPLIDOR.

6. CUMPLIMIENTO DE CONTRATO

SERÁ RESPONSABLE DEL CONTRATISTA QUE TODAS LAS PARTES CONTRATADAS Y SUBCONTRATADAS SEAN LLEVADAS A CABO SEGÚN LO CONTRATADO Y APROBADO EN LOS PLANOS POR ARPE.

NOTA: PARA CUMPLIR CON LO ACORDADO EN EL CONTRATO Y MANTENER UN CONTROL DE CALIDAD Y CUMPLIMIENTO DEL MISMO, EL PROYECTO SERA INSPECCIONADO POR UN ARQUITECTO EL CUAL CERTIFICARA EL MISMO.

A. PREPARACION DEL TERRENO.

B. INSPECCION DE CIMIENTOS.

C. ANCLAJE DE ESRUCTURA.

D. ENTREGA O TERMINACION DEL PROYECTO FINAL.

5. CONDICIONES DE PAGO

A. SE EFECTUARA UN PRIMER PAGO DE $4,000 PARA CUBRIR DISEÑO Y PRESENTACION DE PLANOS EN ARPE. ESTE PAGO PUEDE HACERSE ANTES DE LA FIRMA DEL CONTRATO.

B. UN PAGO DE 30% A LA FIRMA DEL CONTRATO PARA CUBRIR: $42,600.00

* EXCAVACION DE CIMIENTOS.
* HACER MURO DE CONTENCION.
* RELLENAR Y EMPAREJAR TERRENO (SEGÚN PLANOS).
* PEDIR ESTRUCTURA AL EXTERIOR (E.U.).

C. UN PAGO DE 60% AL RECIBIR LA ESTRUCTURA. $85,200.00

* PREPARACION DE CIMIENTOS (EN CONCRETO Y ACERO).

* TIRAR PISO EN CONCRETO Y WIRE METCH DE ACERO.
* INSTALAR FRAME ESTRUCTURAL.
D. UN PAGO DE 10% AL ESTAR TECHADA LA ESTRUCTURA. $14,200.00
* COLOCADO EL SIDING O LATERALES DE 6′ DE ALTURA.
* CANALES Y DESAGUES PARA RECOGER LAS AGUAS.
* RETOQUE PINTURA O PRIMER.

NOTA: EL COSTO TOTAL DE DICHA OBRA ES DE: $146,000.00
(CIENTO CUARENTISEIS MIL).
INCLUIDO EN ESTE PRECIO ESTAN:
* DISEÑO Y PLANOS APROBADOS POR ARPE.
* JORNALES Y MATERIALES.
* PLIZA DE FONDO DEL SEGURO DEL ESTADO.

P. Heraclio R. Lobera   Carlos Quintana
Colegio San Agustín   Contratista General

Modernización de las Oficinas (1989)

El 23 de diciembre de 1989 se aprobó la compra de computadoras para las oficinas del Colegio San Agustín. De ese modo se agilizaba su funcionamiento. Se pensaba trabajar por medio de un programa computarizado: el archivo de estudiantes, de notas, de cuentas a cobrar, de nóminas y demás aspectos de oficina"[411].

5.2. Vida Religiosa Femenina en el Colegio San Agustín (1986)

En la reunión comunitaria del 14 de enero de 1986, los hermanos informaron del interés de tres Congregaciones Religiosas femeninas en trabajar en el colegio. Así se recoge en el acta:

[411] Libro de Actas de Reuniones de la Comunidad de Lomas Verdes, Acta No. 141, p. 115.

"Se consideró el asunto de las religiosas Marianitas que se ofrecen para trabajar en el Colegio. También consideramos el ofrecimiento de otras religiosas, Agustinas Misioneras, que quieren instalarse en el sector de Juan Sánchez para ayudar pastoralmente a aquel barrio y otros de la Parroquia. Otras monjas que quieren trabajar en el Colegio son las Escolapias. Discernimos largo rato los pormenores de estos tres ofrecimientos y quedamos en recoger de las religiosas interesadas más detalles y condiciones para ultimar compromiso de un posible contrato"[412].

En la reunión del 25 de febrero de 1986 se continuó dialogando este tema. En esta ocasión se señaló la importancia de su forma de trabajo, preparación profesional y disponibilidad para la Pastoral Parroquial[413].

De todas estas congregaciones fue la congregación de Escolapias que reiteradamente pidieron venir a trabajar en el Colegio, así consta en la reunión del 10 de septiembre de 1986[414].

Retorno de las Madres Escolapias (1987)

En la reunión del 16 de marzo de 1988 se indica: "se presentó el contrato por cuadruplicado que la comunidad ha establecido con las religiosas Escolapias que está al servicio del Colegio. Fue firmado por todos los Padres y todas las Religiosas Escolapias[415].

En la reunión del 3 de febrero de 1992 se notifica que las religiosas Escolapias piden tener otra maestra[416]. En 1995 nuevamente se van del Colegio San Agustín de Bayamón.

---

[412] Libro de Actas de Reuniones de la Comunidad de Lomas Verdes, Acta No. 113, p. 103 – 104.

[413] Libro de Actas de Reuniones de la Comunidad de Lomas Verdes, Acta No. 114, p. 104.

[414] Libro de Actas de Reuniones de la Comunidad de Lomas Verdes, Acta No. 119, p. 106.

[415] Libro de Actas de Reuniones de la Comunidad de Lomas Verdes, Acta No. 128, p. 110.

[416] Libro de Actas de Reuniones de la Comunidad de Lomas Verdes, Acta No. 148, p. 119.

5.3. Clases de Computadoras (1989)

Se aprobó para el siguiente curso escolar, se pondrá en el Colegio San Agustín clases de computadoras para los grados de 6º, 7º y 8º. Dichas clases las dará la compañía COMPU X TEC. Ellos eran los responsables de las computadoras y los maestros[417].

En la reunión del 9 de marzo de 1989 el P. Pablo presentó un proyecto en el que se expresa "la necesidad de un proyecto, no muy lejano, de alquiler de computadoras para los alumnos de sexto, séptimo y octavo del Colegio. Se comentaron aspectos de profesorado, horarios de clases y económico, etc. referentes al contrato de computadoras"[418].

5.4. Reparaciones y Mantenimiento (1987)

En la reunión del 12 de febrero de 1987, "El P. Pablo expuso algunos asuntos referentes al colegio, como la incorporación de un programa nuevo de inglés conversacional que conllevaba la remodelación del laboratorio de inglés, al proyecto de pintura de los exteriores del colegio en el verano y su correspondiente presupuesto; de los posibles arreglos en el patio del colegio aislando las mesas con una valla para evitar que salten en ella los muchachos y abrir algún pasillo más de acceso a los salones para facilitar el paso de la gente que usa dichas dependencias.

Gracias a esta exposición fue ampliada la zona del merendero del Colegio y remodelado su mobiliario en 1989.

Se decidió asistir a ARPE sobre la construcción de la cancha en el patio"[419]. En la reunión del 18 de marzo de 1987 se habló de la necesidad que tenía el Colegio de retocar su pintura y sellar las grietas del techo debido a algunas filtraciones de agua[420].

---

[417] Libro de Actas de Reuniones de la Comunidad de Lomas Verdes, Acta No. 144, p. 117.

[418] Libro de Actas de Reuniones de la Comunidad de Lomas Verdes, Acta No. 135, p. 113.

[419] Libro de Actas de Reuniones de la Comunidad de Lomas Verdes, Acta No. 121, p. 107.

[420] Libro de Actas de Reuniones de la Comunidad de Lomas Verdes, Acta No. 122, p. 108.

El 30 de abril de 1987 se dijo "El P. Pablo expuso el programa de actos de fines de curso en el colegio. El día 8 de marzo se celebraría el día del profesor. Informó también de algunas obras de reparaciones que se iban a hacer en el Colegio: allanar terrenos del patio y poner una verja divisoria donde está actualmente la cancha del patio. Pintar todo el Colegio y arreglar algunas filtraciones de agua"[421].

En la reunión del 24 de febrero de 1988 se habló de las necesidades de reponer los pupitres del Centro Educativo[422].

5.5. Veinticinco Aniversario del Colegio San Agustín

Con motivo del 25 Aniversario del Colegio la comunidad decidió hacer la publicación de un Anuario que recogiese fotos y textos de la vida de la Parroquia y el Colegio. Éste vio su luz a finales de 1989.

En el colegio las actividades ordinarias adquirieron un tinte de fiesta con motivo del 25 Aniversario. Entre ellas están:

- Actividades religiosas: misa de inicio de curso, adviento, acción de gracias, retiro, navidad, cuaresma y la conversión de San Agustín, rosario viviente, retiro de octavo grado y las actividades de los Misioneros de la Santa Infancia.
- Actividades culturales: presentaciones musicales, presentaciones de pintura y artesanía, exposición de ciencias y jiras educativas.
- Actividades sociales: días familiares, día de las Madres, Baile Folklórico, día del estudiante, fiestas de Profesoras,
- Actividades deportivas: torneo intramural de baloncesto, gimnasia, *field day*.

6. PASTORAL DE LA SALUD

Durante el período capitular que inició en 1983 el Hospital Regional no tuvo un sacerdote asignado, sino que los PP. Heraclio y Benigno asistían de acuerdo al día que le correspondía la oficina. Con la llegada del

---

[421]   Libro de Actas de Reuniones de la Comunidad de Lomas Verdes, Acta No. 123, p. 108.

[422]   Libro de Actas de Reuniones de la Comunidad de Lomas Verdes, Acta No. 127, p. 110.

P. Gonzalo González esta situación se regularizó. Puesto que él pasó a ser el encargado.

La parroquia recibió la invitación de la Pastoral Sanitaria de la Arquidiócesis de San Juan para participar de la reunión que iban a tener el 22 de abril a las 2:00 p.m. en las Oficinas del Arzobispado[423].

---

[423]   Libro de Actas de Reuniones de la Comunidad de Lomas Verdes, Acta No. 116, p. 105.

VI

ARDUA LABOR PASTORAL
1994 – 2004

1. VIDA COMUNITARIA

Período Capitular que va desde febrero de 1994 hasta 1997

La comunidad estaba conformada por los PP: Benigno Palomo, Gonzalo González y Eliseo García.

El 14 de octubre de 1994 fueron visitados por los PP. Isidro de la Viuda Diez, Prior Provincial, e Isaac González Marcos, Secretario Provincial. Como anotación a su visita se indicó: "se hace notar la ausencia de reuniones durante más de medio año"[424].

En la reunión del 19 de diciembre de 1995 se planteó el consultar al Procurador Vicarial sobre la financiación de las obras de reparación de la Segunda Casa de los Padres Agustinos. Se necesitaba saber quién las costearía. También se decidió en ésta comprar una computadora para la comunidad y quitar los acondicionadores de aires de los salones de la parroquia para ponerlos en el Colegio[425].

Nuevamente fueron visitados por el P. Isidro de la Viuda Diez, Prior Provincial, el 20 de abril de 1996[426]. Nota positiva fue la superación de la deficiencia anterior.

En la reunión del 6 de junio de 1996 se comenzaba a plantear la comunidad sobre un posible programa de actividades con motivo del

---

[424] Libro de Actas de Reuniones de la Comunidad de Lomas Verdes, p. 123.

[425] Libro de Actas de Reuniones de la Comunidad de Lomas Verdes, Acta No. 157, p. 124.

[426] Libro de Actas de Reuniones de la Comunidad de Lomas Verdes, p. 125.

Centenario de los Padres Agustinos en Puerto Rico[427]. A partir de esta reunión se registra la firma del P. Ildefonso Blanco[428].

El 2 de diciembre de 1996 se pidió al Superior de la Comunidad que inscribiese, entre las intenciones de Misas de la parroquia, las de nuestros difuntos y tuviese presente a los que han muerto en esta comunidad de Lomas Verdes en su aniversario de fallecimiento[429].

En esta misma reunión se presentó la sugerencia sobre la Pastoral Juvenil del P. Domingo Aller, formador del Seminario Santo Tomás de Villanueva. Él pidió que Fr. Ángel L. Ortiz, profeso de votos simples, se hiciese cargo de la Pastoral Juvenil de la parroquia[430].

Período Capitular que va desde 1997 hasta 2001

La primera reunión comunitaria después del Capítulo Provincial se realizó el 14 de noviembre de 1997. En ella estuvieron presentes los PP: Gonzalo González, Ildefonso Blanco, Eliseo Garcia y Efigenio García[431]. En ella, la comunidad aprobó rezar laudes con el pueblo en las misas de 6:30 a.m.[432]

El 28 de octubre de 1998 no estuvo presente la firma del P. Efigenio García y en su lugar es destinado Fr. Carlos Cordero Concepción cuya ordenación diaconal fue aceptada en ésta, a la vez que es elegido Ecónomo de la Comunidad[433]. Su ordenación se pautó para el 26 de diciembre del mismo año.

---

427 Libro de Actas de Reuniones de la Comunidad de Lomas Verdes, Acta No. 158, p. 125.

428 Libro de Actas de Reuniones de la Comunidad de Lomas Verdes, Acta No. 159, p. 126.

429 Libro de Actas de Reuniones de la Comunidad de Lomas Verdes, Acta No. 159, p. 126.

430 Libro de Actas de Reuniones de la Comunidad de Lomas Verdes, Acta No. 159, p. 126.

431 Libro de Actas de Reuniones de la Comunidad de Lomas Verdes, Acta No. 162, p. 127.

432 Libro de Actas de Reuniones de la Comunidad de Lomas Verdes, Acta No. 162, p. 127.

433 Libro de Actas de Reuniones de la Comunidad de Lomas Verdes, Acta No. 165, p. 129 – 130. Cfr. Presentación de Fr. Carlos Cordero como ecónomo

El P. Gonzalo González celebró sus bodas de oro sacerdotales junto al P. Lesmes Bernabé el 26 de enero de 1999 en Aguada y en abril del mismo año en la Parroquia San Agustín de Lomas Verdes.

En la reunión del 30 de abril de 1999, el Fr. Carlos Cordero presentó su intención de pedir la Ordenación Sacerdotal. Con tales motivos, la comunidad se iba a reunir para su aprobación posteriormente[434].

El 25 de mayo de 1999 recibieron la visita del P. Isaías Álvarez, Ecónomo Vicarial. El 30 de noviembre de 1999 la comunidad recibió la Visita General de Renovación de manos del Asistente General. Así consta en el libro de la comunidad[435].

P. Carlos Cordero fue elegido como Discreto de la comunidad en el Capítulo Provincial de 2001[436]. El P. Isidro de la Viuda Diez, Prior Provincial, hizo su visita de renovación el 16 de febrero de 2001[437].

Período Capitular que va desde 2001 hasta 2004

Tras el Capítulo Provincial de 2001 se reunió por primera vez la Comunidad el 29 de octubre de 2001 integrada por los PP. Felipe Fernández, Prior; Benigno Palomo, director del Colegio San Agustín, y Carlos Cordero Concepción, párroco. En esta misma reunión distribuyeron sus funciones en el interno de la comunidad

- P. Felipe, bibliotecario;
- P. Benigno, procurador aunque el P. Felipe llevará los libros de cuentas;
- P. Carlos, secretario[438].

---

de la Comunidad firmado por el P. Ildefonso Blanco, Párroco, fechado el 9 de noviembre 1998. APSALV, Oficios y Nombramientos 1994 – 2004.

[434] Libro de Actas de Reuniones de la Comunidad de Lomas Verdes, Acta No. 169, p. 136 – 137.

[435] Libro de Actas de Reuniones de la Comunidad de Lomas Verdes, p. 141.

[436] Libro de Actas de Reuniones de la Comunidad de Lomas Verdes, Acta No. 176, p. 147 – 148.

[437] Libro de Actas de Reuniones de la Comunidad de Lomas Verdes, p. 149.

[438] Libro de Actas de Reuniones de la Comunidad de Lomas Verdes, Libro II, Acta No. 181, p. 1 – 2.

El P. Saturnino Juan Vega, Vicario de las Antillas, autorizó el Libro de Actas no. II de la Comunidad de Lomas Verdes el día 23 de noviembre de 2001[439].

En la reunión del 29 de octubre de 2001 se abordó el tema de los Estatutos Vicariales, de los cuales se comentaron los puntos relativos a:

a. Promoción Vocacional: debe colaborar toda la comunidad, en Puerto Rico la promoción vocacional debe ser más dinámica.
b. Economía: El P. Vicario y su Consejo deben evaluar los aportes que cada parroquia está dando a cada comunidad para tratar en lo que sea posible de unificar los criterios de los gastos que le corresponde cubrir a ésta y los que le corresponde a la comunidad[440].

El 30 de abril se entregó y leyó hasta el número 10 del Documento y Determinaciones del Capítulo General Ordinario 2001[441]. En la reunión del 9 de diciembre de 2002 se hizo lectura de los números 11 al 14 del documento publicado por el Capítulo General de 2000 sobre el tema de la Educación[442].

Representando a la comunidad, el P. Carlos Cordero Concepción participó de la canonización del Bto. Alonso de Orozco. Por tales motivos, estuvo en Roma desde el 14 de mayo hasta el 7 de junio[443].

La comunidad recibió la Visita de Renovación del P. Jesús Paniagua Crespo, prior provincial, el 29 de enero de 2003[444].

En la reunión del 6 de febrero de 2003 se informó sobre el aumento de los salarios del párroco y vicarios parroquiales:

---

[439] Autorización del Libro de Actas de Reuniones de la Comunidad de Lomas Verdes, Libro II.

[440] Libro de Actas de Reuniones de la Comunidad de Lomas Verdes, Libro II Acta No. 182, p. 3 – 5.

[441] Libro de Actas de Reuniones de la Comunidad de Lomas Verdes, Libro II Acta No. 185, p. 9 – 11.

[442] Libro de Actas de Reuniones de la Comunidad de Lomas Verdes, Libro II, Acta No. 187, p. 13 – 16.

[443] Libro de Actas de Reuniones de la Comunidad de Lomas Verdes, Libro II Acta No. 185, p. 9 – 11.

[444] Libro de Actas de Reuniones de la Comunidad de Lomas Verdes, Libro II, p. 17.

-   Párroco: $700.00 de libre disposición y $300.00 de transportación.
-   Vicarios parroquiales: $500.00 de libre disposición y $300.00 de transportación.
-   Además, la parroquia aportaba una suma de $300.00 mensuales para la alimentación de los sacerdotes[445].

El 25 de marzo de 2003 se contestaron las preguntas del Proyecto Hipona Corazón Nuevo para la revitalización de la Orden en América Latina. En ésta se informó que el P. Carlos Cordero asistiría al taller de formación para Promotores Vocaciones de Roma y de la Asamblea Provincial que se tendría en Guadarrama, España.[446]

El P. Carlos Cordero viajó a Colombia para participar de un curso de Espiritualidad y Formación Teológica que se realizó en Bogotá, su estancia se extendió desde el 15 de enero hasta el 3 de febrero de este mismo año[447].

Economía (1994)

En la reunión del 22 de diciembre de 1994 se determinó enviar a la Vicaría la cantidad de $100,000.00[448].

En la reunión del 20 de junio de 1995 se decidió entregar a Vicario la cantidad de $75,000.00[449]. En la del 19 de diciembre de este mismo año se aprobó enviar la cantidad de $110,000.00[450].

---

[445]   Libro de Actas de Reuniones de la Comunidad de Lomas Verdes, Libro II, Acta No. 189, p. 18 – 21.

[446]   Libro de Actas de Reuniones de la Comunidad de Lomas Verdes, Libro II, Acta No. 190, p. 21 – 23.

[447]   Libro de Actas de Reuniones de la Comunidad de Lomas Verdes, Libro II, Acta No. 194, p. 28 – 29.

[448]   Libro de Actas de Reuniones de la Comunidad de Lomas Verdes, Acta No. 155, p. 123.

[449]   Libro de Actas de Reuniones de la Comunidad de Lomas Verdes, Acta No. 156, p. 124.

[450]   Libro de Actas de Reuniones de la Comunidad de Lomas Verdes, Acta No. 157, p. 124 – 125.

En la reunión del 6 de junio de 1996 se decretó enviar al Vicario la cantidad de $110,000.00[451].

En la reunión del 10 de junio de 1998 se acordó enviar a la Vicaría la cantidad de $5,000.00[452]. El 24 de diciembre de 1998 se indicó que se enviaría a la Vicaría la cantidad de $100,000.00 procedentes unos $20,000.00 de la comunidad y $80,000.00 del Colegio[453].

En la reunión del 25 de mayo de 1999 se decretó enviar la aportación la Vicaría de $110,000.00, provenientes $10,000.00 de la Parroquia y $100,000.00 del Colegio[454]. Luego, en la reunión del 22 de diciembre de 1999 se aprobó que se enviaría a Vicaría la cantidad de $7,000.00[455]. También, en la reunión del 30 de mayo de 2000 se aprueba enviar a la Vicaría la cantidad de $7,000.00[456].

En la reunión del 30 de enero de 2001 se informa que la cantidad de parte de la comunidad aportada a la Vicaría es de $15,000.00 y de parte del Colegio de $70,000.00[457]. En la reunión del 26 de junio de 2001 se estableció entregar a la Vicaría la cantidad de $95,000.00 haciendo, $15,000.00 de la Parroquia y $80,000.00 del Colegio[458].

En la reunión del 29 de noviembre de 2001 se indica: "El P. Vicario y su consejo debe evaluar los aportes que cada parroquia está dando a cada comunidad para tratar en lo que sea posible de unificar los criterios de

---

[451] Libro de Actas de Reuniones de la Comunidad de Lomas Verdes, Acta No. 158, p. 125.

[452] Libro de Actas de Reuniones de la Comunidad de Lomas Verdes, Acta No. 164, p. 129..

[453] Libro de Actas de Reuniones de la Comunidad de Lomas Verdes, Acta No. 166, p. 131 - 132.

[454] Libro de Actas de Reuniones de la Comunidad de Lomas Verdes, Acta No. 170, p. 137 – 139.

[455] Libro de Actas de Reuniones de la Comunidad de Lomas Verdes, Acta No. 172, p. 142 – 143.

[456] Libro de Actas de Reuniones de la Comunidad de Lomas Verdes, Acta No. 174, p. 144 – 145.

[457] Libro de Actas de Reuniones de la Comunidad de Lomas Verdes, Acta No. 176, p. 147 – 148.

[458] Libro de Actas de Reuniones de la Comunidad de Lomas Verdes, Acta No. 180, p. 151 – 152.

los gastos que le corresponde cubrir a ésta y los que le corresponde a la comunidad[459].

En la reunión del 29 de enero de 2002 se aprueba enviar a la Vicaría la cantidad de $89,000.00, equivalentes a $80,000.00 del Colegio y $9,000.00 de la comunidad[460]. En la reunión del 18 de junio de 2002 se informa que se enviaría a la Vicaría la cantidad de $12,000.00 de la Comunidad y $80,000.00 del Colegio[461].

En la reunión del 9 de diciembre de 2002 se estableció enviar a la Vicaría la cantidad de $13,000.00[462] y el 4 de septiembre de 2003 se informa que se entregó a la Vicaría la cantidad de más $13,000.00[463].

En la reunión del 13 de enero de 2014 se informa que se envió a la Vicaría la cantidad de $13,000.00[464].

Primera Casa de los Padres Agustinos en Lomas Verdes (1995)

En la reunión del 20 de junio de 1995 se habló de reparar el techo de la Primera Casa de los Padres Agustinos en Lomas Verdes[465]. Ésta había sido usada como residencia de las Madres Escolapias.

---

[459] Libro de Actas de Reuniones de la Comunidad de Lomas Verdes, Libro II Acta No. 182, p. 3 – 5.

[460] Libro de Actas de Reuniones de la Comunidad de Lomas Verdes, Libro II Acta No. 183, p. 6 – 7.

[461] Libro de Actas de Reuniones de la Comunidad de Lomas Verdes, Libro II, Acta No. 186, p. 11 – 12.

[462] Libro de Actas de Reuniones de la Comunidad de Lomas Verdes, Libro II, Acta No. 188, p. 16 – 17.

[463] Libro de Actas de Reuniones de la Comunidad de Lomas Verdes, Libro II, Acta No. 192, p. 25 – 26.

[464] Libro de Actas de Reuniones de la Comunidad de Lomas Verdes, Libro II, Acta No. 194, p. 28 – 29.

[465] Libro de Actas de Reuniones de la Comunidad de Lomas Verdes, Acta No. 156, p. 124.

El 28 de noviembre del 2000 se habló sobre qué hacer con la casa donde vivían las monjas[466]. Debido a que las Madres Escolapias habían dejado el trabajo en el Colegio San Agustín, se dispuso en la reunión comunitaria del 29 de noviembre de 2001 que el P. Felipe se encargara del arreglo de la casa de las monjas y ésta sea destinada a alquileres[467]. El 29 de enero de 2002, esta función de alquiler se delegó al Sr. Ramón Ortiz (Monchito)[468].

Segunda Casa de los Padres Agustinos en Lomas Verdes (1996)

En la reunión del 6 de junio de 1996 decidieron pintar la Segunda Casa de los Padres Agustinos en Lomas Verdes o Casa de la Comunidad. Ésta requería también del cambio de los paneles de su techo[469]. El 26 de octubre de 1999, la comunidad aprueba que se instale internet en la casa y que los gastos sean pagados por la misma comunidad[470]. El 22 de diciembre se informa a la comunidad que por el momento la telefónica no tenía disponible línea[471].

En la reunión del 22 de diciembre de 1999 se aprobó la instalación de rejas en la casa valoradas en $5,435.00[472]. También se habló de las alarmas de la casa.

La alarma de la casa se activaría los sábados, domingos y días feriados[473]. En esta misma reunión se habla de las filtraciones del techo.

---

[466] Libro de Actas de Reuniones de la Comunidad de Lomas Verdes, Acta No. 175, p. 146 – 147.

[467] Libro de Actas de Reuniones de la Comunidad de Lomas Verdes, Libro II Acta No. 182, p. 3 – 5.

[468] Libro de Actas de Reuniones de la Comunidad de Lomas Verdes, Libro II Acta No. 183, p. 6 – 7.

[469] Libro de Actas de Reuniones de la Comunidad de Lomas Verdes, Acta No. 158, p. 125.

[470] Libro de Actas de Reuniones de la Comunidad de Lomas Verdes, Acta No. 171, p. 139 – 141.

[471] Libro de Actas de Reuniones de la Comunidad de Lomas Verdes, Acta No. 172, p. 142 – 143.

[472] Libro de Actas de Reuniones de la Comunidad de Lomas Verdes, Acta No. 172, p. 142 – 143.

[473] Libro de Actas de Reuniones de la Comunidad de Lomas Verdes, Acta No. 172, p. 142 – 143.

Se sugiere que se llame a la compañía que se encarga de sellar los techos y se consulte si es necesario dar tratamiento a todo el techo o sólo a las áreas que tienen filtraciones[474].

El 30 de enero de 2001 se sugiere que se consulte con personas conocedoras del asunto sobre las filtraciones del techo de la casa parroquial[475]. A bien de dar el tratamiento más adecuado.

En la reunión comunitaria del 29 de octubre de 2001 se pide la instalación de "seguridad y vigilancia en los alrededores de la casa parroquial, iglesia y colegio. Para ello se sugiere que haya una mayor iluminación, que se solicite algún alumbrado público, se poden los árboles y se limpien los alrededores de la casa. Además buscar algún servicio de guardia para los sábados y domingos de 6:00 p.m. a 10:00 p.m. y los días de precepto Navidad, Año Nuevo y Reyes. Que venga uniformado y traiga arma, no se encierre en la caseta y camine por los alrededores del colegio, iglesia y casa parroquial"[476]. Estas decisiones se tomaron debido al asalto en el garaje de la casa realizado al P. Carlos Cordero Concepción días antes de la reunión.

En la reunión del 15 de octubre de 2001 se aprobaron los siguientes arreglos:

a.   Pintar la casa; pero antes, pedir estimados.
b.   Cambiar el Aire Acondicionado de la Sala por una consola.
c.   Repara las aguas que están saliendo por las paredes de la casa[477].

El 9 de diciembre de 2002 se acordó instalar un nuevo cuadro y líneas de teléfono que conecten con las habitaciones[478]. El 6 de febrero de 2003 ya se tenía el cuadro telefónico en costo de $1998.00 y se estaba

[474] Libro de Actas de Reuniones de la Comunidad de Lomas Verdes, Acta No. 172, p. 142 – 143.
[475] Libro de Actas de Reuniones de la Comunidad de Lomas Verdes, Acta No. 176, p. 147 – 148.
[476] Libro de Actas de Reuniones de la Comunidad de Lomas Verdes, Libro II Acta No. 181, p. 1 – 2.
[477] Libro de Actas de Reuniones de la Comunidad de Lomas Verdes, Libro II, Acta No. 187, p. 13 – 16.
[478] Libro de Actas de Reuniones de la Comunidad de Lomas Verdes, Libro II, Acta No. 188, p. 16 – 17.

en espera de la nueva línea telefónica[479]. También se habló de la necesidad de reparación de la cisterna y bomba de agua. Se reparó una ventana y se fumigó la casa contra la plaga del comején.

El 29 de mayo de 2003 se había instalado la nueva línea telefónica.[480] En esta misma reunión se habló sobre la necesidad de corregir las filtraciones de la casa y pintar su estructura[481]

El 13 de enero de 2004 a la casa se le hizo las siguientes reparaciones:

- Se le pasó un sellado al piso de la galería para corregir filtraciones.
- Sobre las filtraciones del techo se han pedido estimados.
- Se mandó a preparar una ventana y una puerta para su planta baja.[482]

Bodas de Oro Sacerdotales del P. Gonzalo González (1999)

En la reunión del 26 de enero de 1999 se informó sobre la "celebración de las Bodas de Oro de Ordenación Sacerdotal del P. Gonzalo González. A nivel Vicarial se celebrará el viernes, 16 de abril de 1999, junto al P. Lesmes Bernabé, en la Parroquia San Francisco de Asís de Aguada. El P. Lesmes se ha hecho cargo de los preparativos de la misma y el predicador será el P. Vidal Ortega. Aunque la celebración en Aguada es propiamente la del aniversario a nivel parroquial tendremos la celebración de la Santa Misa el jueves, 22 de abril. El P. Blanco se encargará de los preparativos de la misma"[483].

---

[479] Libro de Actas de Reuniones de la Comunidad de Lomas Verdes, Libro II, Acta No. 189, p. 18 – 21.

[480] Libro de Actas de Reuniones de la Comunidad de Lomas Verdes, Libro II, Acta No. 191, p. 23 – 25.

[481] Libro de Actas de Reuniones de la Comunidad de Lomas Verdes, Libro II, Acta No. 190, p. 21 – 23.

[482] Libro de Actas de Reuniones de la Comunidad de Lomas Verdes, Libro II, Acta No. 194, p. 28 – 29.

[483] Libro de Actas de Reuniones de la Comunidad de Lomas Verdes, Acta No. 167, p. 132 - 134.

En la reunión del 23 de marzo de 1999: "Celebración de las Bodas de Oro de PP. Lesmes Bernabé y Gonzalo González, como ya hemos dicho, será el viernes 16 de abril de 1999 en Aguada. A nivel parroquial tendremos la misa de Acción de Gracias el jueves, 22 de abril a las 7:00 p.m. El P. Blanco se encargará de lo que haya que preparar. El P. Reinaldo Rivera, OSA será el predicador"[484].

Intervención del P. Isaías Álvarez, Ecónomo Vicarial (1999)

En la reunión del 25 de mayo de 1999, la comunidad recibió la visita del P. Isaías Álvarez, Ecónomo Vicarial. Temas tratados:

- El P. Gonzalo González fue incorporado a la Póliza de Salud Triple S.
- De la aportación que cada comunidad haga al Vicariato, el 4% pasará al Fondo de Justicia y Paz.
- Pago del Seguro Social.
- Exhortación al P. Eliseo García a que no reserve mucho dinero en las cuentas del Colegio, sino que lo transfiera a las cuentas del Vicariato.
- El mayor aporte que recibe el Vicariato para el ejercicio de sus diversas funciones y cubrir su necesidades proviene del Colegio San Agustín.
- Se sugiere presentar a la Comunidad los Informes Económicos de la Parroquia y del Colegio.
- Presentación de la sugerencia del P. Felipe Fernández, Vicario de las Antillas, sobre los terrenos ubicados en Villas de San Agustín: "que los adquiera la Parroquia y busque la manera de pagarlo al Vicariato".
- La comunidad debe decidir lo que va a hacer con la Casa donde vivían las Monjas[485].

---

[484] Libro de Actas de Reuniones de la Comunidad de Lomas Verdes, Acta No. 168, p. 134 – 136.
[485] Libro de Actas de Reuniones de la Comunidad de Lomas Verdes, Acta No. 170, p. 137 – 139.

Promoción Vocacional (1999)

En la reunión del 22 de diciembre de 1999 se informa: "tuvimos con nosotros al P. Saturnino Juan quien vino como representante de la Promoción Vocacional para animarnos a colaborar y dar ideas para la Campaña Vocacional a desarrollarse en el nuevo año 2000. Pidió que tanto el Colegio como la Parroquia escojan una semana para la promoción"[486].

El 25 de enero del 2000 se habla de la Semana Vocacional Parroquial que sería desde el 14 hasta el 21 de mayo. Se trataría de una semana de oración por las vocaciones[487].

El 30 de mayo de 2000 se dice que en el Colegio, la Promoción Vocacional sería desde el 21 hasta el 25 de agosto[488].

El P. Carlos Cordero estaría en Aguada con motivos de la promoción vocacional que se realizaría desde el 19 hasta el 25 de febrero de 2001[489]. De igual modo, estaría desde el 20 hasta el 22 de abril en las actividades vocacionales que se tendrían en la Parroquia Santa Rosa de Lima de Rincón[490].

En la reunión del 15 de octubre de 2002 se indicó que la Comisión de Promoción Vocacional pide que a nivel Comunidad – Parroquia haya un encargado de Benefactores y Vocaciones. En esta comunidad el encargado de los Benefactores es el P. Felipe y el de Vocaciones el P. Carlos Cordero[491].

---

[486] Libro de Actas de Reuniones de la Comunidad de Lomas Verdes, Acta No. 172, p. 142 – 143.

[487] Libro de Actas de Reuniones de la Comunidad de Lomas Verdes, Acta No. 173, p. 143 – 144.

[488] Libro de Actas de Reuniones de la Comunidad de Lomas Verdes, Acta No. 174, p. 144 – 145.

[489] Libro de Actas de Reuniones de la Comunidad de Lomas Verdes, Acta No. 176, p. 147 – 148.

[490] Libro de Actas de Reuniones de la Comunidad de Lomas Verdes, Acta No. 177, p. 149 – 150.

[491] Libro de Actas de Reuniones de la Comunidad de Lomas Verdes, Libro II, Acta No. 187, p. 13 – 16.

Justicia y Paz (2000)

En la reunión del 30 de mayo de 2000 se informó que el P. Carlos Cordero asistió a la reunión que tuvo lugar en República Dominicana desde el 7 hasta el 11 de agosto del año 2000[492]. En la reunión del 28 de marzo de 2001 el P. Carlos Cordero pidió prestada la casa donde vivían las monjas para realizar actividades de Justicia y Paz[493]. En la reunión comunitaria del 27 de febrero del año siguiente se planteó ver la posibilidad de ayudar a los proyectos sociales de la República Dominicana con el aporte que saliese de la colecta de Unidos contra el Hambre[494].

El 15 de octubre de 2002 se indica que el P. Vicario y la Comisión de Justicia y Paz piden a cada comunidad que dé sugerencias sobre posibles obras sociales que se puedan hacer con el fondo económico creado. Estas sugerencias debían enviarse al Vicario[495].

Proyecto Comunitario (2001)

En la reunión del 24 de febrero de 1998 se redactó el Proyecto Comunitario:

1.   Rezo diario de la hora intermedia y meditación de 11:30 a.m. a 12:00 m.
2.   Reunión mensual de la Comunidad.
3.   Tres Retiros anuales, en conjunto con las demás Comunidades de la Zona Metropolitana[496].

---

[492]   Libro de Actas de Reuniones de la Comunidad de Lomas Verdes, Acta No. 174, p. 144 – 145.

[493]   Libro de Actas de Reuniones de la Comunidad de Lomas Verdes, Acta No. 177, p. 149 – 150.

[494]   Libro de Actas de Reuniones de la Comunidad de Lomas Verdes, Libro II Acta No. 184, p. 7 – 8.

[495]   Libro de Actas de Reuniones de la Comunidad de Lomas Verdes, Libro II, Acta No. 187, p. 13 – 16.

[496]   Proyecto de Vida de la Comunidad Agustiniana de San Agustín de Lomas Verdes fechado el 24 de febrero de 1998. APSALV, Proyectos Comunitarios del Vicariato de las Antillas 1998.

Al siguiente mes estas mismas decisiones son reforzadas:

- Tendrían reunión mensual comunitaria.
- Rezo de Hora Sexta y Meditación a las 11:30 a.m., excluyendo los días feriados.
- Retiro anual: tres o más a nivel zonal a ser uno en cada comunidad, las fechas las fijaría el encargado de cada zona.
- A nivel de la Pastoral Parroquial: Se planeó la formación de Equipos Pre – bautismales, Formación de Adultos, Comités de Amigos del Necesitado, Comité de Liturgia y Consejo Pastoral asignándoseles retiros a cada uno[497].

En la reunión del 28 de diciembre de 1998 se establece como fecha de reuniones comunitarias los 4tos. martes de mes a las 8:30 a.m.[498] El proyecto de 1998 fue readaptado en la reunión del 29 de octubre de 2001. En ella se determinó:

a. Oración: tendremos el rezo de sexta y la meditación de lunes a viernes a las 11:30 a.m.
b. Capítulo local: será los 4tos. martes de cada mes a las 8:30 a.m.
c. Retiros: se sugiere programarlos y hacerlos en unión a las comunidades de la Zona Metropolitana, al igual que alguna jornada de estudio, en un horario de 8:30 a.m. a 12:00 m. para finalizar con el almuerzo.
d. Actividades Vicariales: debemos tratar de participar en las distintas actividades que organice el Padre Vicario y su Consejo; Ejercicios Espirituales, Asambleas Vicariales, etc.
e. Tener salidas comunitarias en algunos días feriados[499].

---

[497] Libro de Actas de Reuniones de la Comunidad de Lomas Verdes, Acta No. 163, p. 128.
[498] Libro de Actas de Reuniones de la Comunidad de Lomas Verdes, Acta No. 166, p. 131 - 132.
[499] Libro de Actas de Reuniones de la Comunidad de Lomas Verdes, Libro II, Acta No. 181, p. 1 – 2.

Tercera Casa de los Padres Agustinos en Lomas Verdes (2002)

La casa y el solar que se encontraban al lado de la Primera Casa de los Padres Agustinos estaba situada en frente de la Parroquia San Agustín. En otras ocasiones la comunidad se había planteado su compra por la utilidad pastoral que ésta significaba. Pero, fue en la reunión del 28 de octubre de 1998 donde se decidió "comprar la casa de enfrente a la Iglesia. El P. Gonzalo se compromete a tantear por la compra de dicha casa. Parte de esta misma reflexión dejaba claro que la casa de la Calle Duende 2 E 21 se vendería a la Cooperativa de Lomas Verdes. Haciendo la salvedad de que dichos actos quedarían en manos del P. Vicario y su Consejo[500]. En la siguiente reunión, el 24 de diciembre de 1998 se indicó que la casa tenía un valor de $85,000.00; se desconocía la utilidad que iba a tener para la comunidad y la parroquia[501].

Es en la reunión comunitaria del 9 de diciembre de 2002 cuando se discutió este tema: los tres hermanos de comunidad estuvieron de acuerdo con la compra de dicha casa. Sobre el objetivo de comprarla se dijo que podría unirse con la otra propiedad que tenemos y hacer una buena Casa Parroquial. Salones que sirvieran tanto para la Parroquia como para el Colegio.[502]

El 6 de febrero de 2003 se dijo todo lo que en aquel momento se podía hacer con esa nueva propiedad que la Orden había adquirido:

Propuestas al Consejo Vicarial sobre cómo utilizar la Primera y Tercera Casa de los Padres Agustinos, que tenían frente a la Parroquia:

a.   Que los Padres Agustinos utilicen o construyan lo que crean conveniente en esta propiedad, para dar servicios al Colegio y a la Parroquia San Agustín. La Parroquia pagaría mensualmente una cantidad razonable por el uso de dichas facilidades.

---

[500]   Libro de Actas de Reuniones de la Comunidad de Lomas Verdes, Acta No. 165, p. 129 - 131.

[501]   Libro de Actas de Reuniones de la Comunidad de Lomas Verdes, Acta No. 166, p. 131 - 132.

[502]   Libro de Actas de Reuniones de la Comunidad de Lomas Verdes, Libro II, Acta No. 188, p. 16 – 17.

b.   Que los Padres Agustinos donen o vendan esta propiedad a la Parroquia San Agustín y que esta construya lo que crea conveniente para uso de la Parroquia.

Otros posibles proyectos:

1.   Hacer casa parroquial, habilitada para enfermos y un auditorio y salones más pequeños para servicio del Colegio y de la Parroquia.
2.   Hacer salón grande con divisiones y salas para oficinas y servicios del Colegio y la Parroquia.
3.   Dejar una casa para alquilarla o para traer monjas para el Colegio y la Parroquia; en el espacio de la otra hacer un auditorio y solar para servicio del Colegio y de la Parroquia.

Notas sobre la estructura que se encontraban en los solares de ambas casas:

a.   La casa actual está llena de empates con varios problemas de construcción.
b.   Hacer división clara y contundente de la casa Parroquial y de los salones para evitar molestias e interferencias.
c.   Dejar bien claro en la Parroquia de quién es la propiedad, para evitar disgustos y malentendidos posteriores.
d.   La asesoría de un ingeniero es imprescindible para que nos diga de qué espacio disponemos para construir lo que deseamos[503].

En la reunión del 28 de octubre de 2003 se plantea nuevamente la cuestión sobre lo que iban a hacer con la casa de enfrente de la Iglesia Parroquial, a lo que se contesta afirmando: "Se habló de hacer en su lugar unos salones que servirán tanto para el Colegio como para la Parroquia"[504].

---

[503]   Libro de Actas de Reuniones de la Comunidad de Lomas Verdes, Libro II, Acta No. 189, p. 18 – 21.
[504]   Libro de Actas de Reuniones de la Comunidad de Lomas Verdes, Libro II, Acta No. 193, p. 27 – 28.

2. PASTORAL PARROQUIAL

2.1. Planes Pastorales

Cruzada Misionera Arquidiocesana (1999)

En la reunión del 23 de marzo de 1999 se trató sobre la Cruzada Misionera Arquidiocesana. Habían pedido que fuera en mayo, pero debido a que se tuvo la misión con los Hermanos Cheos durante la cuaresma, se pidió que fuera más adelante. P. Blanco prefierió que la cruzada se realizase durante el adviento. Mons. Héctor Rivera vendría el domingo antes de comenzar la cruzada para celebrar la Misa y motivar la participación en la misma[505].

El 25 de mayo de 1999 se informó que la Cruzada Arquidiocesana sería en la primera semana de adviento. Se aprovecharían las posadas para que los misioneros predicaran. De no hacerse posadas en este año, se predicaría en los centros o capillas. Los días de la misión serían 29 y 30 de noviembre, 1, 2 y 3 de diciembre. En cada sector donde se realizase la Misión Arqudiocesana debía haber integradas al equipo de misioneros un grupo de personas de la comunidad[506].

En la reunión del 26 de octubre de 1999 se trabajó nuevamente este tema. Se indicó que sería coordinada por los Hermanos Cheos. Su realización correspondería a los pasos:

1.   "Iniciar con una procesión a la Iglesia parroquial donde tuvieran la apertura y explique del sentido y propósito de la campaña, además de lo que se realizaría el resto de los días.

2.   El P. Blanco habló con el presidente de los Hnos. Cheos, William, y les pidió que no predicasen los mismos temas de siempre sino los siguientes:

    a.   El mensaje de los profetas preparando el nacimiento del Mesías.

    b.   La Virgen María.

    c.   El Jubileo.

---

[505] Libro de Actas de Reuniones de la Comunidad de Lomas Verdes, Acta No. 168, p. 134 – 136.

[506] Libro de Actas de Reuniones de la Comunidad de Lomas Verdes, Acta No. 170, p. 137 – 139.

4. Los Hermanos Cheos quedarían distribuidos uno por cada sección de Lomas Verdes; en la Capilla San Martín de Porres, uno para la Urbanización Versalles y otro para Juan Sánchez; en la Capilla de Nuestra Señora del Buen Consejo, en distintos lugares de las urbanizaciones.
5. Tanto en la Capilla como en la Parroquia se concluiría el viernes.
6. Se pidió que viniesen cuatro Hermanos Cheos para Lomas Verdes y uno para cada Capilla[507].

Distribución de Misas y Horas de Oficina Parroquial (1999)

El P. Ildefonso Blanco en 1999 presentó la distribución de misas y oficinas parroquiales. De ese modo cada sacerdote tenía fijas las misas y días de atención a la Oficina Parroquial.

Misas durante la semana:

-   P. Blanco: lunes a las 6:30 a.m., miércoles y jueves a las 7:30 p.m.
-   P. Fr. Carlos: martes a las 6:30 a.m. y viernes a las 7:30 p.m.
-   P. Gonzalo: miércoles y jueves a las 6:30 a.m.
-   P. Eliseo: sábados a las 7:30 a.m. y domingos a las 9:00 a.m. ambas en S. Martín de Porres.
-   PP. Blanco y Fr. Carlos alternarán las misas del sábado 7:30 p.m. y domingos 7:30 a.m., 9:00 a.m. y 10:30 a.m.

En la reunión del 29 de noviembre de 2001 se decide el nuevo horario de oficina que modifica el anterior:

-   Lunes a viernes de 12 m. a 5:00 p.m.
-   Sábados de 8:30 a.m. a 11:30 a.m[508].

---

[507] Libro de Actas de Reuniones de la Comunidad de Lomas Verdes, Acta No. 171, p. 139 – 141.
[508] Libro de Actas de Reuniones de la Comunidad de Lomas Verdes, Libro II Acta No. 182, p. 3 – 5.

El 15 de octubre de 2002 se habló de acortar los horarios de oficina parroquial debido a la poca asistencia de personas.[509] En diciembre del mismo año se aborda nuevamente el tema estableciendo los siguientes:

-    De lunes a viernes: desde la 1:00 hasta las 4:30 p.m.
-    Los sábados de 8:30 a.m. hasta las 12:00 m[510].

Estos cambios pasarían a ser efectivos desde enero de 2003.

Documentos de la Iglesia (2001)

En la reunión del 30 de enero de 2001 se informó que con motivo de la cuaresma se estaría dando en la Parroquia una presentación del Documento la Iglesia en América Latina escrito por el Santo Papa Juan Pablo II. Así como la carta pastoral "Paz y Bien" de Mons. Roberto O. González, OFM. Esto sería los domingos 4 y 11 de marzo de 1:00 a 5:00 p.m.[511]

Visita Pastoral (2001)

El 26 de junio de 2001 se informó que Mons. Hermín Negrón, Obispo Auxiliar de la Arquidiócesis de San Juan quería hacer la visita pastoral a todas las parroquias de la región a él encargadas. De ahí que haya pedido se le informe la fecha de la última visita pastoral. Según consta en el archivo parroquial en San Agustín la última visita se realizó en marzo de 1980; aunque, según el P. Benigno, el Sr. Cardenal Luis Aponte Martínez realizó la visita en el año 1993 ó 1994[512].

---

[509]   Libro de Actas de Reuniones de la Comunidad de Lomas Verdes, Libro II, Acta No. 187, p. 13 – 16.

[510]   Libro de Actas de Reuniones de la Comunidad de Lomas Verdes, Libro II, Acta No. 188, p. 16 – 17.

[511]   Libro de Actas de Reuniones de la Comunidad de Lomas Verdes, Acta No. 176, p. 147 – 148.

[512]   Libro de Actas de Reuniones de la Comunidad de Lomas Verdes, Acta No. 180, p. 151 – 152.

Una vez notificada la fecha de la última visita pastoral, Mons. Hermín Negrón envío una carta para informar que realizaría la visita los días 2, 3 y 4 de marzo de 2002[513].

Organización del Trabajo parroquial (2001)

En la reunión del 29 de octubre de 2001 se distribuyó el trabajo pastoral de la forma siguiente:

a.   Encargado de la Capilla San Martín, P. Benigno Palomo; Buen Consejo, P. Felipe Fernández y la iglesia parroquial, P. Carlos Cordero.

b.   Triduo en Honor a San Martín de Porres será los días 1, 2 y 3 de noviembre. Coordinará el P. Benigno Palomo y participarían todos.

c.   Bautismos: se sugiere que participen los padres y padrinos de la misa de 10:30 a.m. y luego se queden en el bautismo.

d.   Misas: se harán de forma rotativa. La misa de viernes en la tarde se suspende, excepto los primeros viernes de cada mes.

e.   Distribución de la oficina parroquial:
-      Lunes, miércoles y viernes: P. Felipe Fernández.
-      Martes, jueves y sábados: P. Carlos Cordero.

f.   Bodas: las realizará el que entreviste a la pareja. El donativo será de $100.00 y no habrá fianza por tardanza.

g.   Colecta: se sugiere contarla a las 3:00 p.m. para depositarla en el banco el mismo día[514].

Hoja Parroquial (2001)

En la reunión del 29 de noviembre de 2002 se habla de la posibilidad de que en el futuro se suspendan los servicios de la compañía que hacía las hojas parroquiales[515].

---

[513]   Libro de Actas de Reuniones de la Comunidad de Lomas Verdes, Libro II Acta No. 183, p. 6 – 7.

[514]   Libro de Actas de Reuniones de la Comunidad de Lomas Verdes, Libro II Acta No. 181, p. 1 – 2.

[515]   Libro de Actas de Reuniones de la Comunidad de Lomas Verdes, Libro II Acta No. 182, p. 3 – 5.

El 15 de octubre de 2002 se habló de la necesidad de evaluación que requería la hoja parroquial. Se requería que fuese más útil, que tuviera reflexiones y los avisos[516].

Período de Navidad 2002

Con el fin de orientar sobre el período de Navidad en la parroquia se hizo el 9 de diciembre de 2002 el siguiente programa:

a. Receso de las catequesis: durante la navidad será desde el sábado 14 de diciembre.

b. Misas de Aguinaldo: en la Iglesia Parroquial será del 16 hasta el 23 de diciembre. En San Martín del 20 al 23 y en el Buen Consejo el 21. Comenzarán a las 5:30 a.m.

c. Confesiones para adviento: serán el jueves 19 de diciembre a las 7:00 p.m. en la Iglesia Parroquial.

d. Horario de Misas en Navidad:
  - Día 24 de diciembre en la Iglesia Parroquial a las 11:30 p.m., pero antes tendremos una cantata a las 10:45 p.m. Misas el día 25 a las 9:00 – 10:30 a.m. y 6:00 p.m. En San Martín el 24 será a las 12:00 m. y el 25 a las 4:00 a.m. En el Buen Consejo a las 10:30 a.m.

e. Despedida de Año: tendremos misa el 31 de diciembre en la Iglesia Parroquial y San Martín a las 7:00 p.m.

f. Día de Año Nuevo: 1 de enero de 2003 en la Iglesia Parroquial a las 7:30, 9:00 y 10:30 a.m. y 6:00 p.m. San Martín 9:00 a.m. y Buen Consejo a las 10:30 a.m.

g. Día de la Epifanía: 6 de enero de 2003. Iglesia Parroquial 9:00, 10:30 a.m. y 6:00 p.m. San Martín 9:00 a.m. y Buen Consejo 10:30 a.m.[517]

---

[516] Libro de Actas de Reuniones de la Comunidad de Lomas Verdes, Libro II, Acta No. 187, p. 13 – 16.

[517] Libro de Actas de Reuniones de la Comunidad de Lomas Verdes, Libro II, Acta No. 188, p. 16 – 17.

Actividades Pro – Recaudación Fondos para la Parroquia (2003)

En la reunión del 28 de octubre se informa que para recaudar fondos
para la Parroquia se tendrían ventas de pascuas, rifas, cena – baile[518].

Sínodo Arquidiocesano (2003)

El 6 de febrero de 2003 se dialoga sobre la organización y trabajo que
se estaba llevando a cabo en la Parroquia sobre el Sínodo Diocesano. Los
jueves se están llevando a cabo reuniones con los relatores y facilitadores
para ver la metodología a utilizar y organizar los distintos grupos que
estarán discutiendo los temas. Para el 6 de febrero eran un total de ocho
grupos.[519]Las reuniones por grupos se hicieron durante la semana del 10
al 15 de marzo.

En la reunión comunitaria del 25 de marzo de 2003 se habló sobre
el Sínodo que consistía en ocho grupos formados en toda la Parroquia
que se estaban reuniendo para discutir los distintos temas y estaban
comenzando a preparar los informes a fin de que se enviasen a tiempo.[520]

2.2. Liturgia

Tiempos de Adviento y Navidad

Parrandas de Adviento (2000)
En la reunión del 28 de noviembre del año 2000 se presentó el
programa de preparación para la Navidad. Para las distintas secciones de
Lomas Verdes se han organizado las parrandas de adviento. Estas serán
en los hogares donde haya enfermos para visitarles y brindarles un rato
de alegría. Serán las primeras dos semanas de adviento: 4, 5, 6, 11, 12 y
13 de diciembre. Las misas de Aguinaldo en la iglesia parroquial fueron
del 15 al 23 de diciembre a las 5:30 a.m. y se suprimieron las misas de las
7:30 p.m. de miércoles a viernes.

---

[518]   Libro de Actas de Reuniones de la Comunidad de Lomas Verdes, Libro II,
        Acta No. 193, p. 27 – 28.
[519]   Libro de Actas de Reuniones de la Comunidad de Lomas Verdes, Libro II,
        Acta No. 189, p. 18 – 21.
[520]   Libro de Actas de Reuniones de la Comunidad de Lomas Verdes, Libro II,
        Acta No. 190, p. 21 – 23.

En la Capilla San Martín de Porres, las posadas fueron los martes y viernes comenzando la primera semana de adviento y se realizaron en distintos hogares. Las misas de aguinaldo fueron los días 20 y 23 de diciembre a las 5:30 a.m.

En la comunidad de la Capilla de Nuestra Señora. del Buen Consejo se hicieron cuatro posadas y las misas de aguinaldo fueron del 21 al 23 de diciembre a las 5:30 a.m.

El sábado 10 de diciembre hubo un taller de adviento en el Salón Parroquial para jóvenes que se preparaban para la confirmación y para toda la comunidad parroquial[521].

Retiro de Adviento (2001)
En la reunión del 29 de noviembre de 2001 se informó que el retiro de adviento lo ofreció un equipo del Centro Misionero Católico de la Diócesis de Arecibo, inició a las 8:00 a.m. y concluyó a las 4:00 p.m. con confesiones y misa[522].

Tiempos de Cuaresma y Pascua

Retiro Parroquial y Retiro de Jóvenes (2002)
En la reunión del 27 de febrero de 2002 se planificó el retiro parroquial. Éste fue el día 10 de marzo de 2002 inició a las 9:00 a.m. y concluyó a las 3:00 p.m. Estuvo a cargo de un Equipo de la Diócesis de Caguas.[523]

En esta misma reunión planificó el retiro para jóvenes mayores de 14 años de edad. Se estableció como horario el inicio a las 8:30 y en final a las 2:00 p.m.[524]

---

[521] Libro de Actas de Reuniones de la Comunidad de Lomas Verdes, Acta No. 175, p. 146 – 147.
[522] Libro de Actas de Reuniones de la Comunidad de Lomas Verdes, Libro II Acta No. 182, p. 3 – 5.
[523] Libro de Actas de Reuniones de la Comunidad de Lomas Verdes, Libro II Acta No. 184, p. 7 – 8.
[524] Libro de Actas de Reuniones de la Comunidad de Lomas Verdes, Libro II Acta No. 184, p. 7 – 8.

Encuentros Pascuales (2002)

El 30 de abril de 2002 se indicó que los Encuentros Pascuales se estarían teniendo en los diferentes sectores de la Parroquia. Estos eran especies de fiestas sectorizadas para celebrar la Pascua de Resurrección de Nuestro Señor Jesucristo. La última de todas se haría el domingo de Pentecostés con un encuentro a las 2:00 p.m. en la Cancha del Colegio San Agustín[525].

Vicarucis Parroquiales (2003)

La Comunidad coordinó en la reunión del 6 de febrero de 2003 la realización de unos Viacrucis, se harían a nivel parroquial todos los viernes:

- 7 marzo – Iglesia Parroquial 7:00 p.m.
- 14 marzo – Urbanización Santa Juanita, 7:30 p.m.
- 21 marzo – Urbanización Villa Verde, 7:30 p.m.
- 28 marzo – Lomas Verdes 3ra. Sección, 7:30 p.m.
- 4 abril – Iglesia Parroquial, 7:00 p.m.
- 11 abril – Urbanización Versalles, 7:30 p.m.[526]

Pascua Juvenil (2003)

En la reunión del 25 de marzo de 2003 se dice que se estaba organizando la Pascua Juvenil. Ésta iba a ser los días 4 y 11 de abril, el viernes se trabajarían los temas de la Pre – Pascua y el lunes 14 y martes 15 de abril a las 7:00 p.m. los temas de la Pascua. El retiro de jóvenes sería el jueves 17 de abril de 8:30 a.m. a 12:30 p.m. Era requisito para los jóvenes de la confirmación asistir a esta actividad[527].

Como fruto de las catequesis de Confirmación se estaba organizando la creación de un grupo de jóvenes en el mes de agosto, según se informó en la reunión del 29 de mayo de 2003[528].

---

[525] Libro de Actas de Reuniones de la Comunidad de Lomas Verdes, Libro II Acta No. 185, p. 9 – 11.

[526] Libro de Actas de Reuniones de la Comunidad de Lomas Verdes, Libro II, Acta No. 189, p. 18 – 21.

[527] Libro de Actas de Reuniones de la Comunidad de Lomas Verdes, Libro II, Acta No. 190, p. 21 – 23.

[528] Libro de Actas de Reuniones de la Comunidad de Lomas Verdes, Libro II, Acta No. 190, p. 21 – 23.

Solemnidades y Fiestas

Liturgia Puertorriqueña y Evangelización de la Iglesia en América Latina (1999)

En la reunión del 23 de marzo de 1999: "Mons. Héctor Rivera ha comunicado que tiene disponible el documento sobre la Evangelización en América Latina. Además tiene copia de la Liturgia para Puerto Rico"[529].

Fiesta de Ntra. Sra. de la Providencia (1999)

Con motivo de la fiesta de Ntra. Sra. de la Providencia se tuvo un triduo los días 16, 17 y 18 de noviembre de 1999 comenzando a las 7:00 p.m. y concluyendo con la actividad de clausura a nivel arquidiocesano.[530]

El 15 de octubre de 2002, la comunidad se reunió para abordar el tema del Triduo y Fiesta a Nuestra Señora de la Divina Providencia. El programa señalado para tan gran acontecimiento fue el siguiente:

- "Comenzará el sábado 16 de noviembre con el rosario a las 7:00 p.m. y luego la misa.
- El domingo 17 a las 5:30 p.m. Rosario y misa,
- El lunes 18 rosario a las 7:30 p.m. y misa.
- Martes 19: misa a las 8:30 a.m. en la Iglesia parroquial. Antes se tendrá el rosario. Por tal motivos se suspende la misa de las 6:30 a.m."[531].

A nivel Arquidiocesano se participaría de la tarde familiar a la que invitaba Mons. Roberto González. Ésta sería en el Pabellón de la Paz del Parque Luis Muñoz Rivera en San Juan, de 1:00 p.m. a 6:00 p.m. La parroquia dispondría de una guagua escolar para trasladar a los feligreses[532].

---

[529]   Libro de Actas de Reuniones de la Comunidad de Lomas Verdes, Acta No. 168, p. 134 – 136.

[530]   Libro de Actas de Reuniones de la Comunidad de Lomas Verdes, Acta No. 171, p. 139 – 141.

[531]   Libro de Actas de Reuniones de la Comunidad de Lomas Verdes, Libro II, Acta No. 187, p. 13 – 16.

[532]   Libro de Actas de Reuniones de la Comunidad de Lomas Verdes, Libro II, Acta No. 187, p. 13 – 16.

Solemnidad del Cuerpo y la Sangre de Cristo (2001)

En la reunión del 30 de mayo de 2001 se indica que en el templo parroquial la celebrarán en las misas del miércoles 13 de junio (vísperas) a las 7:30 p.m. y el jueves en las misas de 6:30 a.m. y 7:30 p.m. En la Capilla de San Martín de Porres el miércoles 13 a las 7:30 p.m. y en la Capilla del Buen Consejo el jueves a las 7:30 p.m.[533]

El 26 de junio del mismo año se recibió la Encuesta enviada por Mons. Emilio Toro con el propósito de evaluar la participación de los fieles en esta Solemnidad del Corpuscristi. Tal parece que el Sr. Arzobispo y la Conferencia Episcopal pidieron el cambio de esta celebración a día domingo. En la parroquia la participación fue más o menos de unas 700 personas; o sea, una tercera parte de la asistencia regular a misa dominical.[534]

40 Años de la Parroquia San Agustín (2004)

El 13 de enero de 2014 se indicó que con motivo de los 40 Años de la Parroquia se celebra una Eucaristía conmemorativa. También se haría una Cena – Baile el viernes 6 de febrero en el Salón del "Alcalde" de Bayamón. Ya se estaban vendiendo las entradas al final de la misa de los domingos. Lo recaudado sería para sellar el techo de la Iglesia Parroquial[535].

Años Especiales Declarados por la Iglesia

Año del Espíritu Santo (1998)

Reunión del 28 de octubre de 1998, con motivo del Año del Espíritu Santo, se planificó tener la clausura a nivel parroquial el lunes 9 de noviembre a las 7:00 p.m. Se buscó una persona para que expusiese un tema sobre el Espíritu Santo. El acto concluyó con la Santa Misa[536].

Año del Padre (1999)

---

[533] Libro de Actas de Reuniones de la Comunidad de Lomas Verdes, Acta No. 179, p. 151.

[534] Libro de Actas de Reuniones de la Comunidad de Lomas Verdes, Acta No. 180, p. 151 – 152.

[535] Libro de Actas de Reuniones de la Comunidad de Lomas Verdes, Libro II, Acta No. 194, p. 28 – 29.

[536] Libro de Actas de Reuniones de la Comunidad de Lomas Verdes, Acta No. 165, p. 129 - 131.

En la reunión del 26 de octubre de 1999 se informó que a nivel arquidiocesano la Clausura del Año del Padre sería el 19 de noviembre en el Coliseo Quijote Morales (Mets Pavillim) de Guaynabo. La Parroquia dispondría de guaguas para las personas que deseasen ir.[537]

Jubileo del Año 2000
En la reunión comunitaria del 22 de diciembre de 1999 se indicaron las actividades con motivo del jubileo:

- Fue durante los días 25, 26 y 27 de diciembre. El día 30 fue el almuerzo del Arzobispo con los sacerdotes de la Arquidiócesis de San Juan[538].

El 25 de enero de 2000 se explicó que la Arquidiócesis había enviado un material para tales fines. La Parroquia asumió para el tiempo jubilar este programa:

a. "Peregrinación a un lugar señalado.
b. Miércoles de ceniza – se organizarán a los ministros o se designará a un grupo de personas para que lleven la ceniza a enfermos y personas alejadas de la Iglesia. Antes se visitará a las personas como motivación y evangelización. Se sugiere que se prepare una hojita, ya sea la acción del jubileo, para que la lleve a los hogares que se visiten.
c. Reflexión sobre el día de la Misericordia visto desde el evangelio de San Lucas.
d. Retiro sobre los temas: ¿Qué es ser bautizado?, ¿qué es ser cristiano? y ¿qué es ser iglesia?
e. Retiro para catequistas y público en general sobre las Bienaventuranzas.
f. Tener una actividad familiar.
g. El Sábado Santo se tendrá un grupo para bautizar.

---

[537] Libro de Actas de Reuniones de la Comunidad de Lomas Verdes, Acta No. 171, p. 139 – 141.
[538] Libro de Actas de Reuniones de la Comunidad de Lomas Verdes, Acta No. 172, p. 142 – 143.

h.   La Pastoral de Adultos y los Catequistas han de ver cómo motivar a los padres de los niños a participar de las actividades que se organizan"[539].

En la reunión del 30 de mayo de 2000 se informó que la peregrinación se realizó hacia la Parroquia de la Santa Cruz de Bayamón. Así efectuó lo planificado para el Miércoles de Ceniza y el Retiro sobre los temas señalados[540].

Año del Rosario (2003)
En la reunión del 28 de octubre de 2003, Mons. Roberto cerró el año del Rosario con una misa a celebrarse en la Parroquia Santa Teresita el 19 de octubre a las 3:00 p.m.[541].

Triduos Parroquiales

Triduo a la Virgen y al Sagrado Corazón (1994)
En la reunión del 23 de mayo de 1994 se planificó el Triduo a la Virgen a celebrarse a finales de mayo y del Sagrado Corazón en el mes de junio"[542].
La clausura del mes del rosario se tuvo tanto en la Parroquia como en las capillas en el 1998[543].
Para el año 1999 se planificó el Triduo a la Virgen. Éste se realizó en la parroquia la primera semana de mayo, los días 5, 6 y 7. Se finalizó con una ofrende de flores a la Virgen. La Coronación a la Virgen se hizo en la Capilla San Martín de Porres el 29 de mayo y en la capilla Ntra. Sra. del

---

[539] Libro de Actas de Reuniones de la Comunidad de Lomas Verdes, Acta No. 173, p. 143 – 144.
[540] Libro de Actas de Reuniones de la Comunidad de Lomas Verdes, Acta No. 174, p. 144 – 146.
[541] Libro de Actas de Reuniones de la Comunidad de Lomas Verdes, Libro II, Acta No. 193, p. 27 – 28.
[542] Libro de Actas de Reuniones de la Comunidad de Lomas Verdes, Acta No. 153, p. 122.
[543] Libro de Actas de Reuniones de la Comunidad de Lomas Verdes, Acta No. 165, p. 129 - 131.

Buen Consejo el lunes 31 de mayo durante la misa de clausura del mes de la virgen.[544]

Triduo al Espíritu Santo (1999)

En la reunión del 30 de abril de 1999 se trató sobre el Triduo al Espíritu Santo. Se haría en la Iglesia Parroquial los días 20, 21 y 22 de mayo a las 7:00 p.m.[545]

Devociones

Rosario Viviente (2002)

En la reunión del 15 de octubre de 2002 se indica que están teniendo rosarios en los distintos sectores de la parroquia y se concluiría el jueves 31 en la Iglesia Parroquial con misa a las 7:00 p.m. Después de la misa se iba a presentar el Rosario Viviente[546].

Procesión a la Tumba del Beato Carlos Manuel (2003)

En la reunión del 6 de febrero de 2003 se planificó la peregrinación parroquial hacia la tumba del Beato Carlos Manuel y visitar Montaña Santa[547].

2.3. Sacramentos

Diaconado Permanentes (1994)

En la reunión del 22 de diciembre se dialogó sobre la labor pastoral de los Diáconos en la Parroquia[548]. Se valoró positivamente su trabajo,

---

[544] Libro de Actas de Reuniones de la Comunidad de Lomas Verdes, Acta No. 169, p. 136 – 137.

[545] Libro de Actas de Reuniones de la Comunidad de Lomas Verdes, Acta No. 169, p. 136 – 137.

[546] Libro de Actas de Reuniones de la Comunidad de Lomas Verdes, Libro II, Acta No. 187, p. 13 – 16.

[547] Libro de Actas de Reuniones de la Comunidad de Lomas Verdes, Libro II, Acta No. 189, p. 18 – 21.

[548] Libro de Actas de Reuniones de la Comunidad de Lomas Verdes, Acta No. 155, p. 123.

a la vez que se pensó en una labor más del pueblo. Se requería más integración con el pueblo en sus procesos pastorales.

Cursillos Pre – Bautismales (1998)

Durante el año 1998 se capacitó un grupo de laicos para que impartiesen los Cursillos Pre – Bautismales orientados a padres y padrinos. En la reunión comunitaria del 28 de octubre del mismo año se estableció que los 1ros. Domingos del mes serían los cursillos y los 2dos. los bautismos.[549]

Una vez preparado el equipo para el Bautismo de Niños, se pensó en preparar otro equipo que diese catequesis a adultos que quisiesen recibir este sacramento. En la reunión del 25 de diciembre de 1998 se informó que este curso especial para adultos iniciaría en 1999. [550]

El 26 de octubre de 1999 se informó que debido a la poca cantidad de Bautismos que se celebraban en la parroquia y, por tanto, la asistencia a los Cursillos Pre – Bautismales era poca, el próximo año se tendrían los cursillos cada dos meses (meses pares)[551].

Los celebrantes para los bautismos se irían alternados entre PP. Blanco y Fr. Carlos.[552]

Ministros de la Comunión (2000)

En la reunión del 30 de mayo de 2000 se informó que sería instalado como Ministros Extraordinario de la Comunión el Sr. Alberto Ramos; a la vez que, se renovaría a los demás en su compromiso ministerial.[553]

El 6 de febrero de 2003 se dialogó sobre la reinstalación de los ministros de la comunión que sería el miércoles 19 de febrero y estaría

---

549   Libro de Actas de Reuniones de la Comunidad de Lomas Verdes, Acta No. 165, p. 129 - 131.
550   Libro de Actas de Reuniones de la Comunidad de Lomas Verdes, Acta No. 166, p. 131 - 132.
551   Libro de Actas de Reuniones de la Comunidad de Lomas Verdes, Acta No. 171, p. 139 – 141.
552   Libro de Actas de Reuniones de la Comunidad de Lomas Verdes, Acta No. 171, p. 139 – 141.
553   Libro de Actas de Reuniones de la Comunidad de Lomas Verdes, Acta No. 174, p. 144 – 145.

el P. Saturnino Juan, Vicario de las Antillas, delegado para la ocasión. La Parroquia contaba con más de 38 ministros extraordinarios que iban a ser reinstalados, uno procedente de la Parroquia Sagrado Corazón de Guaynabo, Sra. María Nilda Molina, quien vivían en Villas de San Agustín; Don Toño Cruz y su esposa Paula se retiraron del ministerio por razones de salud. El Sr. Rubén Hernández no iba a ser reinstalado.

Catequesis de Iniciación Cristiana (2000)

En la reunión del 30 de mayo de 2000 se estableció que las Catequesis de Iniciación Cristiana comenzaría posiblemente el segundo sábado de agosto los días 12 para los niños. Las clases de sacramentos de iniciación para adultos mayores de 15 años comenzaron la semana siguiente a la catequesis de niños.[554]

En la reunión del 30 de abril de 2002 se habló de los proyectos de la catequesis para el próximo curso. Se esperaba tener por lo menos tres actividades en conjunto los tres centros: reunión inicial con los catequistas donde prepararían una misa de envío, actividades de guerra contra el hambre y, al fin del curso, tener más actividad con los catequistas. Una de estas actividades consistía en invitar una persona que les diera formación. Además, se podía hacer en conjunto el retiro de los padres y niños de la Primera Comunión[555]. El paseo de los catequistas se planeó para el 1 de junio.

El 25 de marzo de 2003 se informó que las tanda de reflexiones para los papás y las mamás de los catequizandos sería el domingo 30 de mayo a la 1:00 p.m. hasta las 5:00 p.m.[556] A través de esta nueva incursión parroquial se quería formar también a los padres de los catequizandos en los diferentes aspectos de nuestra fe.

El día 29 de mayo de 2003 se indicó que a los confirmandos y a los niños de primera comunión se les exigiría el documento de bautismo y

---

[554] Libro de Actas de Reuniones de la Comunidad de Lomas Verdes, Acta No. 174, p. 144 – 145.

[555] Libro de Actas de Reuniones de la Comunidad de Lomas Verdes, Libro II Acta No. 185, p. 9 – 11.

[556] Libro de Actas de Reuniones de la Comunidad de Lomas Verdes, Libro II, Acta No. 190, p. 21 – 23.

una cuota[557]. En ésta misma se pide que que se tenga para los tres centros más actividades en común, ejemplo: semana de la catequesis, retiro de padres y niños; actividades de Unidos contra el Hambre[558].

Misa de Niños (2001)

En la reunión del 29 de noviembre de 2001 se informó que el próximo año se organizaría una misa mensual con los niños de las catequesis. Se sugiere que sea día sábado a las 7:30 p.m[559].

Monaguillos (2002)

El 18 de junio de 2002 se informó que se estaba formando el grupo de Monaguillos de la parroquia. También los niños de la Capilla Nuestra Señora del Buen Consejo habían pedido que este ministerio se organizase allá.[560]

Misa del Enfermo (2002)

El 27 de febrero de 2002 se informa que se había estado visitando a los enfermos de la Parroquia. Para ellos se celebraría una misa especial en la que recibirían la Unción de los Enfermos. Ésta se tendría el 17 de marzo a las 3:00 p.m. [561]

El 30 de abril del mismo año fue evaluada como muy buena su participación[562].

---

[557] Libro de Actas de Reuniones de la Comunidad de Lomas Verdes, Libro II, Acta No. 190, p. 21 – 23.

[558] Libro de Actas de Reuniones de la Comunidad de Lomas Verdes, Libro II, Acta No. 190, p. 21 – 23.

[559] Libro de Actas de Reuniones de la Comunidad de Lomas Verdes, Libro II Acta No. 182, p. 3 – 5.

[560] Libro de Actas de Reuniones de la Comunidad de Lomas Verdes, Libro II, Acta No. 186, p. 11 – 12.

[561] Libro de Actas de Reuniones de la Comunidad de Lomas Verdes, Libro II Acta No. 184, p. 7 – 8.

[562] Libro de Actas de Reuniones de la Comunidad de Lomas Verdes, Libro II Acta No. 185, p. 9 – 11.

Confesiones durante la Cuaresma (2002)

El Acto Penitencial de la cuaresma de 2002 se coordinó el 27 de febrero de 2002, a fin de que se realizase el 21 de marzo en la Iglesia Parroquial. Como de costumbre, se invitaría a los Sacerdotes de las Comunidades Parroquiales vecinas. Por tales motivos, la misa se adelantaría a las 7:00 p.m.[563]

Sagrario (2003)

En la reunión del 4 de septiembre de 2003 se informó sobre la compra del nuevo sagrario para la Iglesia Parroquial[564]. El sagrario que estaba en uso se conservaría para el Monumento al Santísimo del Jueves Santo y otras ocasiones especiales.

40 Años de la Parroquia San Agustín (2004)

En la reunión del 13 de enero de 2014 se indicó que con motivo de los 40 Años de la Parroquia se tendría una Cena – Baile el viernes 6 de febrero en el Salón del "Alcalde" de Bayamón. Ya se estaban vendiendo las entradas al final de la misa de los domingos. Lo recaudado pasaría a los fondos destinado al sellado del techo de la Iglesia Parroquial[565].

2.4. Fiestas Patronales

En la reunión del 30 de mayo de 2000 se informa que el triduo se realizaría los días 24, 25 y 27 de agosto y la fiesta se celebraría en todas las misas del domingo 27 de agosto. El lunes 28 de agosto sólo tendrían el almuerzo con los religiosos de la casa[566].

---

[563] Libro de Actas de Reuniones de la Comunidad de Lomas Verdes, Libro II Acta No. 184, p. 7 – 8.

[564] Libro de Actas de Reuniones de la Comunidad de Lomas Verdes, Libro II, Acta No. 192, p. 25 – 26.

[565] Libro de Actas de Reuniones de la Comunidad de Lomas Verdes, Libro II, Acta No. 194, p. 28 – 29.

[566] Libro de Actas de Reuniones de la Comunidad de Lomas Verdes, Acta No. 174, p. 144 – 145.

2.5. Grupos y Movimientos Parroquiales

Misiones Parroquiales (1998)

El 28 de octubre de 1998 se supo que las Misiones Parroquiales serían la 2da. y 3ra. Semana de Cuaresma en 1999. Para esta actividad aprobada por Mons. Rivera se invitó uno de los Hermanos Cheos[567]. Sus tiempos de realización fueron dados a conocer en la reunión comunitaria del 24 de diciembre de 1998. Se realizaría conforme a la sectorización parroquial.[568]

En la reunión comunitaria del 26 de enero de 1999 se tocó nuevamente el tema de las Misiones Parroquiales indicando:

> "Ya se ha tenido reunión con los responsables de la misión. Para la misma se ha dividido la Parroquia en dos grandes zonas: Zona A: urb. Lomas Verdes, Urb. Santa Juanita, Los Laureles Apartamentos. Zona B: Edificio Bayamonte, Colinas de Bayamonte, Juan Sánchez, Versalles, Villas de San Agustín y Extensión Villas Verde y las Américas. Del 22 al 26 de febrero se tendrá la visita a los hogares de la Zona A y del 8 al 12 de marzo será la predicación en la Zona B.
>
> Para las visitas de las misiones se buscarán personas de los distintos sectores, para que las introduzcan. La clausura de la misión será el 12 de marzo en la Parroquia"[569].

San Agustín 2000 (1998)

El grupo San Agustín 2000 se conforma en la Parroquia para dar atención y mantenimiento al templo parroquial. Se proponían unir 2000 donantes que se comprometiesen a hacer aportaciones de $1.00 mensualmente. Desde entonces se han recibido donaciones de algunas familias y se realiza una segunda colecta mensual.

---

[567] Libro de Actas de Reuniones de la Comunidad de Lomas Verdes, Acta No. 165, p. 129 - 131.

[568] Libro de Actas de Reuniones de la Comunidad de Lomas Verdes, Acta No. 166, p. 131 - 132.

[569] Libro de Actas de Reuniones de la Comunidad de Lomas Verdes, Acta No. 167, p. 132 - 134.

Comité Unido Pro Ayuda al Necesitado, CUPAN (1998)

El Comité Unido Pro Ayuda al Necesitado adquirió forma en la Parroquia el 21 de mayo de 1998. Posee los mismos lineamientos del comité que bajo el mismo nombre se reúne en Aguada. De hecho, ellos mismos fueron invitados a formarlo aquí en Lomas Verdes. Su propósito era ofrecer ayudas de emergencias a las personas de la Parroquia con necesidades de alimentos, ropa, gastos médicos y deudas de agua, luz, teléfono, gas, entre otras. Para suplir estas necesidades se les autorizó a realizar anualmente actividades pro-fondos.

El producto de su trabajo ha traspasado las fronteras parroquiales y puertorriqueñas. En la reunión comunitaria del 22 de diciembre de 1999 se aprobó realizar una segunda colecta para ayudar a los afectados de las lluvias en Venezuela. Ésta se tendría los días 8 y 9 de enero del año 2000 coordinada por CUPAN[570].

Visita de los Misioneros de MaryKnoll (2001)

En la reunión del 29 de noviembre de 2001 se informó que para el fin de semana 12 y 13 de enero de 2002 la Parroquia iba a ser visitada por los Misioneros de MaryKnoll quienes iban a dar promoción de sus misiones entre el pueblo[571].

Organización de los Grupos Parroquiales (2001)

El 29 de noviembre de 2001 se indica que cada responsable de algún grupo parroquial debía enviar la información de su grupo. Con esto se quería conocer los grupos existentes en la parroquia. Entre las informaciones pedidas debía incluir el responsable, sus miembros y números de teléfonos, hora y lugar de las reuniones[572].

Luego, los líderes de cada grupo fueron convocados para una reunión del 28 de enero de 2002. Con ellos se organizó la cuaresma de ése año.

---

[570] Libro de Actas de Reuniones de la Comunidad de Lomas Verdes, Acta No. 172, p. 142 – 143.

[571] Libro de Actas de Reuniones de la Comunidad de Lomas Verdes, Libro II Acta No. 182, p. 3 – 5.

[572] Libro de Actas de Reuniones de la Comunidad de Lomas Verdes, Libro II Acta No. 182, p. 3 – 5.

Procesión de Viernes Santo (2002)

En la reunión del 30 de abril de 2002 se recomendó que trabajaran más en la organización de la misma. Se procuraba que hubiese escenas de la problemática actual que vivía la sociedad. Además, que el grupo que organizase la procesión tuviese formación espiritual y que presentase un informe económico de la misma.[573]

Pastoral Juvenil (2002)

La Pastoral Juvenil continuó su crecimiento en número de grupos nuevos, sin cambios de nomenclaturas como había acontecido anteriormente. Entre ellos surgieron los siguientes:

- Seguidores de Cristo: nació en 2002. Reunía los sábados a de 9:00 a 10:30 a.m. jóvenes de 23 a 28 años. Su apostolado era llevar el mensaje de amor de Jesús a niños, ancianos, participar de las actividades parroquiales y de las catequesis. Su asesora fue: Marta G. Hernández.
- Evangelizadores: fue creado en 2004 por iniciativa de la Sra. Yolanda Díaz, con el propósito de formar jóvenes evangelizadores de otros jóvenes. Reunía los jueves a las 7:30 p.m. a jóvenes mayores de 18 años de edad. Sus asesoras fueron Meylin Wong, Rafael Álvarez y Betzaida Mercado.
- Hechos de Jesucristo: se constituyó en 2004 en la Capilla Nuestra Señora del Buen Consejo de la Urbanización San Agustín. Ofrecía un espacio donde los jóvenes se sintieran identificados con la evangelización y acogidos personalmente. Su asesora era Tania. Llegaron a organizar actividades diversas entre las que están visitas a las familias de la capilla, colectas para damnificados del tsunami, ayudar a limpiar la capilla y recaudar fondos para esta.

---

[573] Libro de Actas de Reuniones de la Comunidad de Lomas Verdes, Libro II Acta No. 185, p. 9 – 11.

Hermanos Cheos (2003)

Los Hermanos Cheos fueron los encargados de preparar los feligreses para vivir la cuaresma de 2006. En la reunión comunitaria del 6 de febrero de dicho año se explicó la labor que realizarían en la predicación que tendría lugar el 21 de febrero.[574]

2.6. Reparación y Mantenimiento de la Parroquia

En la reunión del 23 de mayo de 1994 se determinó pintar la parroquia.[575] El 20 de junio de 1995 se dialogó sobre la pintura, remoción de su iluminación y posibilidad de arreglos en el presbiterio.[576]

En la reunión del 24 de febrero de 1998 se determinó construir la sacristía sobre la anterior cafetería del colegio, construir un almacén y un salón de reuniones[577].

En la reunión del 25 de mayo de 1999 se informó que durante el mes de junio se estarían haciendo dos baños en la iglesia parroquial donde antes estaba la cocina[578].

En la reunión del 29 de noviembre de 2001 se sugiere al párroco:

- Pintar los nichos donde están las imágenes del presbiterio.
- Poner un letrero al frente de la iglesia que diga Parroquia San Agustín.
- Preparar un rótulo donde conste el horario de la oficina, confesiones, bautismos y ponerlo frente a la Iglesia Parroquial.
- Aumentar la tarima donde está la sede del presbiterio para que sobresalga.

---

[574] Libro de Actas de Reuniones de la Comunidad de Lomas Verdes, Libro II, Acta No. 189, p. 18 – 21.

[575] Libro de Actas de Reuniones de la Comunidad de Lomas Verdes, Acta No. 153, p. 122.

[576] Libro de Actas de Reuniones de la Comunidad de Lomas Verdes, Acta No. 156, p. 124.

[577] Libro de Actas de Reuniones de la Comunidad de Lomas Verdes, Acta No. 163, p. 128.

[578] Libro de Actas de Reuniones de la Comunidad de Lomas Verdes, Acta No. 170, p. 137 – 139.

- Mandar a hacer unos buenos sillones para el presidente y sus acompañantes.
- Arreglar los cables de electricidad que están fuera de su lugar y afean el templo.
- Revisar el techo de la Iglesia.
- Arreglar la oficina de los sacerdotes.
- Preparar hojas informativas para el público con temas variados.
- Predicar durante las misas diarias durante el adviento[579].

El 28 de octubre de 1998 se informó sobre el estado de situación de las imágenes de la Parroquia. El hecho de encontrarse apolilladas hizo que se decidiese darles un tratamiento.[580]

En la reunión del 25 de diciembre de 1998 se indicó que cada nicho para la colocación de las imágenes en la Iglesia Parroquial estaba estimado en unos $2000.[581]

El 9 de diciembre de 2002 se informó que se arregló el cuarto donde se guardan los materiales de la Procesión de Viernes Santo.[582]

En la reunión del 6 de febrero de 2003 se determinó restaurar las imágenes del Nacimiento de la Iglesia Parroquial.[583]

2.7. Capillas

Capilla Nuestra Señora del Buen Consejo de Villas de San Agustín (1998)

El P. Gonzálo González dialogó en la reunión comunitaria del 28 de octubre de 1998 sobre la necesidad de comprar un terreno en el que

---

[579] Libro de Actas de Reuniones de la Comunidad de Lomas Verdes, Libro II Acta No. 182, p. 3 – 5.

[580] Libro de Actas de Reuniones de la Comunidad de Lomas Verdes, Acta No. 165, p. 129 - 131.

[581] Libro de Actas de Reuniones de la Comunidad de Lomas Verdes, Acta No. 166, p. 131 - 132.

[582] Libro de Actas de Reuniones de la Comunidad de Lomas Verdes, Libro II, Acta No. 188, p. 16 – 17.

[583] Libro de Actas de Reuniones de la Comunidad de Lomas Verdes, Libro II, Acta No. 189, p. 18 – 21.

se construyera un salón para el uso común de las capillas San Martín de Porres y Nuestra Señora del Buen Consejo[584].

En 1998 se reparó el techo de la Capilla del Buen Consejo después de los daños ocasionados por el paso del Huracán George[585]. El 26 de enero de 1999 se habló de la reparación del techo de la Capilla de Villas de San Agustín con un estimado de $500 a $600 dollares[586].

En la reunión del 26 de octubre de 1999 el P. Gonzalo informó: "P. Gonzalo presentó su inquietud sobre el futuro de dicha Capilla pues un día habrá que salir del lugar donde se encuentra y por eso sugiere que se busque la forma de adquirir para la Parroquia el terreno que tenemos en Villa Verde y la misma Parroquia pase al Vicariato. Aunque sea algo simbólico, una cantidad de dinero como compra de dicho lugar. O se busque alguna otra solución. P. Blanco dice que la economía de la Parroquia a veces no alcanza para pagar sus gastos.

El P. Gonzalo está realizando junto a la comunidad del Buen Consejo una campaña de sobres para recoger dinero para cubrir las necesidades más inmediatas y futuras que se puedan presentar, y con vistas a la construcción de una nueva iglesia"[587].

En la reunión del 30 de mayo del 2000 se informa que en la casa que funge como capilla del Buen Consejo se hicieron arreglos al techo y se pintó por fuera. Se pide que la Parroquia ayude a cubrir parte de los gastos[588].

---

[584] Libro de Actas de Reuniones de la Comunidad de Lomas Verdes, Acta No. 165, p. 129 - 131.

[585] Libro de Actas de Reuniones de la Comunidad de Lomas Verdes, Acta No. 165, p. 129 - 131.

[586] Libro de Actas de Reuniones de la Comunidad de Lomas Verdes, Acta No. 167, p. 132 - 134.

[587] Libro de Actas de Reuniones de la Comunidad de Lomas Verdes, Acta No. 171, p. 139 – 141.

[588] Libro de Actas de Reuniones de la Comunidad de Lomas Verdes, Acta No. 174, p. 144 – 145.

Capilla San Martín de Porres del Barrio Juan Sánchez (1998)

El 28 de octubre de 1998 se consideró la necesidad de adquirir un micrófono para la capilla de San Martín de Porres[589].

En la reunión del 30 de mayo de 2000 se dialoga sobre la necesidad de reparación de los baños de la capilla ya que estaban apolillados[590].

En la reunión del 18 de junio de 2002 se aprueba la compra de los terrenos ubicados al lado de la Capilla San Martín. Se consulta a la comunidad para ver su opinión, se cree conveniente adquirirlos, pero con el compromiso de que la comunidad de San Martín se envuelva a trabajar para conseguir el dinero. Se podría entrar en un préstamo. Se debe hacer un censo en la comunidad para ver qué colaboración se puede obtener de las familias de la comunidad. Hablar con Lauro para ver los detalles de la venta, ya que él es el propietario del solar y la casa.[591]

3. PASTORAL EDUCATIVA

3.1. Edificios del Colegio San Agustín

Alumbrado de Cancha Bajo Techo

El 29 de abril de 1994 la Clase Graduanda del Colegio San Agustín, bajo el lema "el deporte une a la juventud", hizo donación del Alumbrado de la Cancha Bajo Techo. Participaron de dicha clase y donación los siguientes ex - alumnos:

Jessica Acosta, Ivelisse Álvarez, Luis Arroyo, Luz Barbosa, Verónica Beltrán, David Benítez, Daniel Caballero, Ada Campos, Martha Castro, Luis Cosme, Eliezer Cruz, Omar Cruz, Yaliz Cruz, Jessica Cuevas, Yamaira Chinea, Michelle Díaz, Reynaldo Díaz, Luis Donato, Karitza Feliciano, Angeline Figueroa, Eduardo Figueroa, Ianara Fuentes, María González, Mariehlita Hernández, Christian Herrera, Freddis Laguna, Charlotte Lausell, Héctor López, Alexis Maldonado, Suzzete Maldonado,

---

[589]   Libro de Actas de Reuniones de la Comunidad de Lomas Verdes, Acta No. 165, p. 129 - 131.

[590]   Libro de Actas de Reuniones de la Comunidad de Lomas Verdes, Acta No. 174, p. 144 – 145.

[591]   Libro de Actas de Reuniones de la Comunidad de Lomas Verdes, Libro II, Acta No. 186, p. 11 – 12.

Pedro Martínez, Sharon Martínez, Fabián Meléndez, Grekchy Meléndez, Ramón Mercado, Zorayma Navarro, Michelle Ocasio, Aníbal Ortiz, Jorge Ortiz, Tania Ortiz, Helly Otero, Ramón Otero, Carlos Pagán, Jennette Pérez, Rafael Pérez, Kermith Portell, Omar Ramos, Michelle Ríos, Xiomara Ríos, Frances Rivera, Juan Rivera, Lizmariy Rivera, Nicolás Rivera, Sonia Rivera, Fabián Rodríguez, Irmari Rodríguez, Iván Rodríguez, Karen Rodríguez, Rosa Rodríguez, Yamira Rodríguez, Joanne Rojas, Carlos Román, Juan Rosa, Karen Rosado, Heidie Rosario, Marelsi Ruiz, Belmarie Samalot, María Santiago, Cecilia Torres, Michael Torres, Marlys Vázquez y Luis Villalobos.

Cafetería (1994)

En la reunión del 23 de mayo de 1994, "también comentamos la decisión de trasladar la Cafetería del Colegio al final del salón del auditorio y administrarla el Colegio mismo"[592]. En la reunión del 11 de octubre de 1994 se informó que la Cafetería no estaba reportando ganancias[593].

En la reunión del 6 de febrero de 2003 se indicó que el Comedor Escolar tenía un costo de $65,000.00 a $70,000.00, que incluye materiales y mano de obra[594].

En la reunión del 29 de mayo de 2003 se informó que se estaba buscando la persona que haría la obra del comedor escolar, valorado en unos $75,000.00, más su equipo de $45,000.00 a $55,000.00[595].

Se esperaba que para el siguiente semestre estuviese funcionando el Comedor Escolar, sólo faltaban los permisos de uso de bomberos por temas de las líneas de gas[596].

---

[592] Libro de Actas de Reuniones de la Comunidad de Lomas Verdes, Acta No. 153, p. 122.

[593] Libro de Actas de Reuniones de la Comunidad de Lomas Verdes, Acta No. 154, p. 123.

[594] Libro de Actas de Reuniones de la Comunidad de Lomas Verdes, Libro II, Acta No. 189, p. 18 – 21.

[595] Libro de Actas de Reuniones de la Comunidad de Lomas Verdes, Libro II, Acta No. 190, p. 21 – 23.

[596] Libro de Actas de Reuniones de la Comunidad de Lomas Verdes, Libro II, Acta No. 193, p. 27 – 28.

Uso de los Edificios de parte de los Parroquianos (2000)

Las instalaciones físicas del Colegio San Agustín servían a la vez como áreas de reuniones para los feligreses de la Parroquia San Agustín. En la reunión del 30 de mayo de 2000 se indica que se busque la forma de que los portones del Colegio y la Parroquia no queden abiertos luego de marchar los grupos que se reúnen en la Parroquia o en el salón[597].

Cuido de Estudiantes (2003)

En la reunión del 6 de febrero de 2003 se planteó: Se verá si hay necesidad del Cuido de Estudiantes[598]. En la reunión del 25 de marzo se indicó que su funcionamiento sería de 2:00 a 5:00 p.m.[599]

En la reunión del 25 de marzo de 2003 se seguía esperando por los permisos de la División de Comedores Escolares de la Región[600]. En la reunión del 29 de mayo se informa que aún no tenía matrícula que esperarían a ver para el próximo año escolar[601].

3.2. Acreditación del Colegio San Agustín (2003)

En la reunión del 6 de febrero de 2003 se indicaba que pronto se tendría la supervisión para la acreditación del Colegio[602]. En la reunión del 25 de marzo del mismo año se informó que no hubo ningún problema y que el proceso de supervisión había concluido el 24 de

---

[597] Libro de Actas de Reuniones de la Comunidad de Lomas Verdes, Acta No. 174, p. 144 – 145.

[598] Libro de Actas de Reuniones de la Comunidad de Lomas Verdes, Libro II, Acta No. 189, p. 18 – 21.

[599] Libro de Actas de Reuniones de la Comunidad de Lomas Verdes, Libro II, Acta No. 190, p. 21 – 23.

[600] Libro de Actas de Reuniones de la Comunidad de Lomas Verdes, Libro II, Acta No. 190, p. 21 – 23.

[601] Libro de Actas de Reuniones de la Comunidad de Lomas Verdes, Libro II, Acta No. 191, p. 23 – 24.

[602] Libro de Actas de Reuniones de la Comunidad de Lomas Verdes, Libro II, Acta No. 189, p. 18 – 21.

marzo de 2003, se había recibido la recomendación de asignar estudios supervisados en horario de la tarde[603].

En la reunión del 28 de octubre de 2003 se informó que la acreditación se había recibido y se estaba en espera del certificado[604].

3.3. Formación Religiosa (2002)

Aunque siempre se había trabajado en el área de la formación religiosa de los estudiantes del Colegio San Agustín. Es este período cuando se expresa a través de un programa explícitamente presentado a la comunidad el 27 de febrero de 2002. Parte del mismo consistía en:

a.   Ofrecer Charlas de Formación Religiosa a diferentes estudiantes.
b.   Actos Penitenciales en cuaresma, establecidos para la semana anterior a la Semana Santa.
c.   Viacrucis en el Colegio el Martes Santo.
d.   Retiro de Profesores en unión con los miembros de la Academia Santa Mónica en el Seminario Santo Tomás de Villanueva.[605]

Este programa continuó su presentación a la comunidad el 30 de abril de 2002. En esta reunión se avisó sobre diversas actividades entre las que estaban:

a.   Coronación de la Virgen, 9 de mayo.
b.   Salida con los Maestros con motivo de la semana de la educación.
c.   La Graduación de Kinder sería el jueves 23 de mayo y la de octavo el viernes 24 de mayo.

El 15 de octubre del mismo año se explica que:

-    Se tendría una actividad para finalizar el Mes del Rosario,

---

[603] Libro de Actas de Reuniones de la Comunidad de Lomas Verdes, Libro II, Acta No. 190, p. 21 – 23.
[604] Libro de Actas de Reuniones de la Comunidad de Lomas Verdes, Libro II, Acta No. 193, p. 27 – 28.
[605] Libro de Actas de Reuniones de la Comunidad de Lomas Verdes, Libro II Acta No. 184, p. 7 – 8.

- Se tendrá un almuerzo cerca de la fecha de Acción de Gracias con los maestros y empleados,
- Confesiones en Adviento.

En la reunión del 9 de diciembre de 2002 se informa:

a. Actividad Navideña será el viernes 13 de diciembre en la Cancha a las 6:30 p.m. Se invita a la comunidad parroquial.
b. Misa de navidad del colegio será el miércoles 18 de diciembre a las 8:00 a.m.
c. Comedor escolar: se están haciendo los pasos necesarios para proveer al Colegio de un comedor, en el área que sirve de Salón Parroquial. Se consultó si al establecer el comedor se puede utilizar para otra actividad y se dijo que sí[606].

Programa del Segundo Semestre del Año 2003:

a. Confesiones: serán el jueves 10 de abril a las 8:00 a.m.
b. Misa: será el martes santo 15 de abril a las 8:00 a.m. Ese día comenzará el receso de los estudiantes y maestros hasta el lunes después de la Semana de Pascua. Como preparación para el Sacramento de la confesión los estudiantes tendrán por los salones orientación y preparación. Se pide la ayuda de los sacerdotes de la comunidad[607].

3.4. Comunidad Educativa

Los miembros del Colegio San Agustín en sus deseos de compartir con la comunidad de Padres Agustinos le pidieron el 29 de octubre de 2001 "que haya participación de la comunidad y presencia de la misma en las actividades que el Colegio organice o nos invite; ej. Acción de gracias, navidad, confesiones, alguna misa y otros."[608]

---

[606] Libro de Actas de Reuniones de la Comunidad de Lomas Verdes, Libro II, Acta No. 188, p. 16 – 17.

[607] Libro de Actas de Reuniones de la Comunidad de Lomas Verdes, Libro II, Acta No. 190, p. 21 – 23.

[608] Libro de Actas de Reuniones de la Comunidad de Lomas Verdes, Libro II Acta No. 181, p. 1 – 2.

En la reunión del 29 de noviembre de 2001 se indica que el Colegio tiene sus momentos de oración al comienzo de cada día, el rezo del ángelus, se da misa en ocasiones especiales como inicio del curso, acción de gracias, navidad, en adviento se tendrán confesiones. El último domingo del mes de enero serían las Primeras Comuniones[609].

3.5. Reparación del Colegio San Agustín

En la reunión del 23 de mayo de 1994 se determinó pintar el Colegio[610]. El 20 de junio de 1995 se determina poner losetas nuevas en los pasillos del Colegio[611].

En la reunión del 29 de noviembre de 2001 se indica que se iban a hacer algunas inversiones; tales como: reparación del techo del colegio, alargamiento de la verja para que se vea más elegante la entrada, acondicionadores de aire al salón de música[612].

El 29 de enero de 2002 se informa de las reparaciones a la planta física tales como el cambio de puertas dañadas, cambio de luces en el auditorio, compra de sillas y reinstalación de abanicos[613].

En la reunión del 30 de abril de 2002 se habla de reparar el salón de actos. Para ello se le pondrían abanicos, luces nuevas y se cubrirán las sillas. Sobre la marcha se verán otros arreglos[614].

En la reunión del 18 de junio de 2002 se informa sobre la colocación de puertas de metal en los salones, se pondrán pequeñas rampas desde el área de la cafetería hasta el primer portón de la segunda planta. Se

[609] Libro de Actas de Reuniones de la Comunidad de Lomas Verdes, Libro II Acta No. 182, p. 3 – 5.
[610] Libro de Actas de Reuniones de la Comunidad de Lomas Verdes, Acta No. 153, p. 122.
[611] Libro de Actas de Reuniones de la Comunidad de Lomas Verdes, Acta No. 156, p. 124.
[612] Libro de Actas de Reuniones de la Comunidad de Lomas Verdes, Libro II Acta No. 182, p. 3 – 5.
[613] Libro de Actas de Reuniones de la Comunidad de Lomas Verdes, Libro II Acta No. 183, p. 6 – 7.
[614] Libro de Actas de Reuniones de la Comunidad de Lomas Verdes, Libro II Acta No. 185, p. 9 – 11.

comprarán unas 200 sillas nuevas para el Salón de Actos. La Parroquia pagará la mitad de costo de las mismas[615].

3.6. Baja en el Número de Estudiantes (2003)

En la reunión del 4 de septiembre de 2003 el P. Felipe pidió que se buscasen estrategias para solucionar el problema de la baja en el número de estudiantes[616]. Además indicó que mientras el P. Benigno fuese de vacaciones él se haría cargo del Colegio.

4. PASTORAL DE LA SALUD

En la reunión del 26 de junio de 2001 se indicó que el Hospital Regional la capellanía del Hospital Regional organizó una hora de oración que se tendría los miércoles a las 12:00 m.[617]

---

[615] Libro de Actas de Reuniones de la Comunidad de Lomas Verdes, Libro II, Acta No. 186, p. 11 – 12.

[616] Libro de Actas de Reuniones de la Comunidad de Lomas Verdes, Libro II, Acta No. 192, p. 25 – 26.

[617] Libro de Actas de Reuniones de la Comunidad de Lomas Verdes, Acta No. 180, p. 151 – 152.

VII

NECESIDAD DE REFUERZOS
2004 – 2013

1. VIDA COMUNITARIA

Período Capitular que va desde febrero 2004 hasta 2005

Continuaban como miembros de la comunidad los PP. Felipe Fernández, Benigno Palomo y Carlos Cordero. En la reunión del 26 de mayo de 2004 se comentó el documento enviado por la Curia General sobre la Religión en Europa[618].

El P. Carlos Cordero acompañó a los jóvenes que asistieron al Encuentro de Jóvenes que se realizó en La Vega, República Dominicana. El P. Felipe asistió a la actividad con motivo de los 50 Años de los Agustinos en República Dominicana desde el 14 hasta el 18 de noviembre de 2004[619] y al primer Retiro Vicarial efectuado en República Dominicana desde el 30 de enero hasta el 8 de febrero[620].

El P. Carlos Cordero asistió al Encuentro de Religiosos Jóvenes de la Provincia que tuvo lugar en Madrid, España, desde el 28 de marzo hasta el 12 de abril[621].

---

[618] Libro de Actas de Reuniones de la Comunidad de Lomas Verdes, Libro II, Acta No. 196, p. 31 – 34.

[619] Libro de Actas de Reuniones de la Comunidad de Lomas Verdes, Libro II, Acta No. 198, p. 36 – 39.

[620] Libro de Actas de Reuniones de la Comunidad de Lomas Verdes, Libro II, Acta No. 198, p. 36 – 39.

[621] Libro de Actas de Reuniones de la Comunidad de Lomas Verdes, Libro II, Acta No. 198, p. 36 – 39. Cfr. Libro de Actas de Reuniones de la Comunidad de Lomas Verdes, Libro II, Acta No. 200, p. 43 – 45.

En la reunión del 25 de marzo de 2005 el P. Benigno Palomo informó que a finales del mes de febrero había renunciado a su cargo de Director del Colegio San Agustín, con este acto esta institución se desvincula de la Comunidad de San Agustín de Lomas Verdes. Pasó a ser el nuevo director el P. David Vargas Grajales,[622] parte de su programa para la administración de ambas instituciones se creó el Consorcio Educativo Agustiniano que integraba el Colegio San Agustín y la Academia Santa Mónica.

El 8 de junio de 2005 se informó que el P. Carlos iría a Roma a un Encuentro de Justicia y Paz desde el 15 de junio hasta el 16 de julio de 2005; luego iría a España y terminaría sus vacaciones en Aguada[623].

Período Capitular que va desde 2005 hasta 2009

La primera reunión de la nueva comunidad después del Capítulo Provincial celebrado en España en 2005 fue el día 30 de noviembre de 2005. Pasó a estar conformada por los PP. Felipe Fernández, Domingo Aller y Félix José Moratiel.

El 20 de diciembre se tendría un estudio comunitario sobre los Estatutos Vicariales.

Los tres padres fueron al retiro para sacerdotes que la Arquidiócesis organizó el día 14 de diciembre de 2005 en Dorado.

El P. Domingo Aller viajó a Venezuela desde el 1 hasta el 29 de enero de 2006 para dar un curso sobre Historia de la Vida Religiosa en el Noviciado San Agustín ubicado en Barquisimeto, Estado Lara. P. Felipe viajó a República Dominicana en el mes de febrero y el P. Félix viajó en junio[624].

En la reunión del 7 de febrero de 2006 se indica que "aunque el procurador de la casa continuaría el P. Domingo Aller, en lo tocante a lo de las compras para la alimentación se encargará el P. Félix"[625].

---

[622] Libro de Actas de Reuniones de la Comunidad de Lomas Verdes, Libro II, Acta No. 200, p. 43 – 45.

[623] Libro de Actas de Reuniones de la Comunidad de Lomas Verdes, Libro II, Acta No. 200, p. 43 – 45.

[624] Libro de Actas de Reuniones de la Comunidad de Lomas Verdes, Libro II, Acta No. 202, p. 48 – 49.

[625] Libro de Actas de Reuniones de la Comunidad de Lomas Verdes, Libro II, Acta No. 204, p. 51.

El 20 de febrero de 2007 recibieron la visita de renovación del P. Jesús Paniagua Crespo, Prior Provincial[626].

En la reunión del 8 de mayo de 2007 dialogaron sobre los resultados del estudio del Departamento de Investigaciones Sociológicas (DIS) ubicado en Madrid, España. Por parte de la comunidad estudiaron punto por punto la valoración que hizo la Provincia al respecto de Comunidad de Lomas Verdes y del Colegio San Agustín, en general fue positiva.[627]

Tras la reunión del 8 de mayo de 2007 no se registra más la firma del P. Félix José Moratiel[628]. Su explicación la encontramos en la reunión del día 22 de agosto del mismo año en la que se escribe "tuvimos la reunión el P. Domingo y yo, dado que el P. Félix Moratiel se fue de vacaciones y se quedará en España"[629]. Después de haber sido asaltado en la misma casa parroquial, el P. Felix decidió retornar a España.

En la reunión del 22 de agosto de 2007 el P. Felipe dijo que asistirá a la reinauguración de la Parroquia Santa Mónica y el P. Domingo determinó asistir a la Ordenación Sacerdotal de los Frailes José Osvaldo Peña García y José Aridio Taveras de León a realizarse en La Vega.[630]

El 12 de diciembre de 2007 el P. Domingo Aller informó que asistiría al Noviciado Intercircunscripcional de Venezuela a dar las clases de Historia de la Vida Religiosa desde el 1 hasta el 19 de enero de 2008[631].

Después de varios meses necesitando el refuerzo de otro hermano de comunidad, el P. Edwin Lorenzo Muñiz se integró a la comunidad en la reunión del 3 de abril de 2008.[632]

---

[626] Libro de Actas de Reuniones de la Comunidad de Lomas Verdes, Libro II, p. 55.

[627] Libro de Actas de Reuniones de la Comunidad de Lomas Verdes, Libro II, Acta No. 209, p. 55 – 56.

[628] Libro de Actas de Reuniones de la Comunidad de Lomas Verdes, Libro II, Acta No. 209, p. 55 – 56.

[629] Libro de Actas de Reuniones de la Comunidad de Lomas Verdes, Libro II, Acta No. 210, p. 56 – 57.

[630] Libro de Actas de Reuniones de la Comunidad de Lomas Verdes, Libro II, Acta No. 210, p. 56 – 57.

[631] Libro de Actas de Reuniones de la Comunidad de Lomas Verdes, Libro II, Acta No. 211, p. 57 – 58.

[632] Libro de Actas de Reuniones de la Comunidad de Lomas Verdes, Libro II, Acta No. 212, p. 58 – 59.

El día 25 de abril de 2008 recibieron la Visita de Renovación del P. Jesús Paniagua Crespo, Prior Provincial[633].

En la reunión del 22 de julio de 2008 se leyó la circular de Mons. Roberto Octavio González Nieves, Arzobispo de San Juan, en la que establecía que el Párroco recibiría #1,300.00 y el Vicario Cooperador $1,100.00 de sueldo. Se acordó dialogar con las demás parroquias agustinianas sobre el particular, el cual hay que unificar[634].

Tras la reunión del 11 de noviembre de 2008 el P. Edwin indicó que irá a brindar ayuda a la Comunidad de La Vega, República Dominicana, marcharía el 23 de noviembre y retornaría el 20 de diciembre. En este tiempo los PP. Domingo y Felipe se distribuyeron el horario de oficinas:

-	P. Felipe: martes, jueves y sábados.
-	P. Domingo: lunes, miércoles y viernes.[635]

En esta misma reunión del P. Domingo Aller informó que asistiría a la reunión de historiadores de OALA desde el 6 hasta el 8 de enero de 2009 en Bogotá, Colombia[636].

Período Capitular que va desde 2009 hasta 2013

En la primera reunión de la comunidad están firmando los PP. Gonzalo González, superior, y Felipe Fernández, Párroco[637]. Para sus efectos la comunidad quedaba reducida en su estatus pasando a ser considerada como una residencia. Se requería el refuerzo de otro hermano de comunidad para ser devuelta a su situación anterior.

---

[633]	Libro de Actas de Reuniones de la Comunidad de Lomas Verdes, Libro II, p. 61.

[634]	Libro de Actas de Reuniones de la Comunidad de Lomas Verdes, Libro II, Acta No. 215, p. 63 – 64.

[635]	Libro de Actas de Reuniones de la Comunidad de Lomas Verdes, Libro II, Acta No. 216, p. 65 – 66.

[636]	Libro de Actas de Reuniones de la Comunidad de Lomas Verdes, Libro II, Acta No. 216, p. 65 – 66.

[637]	Libro de Actas de Reuniones de la Comunidad de Lomas Verdes, Libro II, Acta No. 221, p. 73 – 74.

Este refuerzo se vio realizado con la llegada del P. Carlos Algarín el 8 de octubre de 2010.[638] En la reunión del 26 de noviembre del mismo año informó a la comunidad que realizaría estudios de maestría en Orientación y Consejería con sub – especialidad en Familia[639].

El 28 de enero de 2011 se les hizo entrega del documento del Capítulo General realizado en Filipinas[640]. El día 7 de abril se volvió sobre este mismo documento contestando comunitariamente sus preguntas[641].

Recibieron la Visita de Renovación Provincial el día 18 de abril de 2011 del P. Isidro de la Viuda Diez, Prior Provincial[642].

En la reunión del 14 de junio de 2011 se comunicó a la Comunidad sobre la Celebración de las Bodas de Oro del P. Domingo Aller, OSA, que sería el 24 de junio del mismo año a las 22:30 a.m. en el Centro San Agustín, iniciaría con una Misa en Acción de Gracias a las 7:00 p.m. en la Parroquia Santa Rita de Casia de Bayamón[643].

El 15 de noviembre de 2011 se dio lectura, en medio de la reunión comunitaria, de la Carta escrita por el P. Robert F. Prevost, Prior General, dirigida a todos los miembros de la Orden en el día de Todos los Santos de la Orden, cuyo título es: *Caminando con los Jóvenes hacia el Futuro,* números del I al III[644]. En la siguiente reunión del día 25 de enero de 2012 se terminaron de leer los siguientes puntos números del IV al VII[645].

---

[638] Libro de Actas de Reuniones de la Comunidad de Lomas Verdes, Libro II, Acta No. 221, p. 73 – 74.

[639] Libro de Actas de Reuniones de la Comunidad de Lomas Verdes, Libro II, Acta No. 223, p. 76 – 78.

[640] Libro de Actas de Reuniones de la Comunidad de Lomas Verdes, Libro II, Acta No. 224, p. 79 – 81.

[641] Libro de Actas de Reuniones de la Comunidad de Lomas Verdes, Libro II, Acta No. 225, p. 82.

[642] Libro de Actas de Reuniones de la Comunidad de Lomas Verdes, Libro II, p. 83.

[643] Libro de Actas de Reuniones de la Comunidad de Lomas Verdes, Libro II, Acta No. 226, p. 83 – 85.

[644] Libro de Actas de Reuniones de la Comunidad de Lomas Verdes, Libro II, Acta No. 228, p. 87 – 89.

[645] Libro de Actas de Reuniones de la Comunidad de Lomas Verdes, Libro II, Acta No. 229, p. 89 – 91.

En la reunión del 25 de enero de 2012 se avistó que el P. Carlos Algarín asistiría a la reunión de Pastoral Juvenil de la Orden de San Agustín que se realizaría en Bogotá Colombia los días que van del 27 de febrero al 4 de marzo[646]. Luego, en el 10 de octubre de 2012 se habló de la posibilidad del P. Felipe Fernández ir a sustituir las vacaciones del P. Quirilio Matos en Cuba durante el mes de noviembre del mismo año.[647]

El 23 de febrero de 2013 ya el P. Carlos Algarín no firma las actas de la reunión comunitaria.[648] Lo que proporciona el desequilibrio que se había engendrado desde el principio del cuatrienio.

El 17 de abril de 2013 fueron visitados por el P. Isidro de la Viuda Diez, Prior Provincial, en su visita de renovación[649].

Segunda Casa de los Padres Agustinos en Lomas Verdes (2004)

El 30 de marzo de 2004 se decidió hacer varias compras para la Casa donde residían los Padres. Así consideraron la necesidad de cambiar la estufa y comprar otra computadora.[650]

El 25 de enero de 2005 se registran problemas en el servicio de internet y telefónico[651].

En la reunión del 25 de marzo de 2005 se informa sobre la necesidad de reparar las sillas del comedor; de la instalación de un motor de agua y la necesidad de colocación de un sistema de apagado y encendido automático de este motor.[652]

---

[646] Libro de Actas de Reuniones de la Comunidad de Lomas Verdes, Libro II, Acta No. 229, p. 89 – 91.
[647] Libro de Actas de Reuniones de la Comunidad de Lomas Verdes, Libro II, Acta No. 232, p. 95 – 98.
[648] Libro de Actas de Reuniones de la Comunidad de Lomas Verdes, Libro II, Acta No. 235, p. 102.
[649] Libro de Actas de Reuniones de la Comunidad de Lomas Verdes, Libro II, p. 102.
[650] Libro de Actas de Reuniones de la Comunidad de Lomas Verdes, Libro II, Acta No. 195, p. 29 – 31.
[651] Libro de Actas de Reuniones de la Comunidad de Lomas Verdes, Libro II, Acta No. 198, p. 36 – 39.
[652] Libro de Actas de Reuniones de la Comunidad de Lomas Verdes, Libro II, Acta No. 200, p. 43 – 45.

A bien de dar el tratamiento adecuado al techo de la Casa donde residen los hermanos, se discutieron el 7 de febrero de 2006 tres posibilidades de compañías a escoger. Aunque no se decidieron por ninguna de ellas. [653]

En la reunión del 22 de agosto de 2007 se habló sobre la instalación de un sistema de seguridad de la casa parroquial.[654] En la reunión del 12 de diciembre de 2007 se aprobó cambiar el plafón de la 2da. Planta de la casa[655].

Después de varios diálogos, el 2 de abril de 2009 se optó por reparar sólo la parte dañada del techo por un monto de $2,843.00. Se dijo que para la próxima ocasión se debe quitar todo el tratamiento e instalar uno nuevo[656].

En la reunión del 28 de enero de 2011 se indica que la Segunda Casa requería los siguientes arreglos:

- Gabinetes de la cocina, cambio de topes.
- Cambio de pisos de la cocina y comedor.
- Tratamiento contra la polilla[657].

En la reunión del 28 de enero de 2011 se habló de adquirir los servicios de internet, telefonía y cable todo en uno sólo servicio[658].

El 14 de junio de 2011 se dialogó con Sergio para la reparación de las filtraciones de la casa. De igual modo se informó sobre las polillas de los

---

[653] Libro de Actas de Reuniones de la Comunidad de Lomas Verdes, Libro II, Acta No. 204, p. 51.

[654] Libro de Actas de Reuniones de la Comunidad de Lomas Verdes, Libro II, Acta No. 210, p. 56 – 57.

[655] Libro de Actas de Reuniones de la Comunidad de Lomas Verdes, Libro II, Acta No. 211, p. 57 – 58.

[656] Libro de Actas de Reuniones de la Comunidad de Lomas Verdes, Libro II, Acta No. 218, p. 68 – 69.

[657] Libro de Actas de Reuniones de la Comunidad de Lomas Verdes, Libro II, Acta No. 224, p. 79 – 81.

[658] Libro de Actas de Reuniones de la Comunidad de Lomas Verdes, Libro II, Acta No. 224, p. 79 – 81.

asientos y del librero de la sala. Se decidió tratar los muebles en cámara de gas y colocar un nuevo librero en material más resistente[659].

Para el 25 de enero de 2012 se había colocado el tablillero que serviría de estantes para la Biblioteca Comunitaria; así como, un escritorio para la computadora comunitaria. Se trabajaría sobre la mesa de la comunidad y sobre la reparación de las filtraciones del techo de la casa[660].

En la reunión del 10 de mayo de 2012 se informa sobre los arreglos a la estufa y el fregadero; así como de pintar la casa[661].

El 20 de octubre de 2012 se informó que ya se había pintado, se estaba esperando por la instalación del aire acondicionado en la habitación de huéspedes. Se había arreglado el fregadero de la cocina, ahora se preparaban para hacer la aportación vicarial en el mes de noviembre[662].

En la reunión del 15 de enero de 2013 se vuelve a ver la necesidad de reparar las filtraciones del techo de la casa, así como el calentador solar[663].

Proyecto Comunitario (2005)

La Comunidad de Agustinos de Lomas Verdes, reunida el 30 de noviembre de 2005, determinó establecer como proyecto comunitario lo siguiente:

- Reunión conventual los cuartos martes de cada mes a las 8:30 a.m.
- Oración comunitaria de lunes a viernes a las 7:30 a.m.
- Si no hay retiros de zona, se tendrán los tres retiros en el año a nivel comunitario.

---

[659] Libro de Actas de Reuniones de la Comunidad de Lomas Verdes, Libro II, Acta No. 226, p. 83 – 85.

[660] Libro de Actas de Reuniones de la Comunidad de Lomas Verdes, Libro II, Acta No. 229, p. 89 – 91.

[661] Libro de Actas de Reuniones de la Comunidad de Lomas Verdes, Libro II, Acta No. 231, p. 93 – 35.

[662] Libro de Actas de Reuniones de la Comunidad de Lomas Verdes, Libro II, Acta No. 232, p. 95 – 98.

[663] Libro de Actas de Reuniones de la Comunidad de Lomas Verdes, Libro II, Acta No. 234, p. 100 – 101.

- Asuntos parroquiales: las misas de fines de semanas serán rotatorias en las capillas y la parroquia. Las confesiones tendrán lugar media hora antes de la misa. El P. Félix se encargará de la Capilla San Martín. El P. Domingo Aller de la capilla Buen Consejo y el P. Felipe de la Parroquia. El encargado de cada uno de estos Centros atenderá los grupos de la zona y cualquier otra actividad.
- Distribución del horario de Oficinas:

P. Felipe: los jueves y sábados;
P. Domingo: lunes y miércoles;
P. Félix: martes y viernes[664].

Tras la llegada del P. Edwin Lorenzo en la reunión del 3 de abril de 2008 se reiniciaron los horarios de la casa:

1. Oración Comunitaria: 7:30 a.m. Rezo de Laudes y meditación de lunes a viernes.
2. Reunión comunitaria: cuartos martes de mes a las 8:30 a.m.
3. Retiro trimestral: días señalados por la zona metropolitana o se haría sólo la Comunidad.
4. Responsabilidades de la Casa: Procuración, P. Domingo, y Secretario, P. Edwin[665].

Economía (2005)

En la reunión del 15 de enero de 2005 aprobaron enviar a la Vicaría la cantidad de $13,000.00[666].

En la reunión del 23 de mayo de 2006 se acordó entregar a la Vicaría la cantidad de $15,000.00 correspondientes al primer semestre[667].

---

[664] Libro de Actas de Reuniones de la Comunidad de Lomas Verdes, Libro II, Acta No. 202, p. 48 – 49.

[665] Libro de Actas de Reuniones de la Comunidad de Lomas Verdes, Libro II, Acta No. 213, p. 59 – 61.

[666] Libro de Actas de Reuniones de la Comunidad de Lomas Verdes, Libro II, Acta No. 199, p. 39 – 43.

[667] Libro de Actas de Reuniones de la Comunidad de Lomas Verdes, Libro II, Acta No. 206, p. 52 – 53.

En la reunión del 20 de marzo de 2012 se informó que toda la data de la economía de la casa, a partir del año 2011 se había borrado, toda la información estaba guardad en el Backup del programa Quirkbooks[668].

Terrenos de Villaverde (2005)

El día 25 de enero de 2005 se dialogó sobre los terrenos que la comunidad había comprado en las inmediaciones de las Urbanizaciones Villa Verde y las Américas. Esta discusión fue pedida por el P. Vicario y su Consejo al solicitar que le dieran sugerencias de qué hacer con dichos terrenos.

Se le propuso en orden de importancia las siguientes posibilidades:

1. Hacer Capilla para los servicios religiosos de Villas de San Agustín I y II, Villa Verde, Las Américas y zonas aledañas y construir un centro de envejecientes (proyecto de Justicia y Paz del Vicariato), abierto a los religiosos que desearan pasar sus últimos años allí.
2. Hacer Capilla y un Centro de Atención a Niños(as) pequeños(as) que sirva para alimentar después el número de alumnos del Colegio San Agustín.
3. Hacer Capilla y Vender el resto del terreno para recuperar parte del dinero invertido por los PP. Agustinos[669].

Sugerencias para su realización:

1. La comunidad ve conveniente estudiar la viabilidad de cada proyecto con un ingeniero para ver las exigencias de ARPE y de otras agencias gubernamentales, antes de tomar la decisión.
2. Para la Capilla debe dejarse la cantidad de terreno que se necesite para este proyecto.
3. Entradas, calles, estacionamientos, futuro salón de reuniones... El pago del terreno para la capilla a la Sociedad de PP. Agustinos, correrá a cargo de la Parroquia y de las citadas urbanizaciones.

[668] Libro de Actas de Reuniones de la Comunidad de Lomas Verdes, Libro II, Acta No. 230, p. 92 – 93.
[669] Libro de Actas de Reuniones de la Comunidad de Lomas Verdes, Libro II, Acta No. 198, p. 36 – 39.

4.   Se debe segregar el terreno de la Capilla, que pasarían a ser propiedad de la Iglesia y para el proyecto 1ª. ó 2ª. Que quedarían como propiedad de la sociedad de PP. Agustinos[670].

Promoción Vocacional (2005)

En la reunión del 8 de junio de 2005 se informó que la Promoción Vocacional sería durante los fines de semana del mes de junio. Habría una convivencia vocacional a mediados de julio en el Seminario[671].

Primera y Tercera Casas de los Padres Agustinos en Lomas Verdes (2005)

La Segunda y Tercera Casas de los Padres Agustinos en Lomas Verdes eran dos casas vendidas por empresas desarrolladoras de la Segunda Sección de la Urbanización Lomas Verdes. Como terrenos estaban muy bien ubicados para el aprovechamiento del Colegio y la Parroquia San Agustín debido a que sólo les separa la calle Duende.

En la reunión del 30 de noviembre de 2005 los hermanos de comunidad pensaron en derribar la Tercera Casa de los Padres Agustinos en Lomas Verdes disponer del terreno de estas instalaciones para estacionamientos parroquiales.[672]

El 26 de abril de 2006 se trató, una vez más, acerca de la construcción de un edificio de utilidad en los terrenos de la Primera y Tercera Casa de los Padres Agustinos en Lomas Verdes. Se debía tener visión de futuro, sobre todo dotar la parroquia del salón del que no disfrutaba.[673].

---

[670] Libro de Actas de Reuniones de la Comunidad de Lomas Verdes, Libro II, Acta No. 198, p. 36 – 39.

[671] Libro de Actas de Reuniones de la Comunidad de Lomas Verdes, Libro II, Acta No. 200, p. 43 – 45.

[672] Libro de Actas de Reuniones de la Comunidad de Lomas Verdes, Libro II, Acta No. 202, p. 48 – 49.

[673] Libro de Actas de Reuniones de la Comunidad de Lomas Verdes, Libro II, Acta No. 205, p. 51.

Este mismo tema fue planteado el 18 de mayo de 2007 sin llegar a ningún acuerdo sobre el particular.[674]

Contratos con los Empleados (2005)

En la reunión del 7 de febrero de 2006 el P. Félix informó sobre los contratos con el sacristán Rafael Martínez, la secretaria Elisabeth y la cocinera Balbina.[675]

Comunión en el Apostolado (2004)

En la reunión del 25 de marzo de 2005 se hizo una nueva distribución del trabajo parroquial a raíz de la renuncia del P. Benigno Palomo, esta fue:

-   P. Felipe: lunes y miércoles.
-   P. Benigno: martes y viernes.
-   P. Carlos: jueves y viernes[676].

Después del traslado del P. Félix Moratiel a España en 2007, los PP. Felipe y Domingo se distribuyeron el trabajo de la siguiente manera:

1. Días de Oficina: P. Felipe: martes, jueves y sábados, P. Domingo: lunes, miércoles y viernes. Al que le toque la oficina atenderá cualquier necesidad que se presente y atenderá el teléfono durante ese día. El domingo atenderá esas necesidades al que le toque decir la Misa de 6:00 p.m[677].
2. El P. Felipe se encargará de la Capilla de Juan Sánchez. El P. Domingo se encargará de los jóvenes. Se motivará a los jóvenes

---

[674] Libro de Actas de Reuniones de la Comunidad de Lomas Verdes, Libro II, Acta No. 209, p. 55 – 56.

[675] Libro de Actas de Reuniones de la Comunidad de Lomas Verdes, Libro II, Acta No. 203, p. 49 – 51.

[676] Libro de Actas de Reuniones de la Comunidad de Lomas Verdes, Libro II, Acta No. 200, p. 43 – 45.

[677] Libro de Actas de Reuniones de la Comunidad de Lomas Verdes, Libro II, Acta No. 210, p. 56 – 57.

para que participe alguno en el encuentro que va a haber en noviembre en República Dominicana[678].

En la reunión del 8 de octubre de 2011 se hizo la distribución pastoral del trabajo:

1.   Encargados
   -   Parroquia San Agustín: P. Felipe Fernández.
   -   Capilla San Martín de Porres: P. Gonzalo González.
   -   Capilla Ntra. Sra. del Buen Consejo: P. Carlos Algarín.

Cada sacerdote se encargará de la catequesis, enfermos, grupos, planta física, etc. y todo lo concerniente a la comunidad, tomando en consideración las fiestas y celebraciones de los triduos.

2.   Distribución de oficinas:
   -   Lunes y miércoles: P. Gonzalo González,
   -   Martes y viernes: P. Carlos Algarín,
   -   Jueves y sábado: P. Felipe Fernández.

Cada sacerdote atenderá todo lo que sea solicitado en los días que le toca la oficina: bodas, enfermos, difuntos, celebraciones, etc.

3.   Grupos Parroquiales:
      En cuanto a los grupos parroquiales la distribución quedó de la siguiente manera:
   -   P. Carlos Algarín: Pastoral Juvenil, Benefactores, Carismáticos, Catequesis de Adultos.
   -   P. Gonzalo González: Legión de María, Capellanía del Hospital Regional.

Hablamos además de la petición para cambios de firmas de la comunidad y de la Parroquia así como de la cuenta de la Capilla Ntra. Señora del Buen Consejo[679].

---

[678] Libro de Actas de Reuniones de la Comunidad de Lomas Verdes, Libro II, Acta No. 210, p. 56 – 57.
[679] Libro de Actas de Reuniones de la Comunidad de Lomas Verdes, Libro II, Acta No. 222, p. 75 – 76.

En la reunión del 3 de abril de 2008 se redistribuyó:

1. Oficina:
    - Lunes y miércoles: P. Domingo.
    - Jueves y sábados: P. Felipe.
    - Martes y viernes: P. Edwin.

2. Misas: las misas serán rotativas entre todos. Hay que estar disponible para confesar media hora antes de cada misa.

3. Grupos Apostólicos:
    - P. Edwin – Grupo de jóvenes (incluyendo la Confirmación), Legión de María, Monaguillos y Benefactores.
    - P. Domingo – Pastoral Familiar, Renovación Carismática y Cofradía del Sagrado Corazón.
    - P. Felipe – Coros, Ministros de la Comunión y otros.

4. Capillas:
    - P. Felipe: Iglesia Parroquial.
    - P. Edwin: Capilla San Martín de Porres.
    - P. Domingo: Capilla del Buen Consejo.

5. El día 30 de abril, comenzando con la Misa a las 7:00 p.m. nos visitará el grupo musical Song By four y hay que darles promoción.

6. Consejo Pastoral Parroquial: se formó de forma provisional. Eligieron como moderador al Señor Alberto Irizarry y a Lucy como Secretaria. El Consejo se reunirá el día 16 de abril, para ir formando a los diferentes comités.

Procesión de Viernes Santo: se propuso cambiar las andas de madera por andas de aluminio debido a su mucho peso[680].

---

[680] Libro de Actas de Reuniones de la Comunidad de Lomas Verdes, Libro II, Acta No. 213, p. 59 – 61.

Compartir Fraterno en Navidad (2010)

En la reunión del 26 de noviembre de 2010 se informa que la Zona Metro tendría un compartir fraterno con motivo de:
- Noche Buena: Santurce.
- Despedida de Año: San Agustín.
- Día de Reyes: Santa Rita[681].

En la reunión del 26 de noviembre de 2010 se indica que se estaba buscando que el nuevo grupo esté integrado por personas jóvenes[682].

2. PASTORAL PARROQUIAL

2.1. Proyectos Pastorales

Visita Pastoral (2004)

En la reunión del 26 de mayo de 2004 se informó sobre la visita pastoral que iba a realizar Mons. Hermín Negrón Santana. Sería el sábado 5 al lunes 7 de junio. Estaría con nosotros presidiendo las misas del sábado a las 7:30 p.m. La fiesta de San Agustín será a las 7:30 p.m. el sábado 28 y no tendremos misa en la Capilla San Martín. Como preparación estaremos vendiendo los libros de la Vida y Pensamientos de San Agustín[683].

Boletín Parroquial (2004)

En la reunión del 8 de septiembre se indica que las canciones del Boletín Parroquial se sugiere que sean conocidas por la gente. Se han

---

[681] Libro de Actas de Reuniones de la Comunidad de Lomas Verdes, Libro II, Acta No. 223, p. 76 – 78.
[682] Libro de Actas de Reuniones de la Comunidad de Lomas Verdes, Libro II, Acta No. 223, p. 76 – 78.
[683] Libro de Actas de Reuniones de la Comunidad de Lomas Verdes, Libro II, Acta No. 196, p. 31 – 34.

distribuido a los coros un cassette con los Salmos con todas las canciones para que los vayan aprendiendo y los cante un salmista en las misas[684].

Centro Parroquial San Agustín (2006)

En la reunión del 23 de mayo de 2006 se dice que "el padre Domingo continuó informando acerca de cómo van los trámites acerca de la construcción en los dos solares de enfrente a la iglesia"[685].

En la reunión del 18 de agosto de 2006 se habló ampliamente del progreso de la nueva edificación en los dos solares que están frente a la iglesia parroquial, así como de la salida de la inquilina que ocupa una de las dos casas[686].

En la reunión del 27 de mayo de 2008, el P. Domingo comentó que espera que la señora se mude esta semana. Por la espera de la construcción se ha duplicado el costo[687].

En la siguiente reunión del 22 de julio del mismo año el P. Domingo informa que va caminando y se ha adelantado bastante[688].

En esta misma reunión comentó que hay que hacer un uso adecuado del Colegio y la Parroquia. Hay que darle mantenimiento, por lo que llevará unos gastos (luz, agua) y alguien encargado para que funcione bien[689].

En la reunión del 11 de noviembre de 2008 el P. Domingo indicó que lo que queda son terminaciones. Hasta el 31 de octubre se habían gastado sólo 446,445.28. Con esto están pagas las ventanas, puertas y la

---

[684] Libro de Actas de Reuniones de la Comunidad de Lomas Verdes, Libro II, Acta No. 197, p. 34 – 36.
[685] Libro de Actas de Reuniones de la Comunidad de Lomas Verdes, Libro II, Acta No. 206, p. 52 - 53.
[686] Libro de Actas de Reuniones de la Comunidad de Lomas Verdes, Libro II, Acta No. 207, p. 53 - 54.
[687] Libro de Actas de Reuniones de la Comunidad de Lomas Verdes, Libro II, Acta No. 214, p. 61 – 62.
[688] Libro de Actas de Reuniones de la Comunidad de Lomas Verdes, Libro II, Acta No. 215, p. 63 – 64.
[689] Libro de Actas de Reuniones de la Comunidad de Lomas Verdes, Libro II, Acta No. 215, p. 63 – 64.

losa. El presupuesto menor era de $536,000.00 al respecto de los gastos de mantenimiento correrá por el Colegio. Hay que crear un comité que integre personas del Colegio y de la Parroquia y que no sea mayor de cinco (5) personas que se encarguen de de la seguridad de todo el complejo. El Centro se utilizará cuando sea necesario. Hay que establecer normas, cuando esté funcionando. Se espera que pueda ser utilizado para el tiempo de cuaresma[690].

En la reunión del 27 de enero de 2009 se informa que para el día 17 de enero de ese año ya se había gastado la cantidad de $562,386.30, faltaba por comprar dos sillas, mesas y estufas. Había solamente 250 sillas. En cuanto al servicio de luz, se hará la solicitud de Instalación y solicitud de contador. Falta además montar los baños, lámparas de la parte de abajo. Se está haciendo la tarima. El equipo de sonido, amplificador y proyector no están caros. Se llamará Centro San Agustín[691].

En la reunión del 2 de abril de 2009 se indica: en cuanto al Centro San Agustín: ya tiene el amplificador colocado. Los micrófonos son inalámbricos y están graduados en la caja. El colegio se encargará de comprar las sillas y los muebles. Los salones se usarán para la Pascua Familiar. No se pueden utilizar los salones de clases. Se utilizarán la pantalla y el proyector en alguna actividad[692].

En la reunión del 28 de agosto de 2009 se indicó que se habían detectado algunos fallos en la construcción del Centro San Agustín:

1.   Aire acondicionado del segundo piso estaba goteando.
2.   Aire acondicionado del salón de kínder.
3.   Primer salón – sale agua por la base del inodoro y por el piso.

Fueron arreglos pendientes[693].

---

[690]   Libro de Actas de Reuniones de la Comunidad de Lomas Verdes, Libro II, Acta No. 216, p. 65 – 66.
[691]   Libro de Actas de Reuniones de la Comunidad de Lomas Verdes, Libro II, Acta No. 217, p. 67 – 68.
[692]   Libro de Actas de Reuniones de la Comunidad de Lomas Verdes, Libro II, Acta No. 218, p. 68 – 69.
[693]   Libro de Actas de Reuniones de la Comunidad de Lomas Verdes, Libro II, Acta No. 220, p. 71 – 72.

En esta misma reunión se programó sin establecer fechas la Inauguración del Centro Parroquial San Agustín, constaba de los siguientes actos:

- Acto de Bendición del Centro San Agustín a la entrada del mismo.
- El Obispo irá bendiciendo cada dependencia, luego habrá un compartir en el Salón Grande del Centro en el segundo piso[694].

Sínodo de la Arquidiócesis de San Juan (2006)

En la reunión del 18 de agosto de 2006 los Padres dialogaron sobre su participación en el Sínodo Diocesano que tendría lugar en su inicio el día 16 de septiembre de 2006.[695]

Censo Arquidiocesano (2010)

En la reunión del 26 de noviembre de 2010 se habló del Censo Arquidiocesano. Para el mismo se preparó un curso – taller para la entrada de datos[696]. El 28 de enero de 2011 se habló del ultimar detalles del censo, se comenzará con la elaboración de la ficha de Registro Parroquial[697]. En la reunión del 14 de junio de 2011 se terminó y se envió a la diócesis[698].

---

[694] Libro de Actas de Reuniones de la Comunidad de Lomas Verdes, Libro II, Acta No. 220, p. 71 – 72.

[695] Libro de Actas de Reuniones de la Comunidad de Lomas Verdes, Libro II, Acta No. 207, p. 53 - 54.

[696] Libro de Actas de Reuniones de la Comunidad de Lomas Verdes, Libro II, Acta No. 223, p. 77 – 78.

[697] Libro de Actas de Reuniones de la Comunidad de Lomas Verdes, Libro II, Acta No. 224, p. 79 – 81.

[698] Libro de Actas de Reuniones de la Comunidad de Lomas Verdes, Libro II, Acta No. 226, p. 83 – 85.

2.2. Liturgia

Cuaresma (2006)

En la reunión del 2 de febrero de 2006 la misa de los enfermos tendrá lugar el 12 de marzo a partir de las 2:00 p.m. comenzando con las confesiones. El 18 de febrero se celebrará el Concierto de Coros, dedicado a la Parroquia, en el Teatro Braulio Castillo. Habrá un Retiro el 19 de marzo para los Padres de los Niños de la Catequesis, de 12 m. a 5:00 p.m. También el 26 del mismo mes habrá otro Retiro para los confirmandos, para sus papás y para sus padrinos.

Finalmente los Sembradores de Fe tendrán un Retiro el 2 de abril. En cuanto a otras actividades de la cuaresma serán las ya acostumbradas o fijas, como viacrucis entre otras...[699]

Solemnidades y Fiestas

Día Familiar (2004)

En la reunión del 26 de mayo de 2004 se indica que se está planificando el día familiar parroquial con motivo de los 40 años de la Parroquia y la celebración del Jubileo Dominicano – Agustiniano, del nacimiento de San Agustín el 13 de noviembre[700].

El 8 de junio de 2005 se informó que el Día Familiar será el domingo 4 de septiembre de 2005 desde las 11:00 a.m. hasta las 5:00 p.m. en los predios del Colegio – Parroquia. Ya hay un comité encargado de la organización[701].

En la reunión del 22 de julio de 2008 se determinó que se iba a realizar una Bicicletada Familiar el día 12 de octubre[702].

---

[699] Libro de Actas de Reuniones de la Comunidad de Lomas Verdes, Libro II, Acta No. 203, p. 49 – 51.

[700] Libro de Actas de Reuniones de la Comunidad de Lomas Verdes, Libro II, Acta No. 196, p. 31 – 34.

[701] Libro de Actas de Reuniones de la Comunidad de Lomas Verdes, Libro II, Acta No. 200, p. 43 – 45.

[702] Libro de Actas de Reuniones de la Comunidad de Lomas Verdes, Libro II, Acta No. 215, p. 63 – 64.

Día de los Abuelos (2008)
En la reunión del 27 de mayo de 2008 se indica que el día de los abuelos será el 26 de julio en la misa de 7:30 p.m. Se espera que los niños y los jóvenes realicen algo con sus abuelos[703].

Años Declarados por la Iglesia

Año de la Eucaristía (2004)
En la reunión del 8 de septiembre de 2004 se indicó que con motivo del año de la Eucaristía y la celebración del 48vo. Congreso Eucarístico Internacional se celebrará la Misa Votiva de la Santísima Eucaristía los días 18 y 19 de septiembre y la comunión se distribuirá bajo las dos especies. Esta semana debemos desarrollar actividades en torno al tema de la Eucaristía, animar a los feligreses a participar de la Exposición del Santísimo y la Hora Santa. Se sugiere que aprovechemos las misas del miércoles y el jueves para hablar de la eucaristía.[704]

Año Paulino (2008)
En la reunión del 27 de mayo de 2008 se indicó que se realizará la inauguración del Año Paulino día 18 de junio antes de la misa de 7:30 p.m[705]. Entre las sugerencias que para la celebración de este año surgieron estuvieron las siguientes:

1. Impartir clases de Biblia referente a San Pablo. Las cuales se realizarían del 12 de enero hasta el 24 de febrero de 2009.
2. Taller o retiro impartido por un conocedor especializado en San Pablo. Se menciona al P. Norberto y al P. Ángel.
3. Lectura de San Pablo realizada mes por mes[706].

---

[703] Libro de Actas de Reuniones de la Comunidad de Lomas Verdes, Libro II, Acta No. 214, p. 61 – 62.
[704] Libro de Actas de Reuniones de la Comunidad de Lomas Verdes, Libro II, Acta No. 197, p. 34 – 36.
[705] Libro de Actas de Reuniones de la Comunidad de Lomas Verdes, Libro II, Acta No. 214, p. 61 – 62.
[706] Libro de Actas de Reuniones de la Comunidad de Lomas Verdes, Libro II, Acta No. 214, p. 61 – 62.

En la reunión del 22 de julio de 2008 se informó que se había repartido dos trípticos (uno al inicio y otro al final para el mes de julio. Se presentará una Película sobre San Pablo, para que sea proyectada en la Iglesia y en las Capillas. La Lectio Divina se ha dado a todos y la gente va respondiendo bien. La comisión de San Pablo ha hecho un programa a realizar durante el año:

-    Se realizará un día de reflexión en el mes de octubre. Es sobre San Pablo y la Familia[707].

En la reunión del 2 de abril de 2009 se indica que la clausura del año paulino sería el 28 de junio[708]. En la misa de 6:00 p.m. contando con la participación de los coros[709].

Año Sacerdotal (2010)
En la reunión del 23 de febrero de 2010 el P. Felipe Fernández, párroco presentó el programa que se iba a seguir en el año sacerdotal:

1.   Se han llevado con éxito tanto su apertura como las misas de Aguinaldo, ofreciéndolas cada día por uno de los párrocos que ha tenido esta Parroquia, con algo de sus vidas y testimonios. También se preparó la película del Santo Cura de Ars a toda la comunidad y otro día a los catequistas con complemento de la Parroquia.
2.   El 25 de febrero se tendrá un acto vocacional parroquial. El 7 de marzo se tendrá una peregrinación a Aguada y San Germán "al encuentro de historia agustiniana en P.R." El día 13 de marzo habrá un encuentro juvenil de los grupos de Confirmación y grupo de jóvenes con los sacerdotes. Invitaremos al P. Carlos Algarín. El 20 de marzo visitarán el

---

[707] Libro de Actas de Reuniones de la Comunidad de Lomas Verdes, Libro II, Acta No. 215, p. 63 – 64.
[708] Libro de Actas de Reuniones de la Comunidad de Lomas Verdes, Libro II, Acta No. 218, p. 68 – 69.
[709] Libro de Actas de Reuniones de la Comunidad de Lomas Verdes, Libro II, Acta No. 219, p. 70 – 71.

Seminario los grupos pre – juveniles: los dos de la Parroquia y el de Juan Sánchez. La clausura la tendremos el 19 de junio[710].

Año de la Familia (2010)

En la reunión del 23 de febrero de 2010 se tuvo la reunión en la que se planificó el Año de la Familia:

1. Seminario de Vida en el Espíritu durante siete martes seguidos de 7 a 9 de la noche en el Centro San Agustín.
2. Vigilia de oración por las vocaciones y la familia en unión con todas las parroquias agustinianas el día 11 de marzo a las 7:00 p.m.
3. Retiro cuaresmal para padres y padrinos de los confirmandos y padres de los niños de la primera comunión en el Centro el 21 de marzo.
4. Pascua Familiar: jueves – viernes y sábado santo de 8 a 11:30 a.m. para niños, jóvenes y adultos y su preparación los sábados de cuaresma.
5. Día de las madres y padres con programa especial.
6. Fiesta de S. Agustín y Triduo dedicado a la Familia.
7. Día Familiar en los predios del Colegio el día 5 de septiembre.
8. Visita de la Sagrada Familia de la Parroquia (5 imágenes en sus nichos) a las Familias de la Parroquia y entronización del Sagrado Corazón de Jesús en el Hogar.
9. Películas de ayuda familiar y coloquios[711].

Año de la Parroquia (2011)

En la reunión del 28 de enero de 2011 se indican las actividades sobre el Año de la Parroquia:

- Reunión de todos los representantes de cada grupo, ministros.
- Exposición al Santísimo un día viernes.
- Recurso para predicar Hna. Minerva Maldonado.

---

[710] Libro de Actas de Reuniones de la Comunidad de Lomas Verdes, Libro II, Acta No. 221, p. 73 – 74.

[711] Libro de Actas de Reuniones de la Comunidad de Lomas Verdes, Libro II, Acta No. 221, p. 73 – 74.

-      Preparar un tríptico con tales motivos[712].

En la reunión del 15 de noviembre de 2011 se indicó que con motivo del Año de la Parroquia las tres Posadas de Adviento tendrían los siguientes temas:

-      Parroquia y Palabra.
-      Parroquia y Sacramentos.
-      Parroquia y Vida Comunitaria.

Durante el Adviento, además, se entregarían trípticos sobre este año y se presentarían dos temas de cinco minutos antes de cada misa.

La clausura de este año y su celebración sería el domingo 30 de diciembre de 2011, día de la Sagrada Familia, en el Centro San Agustín. Se invitará a los que ganaron los concursos de trovadores[713].

Año de la Fe (2012)

En la reunión del 10 de octubre de 2012 se habló sobre el Año de la Fe desde diversas perspectivas. Se espera que todas confluyan para el bienestar de la parroquia:

1.   Comunidad:
  -    Utilizar el subsidio litúrgico que se envió de la Arquidiócesis,
  -    Apertura del Año de la Fe en la misa del 14 de octubre en la parroquia y las capillas, al final se entregará un recordatorio con el logos del año de la fe.
  -    Hacer dos banners adicionales a los ya mandados a hacer con el símbolo de los apóstoles.
  -    Charla Familia y Fe organizada por la Pastoral Familiar, el domingo 28 de octubre desde la 1:00 hasta las 5:00 p.m.
  -    Catequesis para Padres de Catequizandos sobre la fe y el credo durante todo el año.

---

[712] Libro de Actas de Reuniones de la Comunidad de Lomas Verdes, Libro II, Acta No. 224, p. 79 – 81.

[713] Libro de Actas de Reuniones de la Comunidad de Lomas Verdes, Libro II, Acta No. 228, p. 87 – 89.

- Arca Peregrina de la Fe: se recibirá en 20 de octubre en la misa de 7:30 p.m.

2. P. Gonzalo:
- Como en este año de la fe se celebra el 50 aniversario de la apertura del Concilio Vaticano II al ser un documento tan amplio, se debe dar importancia a la Lumen Gentium, sobre Constitución Dogmática sobre la Iglesia.
- Se debía enfatizar más la lectura, conocer más el Catecismo de la Iglesia Católica.
- Dar más importancia a las fiestas, solemnidades en honor a la Santísima Virgen María (Asunción, Inmaculada Concepción).
- Dar importancia a las celebraciones penitenciales[714].

3. P. Carlos en la Vicaría de Bayamón:
- 13, y 14 de octubre 2012: apertura a nivel parroquial.
- 19 de noviembre de 2012: María bajo las estrellas. Apertura del Año de la Fe a nivel arquidiocesano en el Santuario.
- A nivel de Vicaría de Bayamón: se estará realizando un vía – crucis el primer viernes de Cuaresma.
- 8 de noviembre de 2012: presentación del Plan Nacional de Pastoral en su segunda etapa "juzgar" y misa para los sacerdotes difuntos de la Arquidiócesis en la parroquia Santísima Trinidad de Levitown (11:30 a.m.).
- Fiesta de Navidad: 27 de diciembre de 2012, en el Santuario Espíritu Santo, Dorado.

4. Sugerencias de la Arquidiócesis:
- Que alguna persona dé testimonio de su fe públicamente,
- Peregrinaciones a Roma o a Tierra Santa,
- Visita a algún Santuario aquí en Puerto Rico. Este año es el Aniversario Monserratino, por lo que la peregrinación parroquial podría ser al Santuario de Nuestra Señora de Hormigueros.

---

[714] Libro de Actas de Reuniones de la Comunidad de Lomas Verdes, Libro II, Acta No. 232, p. 95 – 98.

- Jornada Mundial de la Juventud: participación de algunos de nuestros jóvenes, que garanticen un seguimiento y liderazgo. En este particular el P. Carlos hizo referencia al aspecto económico y a las dificultades que tiene muchos de nuestros jóvenes para recolectar el dinero[715].

En la reunión del 28 de noviembre de 2012 se sugirió también:

- Adquisición de Catecismos de la Iglesia Católica para difundirlo.
- Publicación de fragmentos del mismo en los Boletines Parroquiales.
- Establecer catequesis, talleres en torno al tema[716].

Devociones

Peregrinaciones Parroquiales (2005)

En la reunión del 25 de enero de 2005 se informa que la peregrinación se iba a realizar hacia Camuy, donde se visitaría el Monte Calvario y los Esclavos de la Eucaristía[717].

En la reunión del 28 de enero de 2011 se pidió que la peregrinación parroquial se realice hacia la diócesis de Fajardo – Humacao[718]. En la reunión del 7 de abril de 2011 se indicó que la siguiente peregrinación sería hacia Hormigueros y Aguada; a la vez que se dialogó sobre la carta enviada por Mons. Eusebio Ramos en atención y acogida en la peregrinación hacia su diócesis[719].

---

[715] Libro de Actas de Reuniones de la Comunidad de Lomas Verdes, Libro II, Acta No. 232, p. 95 – 98.

[716] Libro de Actas de Reuniones de la Comunidad de Lomas Verdes, Libro II, Acta No. 233, p. 99 – 100.

[717] Libro de Actas de Reuniones de la Comunidad de Lomas Verdes, Libro II, Acta No. 198, p. 36 – 39.

[718] Libro de Actas de Reuniones de la Comunidad de Lomas Verdes, Libro II, Acta No. 224, p. 79 – 81.

[719] Libro de Actas de Reuniones de la Comunidad de Lomas Verdes, Libro II, Acta No. 225, p. 82.

Se acordó ir a Yauco en la reunión del 15 de enero de 2013[720].

Memoria del Beato Carlos Manuel Rodríguez (2005)
En la reunión del 8 de junio de 2005 se indica que la fiesta del Beato Carlos Manuel Rodríguez será el miércoles 13 de julio en todas las misas, pero en especial en la de 7:30 p.m. en la Iglesia Parroquial[721].

Retiro de Sanación (2011)
En la reunión del 28 de enero de 2011 se indicó la realización de un Retiro de Sanación el día 10 de abril de 2011[722].

2.3. Sacramentos

Sacramentos de Iniciación Cristiana

En la reunión del 8 de junio se habla del taller para catequistas, será los lunes 14 y 15 de junio en el Salón Parroquial de 7:00 – 9:00 p.m. Lo organizará el P. Felipe con los coordinadores. El taller pretende ayudar a los catequistas en la metodología para preparar y dar las clases a los niños, además, de servir de ayuda a nuevos catequistas.

El próximo semestre se está organizando un grupo de personas para promover la participación de los niños de las residencias a la catequesis. Se ocuparán de ir casa por casa para hacer la invitación. También, se les facilitará transportación a los niños de estos residenciales.

Pasadía de los catequistas será el 12 de junio en una casa en la playa de Humacao[723].

---

[720] Libro de Actas de Reuniones de la Comunidad de Lomas Verdes, Libro II, Acta No. 234, p. 100 – 101.

[721] Libro de Actas de Reuniones de la Comunidad de Lomas Verdes, Libro II, Acta No. 200, p. 43 – 45.

[722] Libro de Actas de Reuniones de la Comunidad de Lomas Verdes, Libro II, Acta No. 224, p. 79 – 81.

[723] Libro de Actas de Reuniones de la Comunidad de Lomas Verdes, Libro II, Acta No. 200, p. 43 – 45.

En la reunión del 26 de noviembre de 2010 se dijo que se escogería una fecha para presentar a las personas que estaban preparándose para recibir la iniciación cristiana de adultos[724].

Curso de Formación Cristiana para Adultos (2006)
En la reunión del 18 de agosto de 2006 se aprobó ofrecer un curso de Formación Cristiana para Adultos comenzando el 11 de septiembre de este año a las 7:30 a 8:30 p.m., todos los lunes, terminando el mismo en el Adviento[725].

Comunión bajo las dos especies (2006)

En la reunión del 18 de agosto de 2006 se decidió dar una catequesis el próximo domingo acerca de impartir la comunión bajo las dos especies, que culminaría el próximo domingo día 27 de agosto[726].

En la reunión del 24 de enero de 2007 se indica que se determinaron cuestiones prácticas para distribuir la comunión bajo las dos especies, al mismo tiempo que del reclutamiento de nuevos ministros extraordinarios de la comunión[727].

Novenario de Difuntos (2008)

En la reunión del 27 de mayo de 2008 se informó que ya estaba organizado el Comité de rezos de Novenario de Difuntos y se les entregó un esquema a seguir[728].

---

[724] Libro de Actas de Reuniones de la Comunidad de Lomas Verdes, Libro II, Acta No. 223, p. 76 – 78.

[725] Libro de Actas de Reuniones de la Comunidad de Lomas Verdes, Libro II, Acta No. 207, p. 53 - 54.

[726] Libro de Actas de Reuniones de la Comunidad de Lomas Verdes, Libro II, Acta No. 207, p. 53 - 54.

[727] Libro de Actas de Reuniones de la Comunidad de Lomas Verdes, Libro II, Acta No. 208, p. 54 – 55.

[728] Libro de Actas de Reuniones de la Comunidad de Lomas Verdes, Libro II, Acta No. 214, p. 61 – 62.

Matrimonios (2009)

En la reunión del 28 de agosto de 2009 se indicó que la actividad de los matrimonios sería desde las 9:00 a.m. hasta las 4:30 p.m. para parejas de matrimonios. Las personas que lo organizan trabajan en combinación con Manresa[729].

Ministros Extraordinarios de la Comunión (2010)

En la reunión del 8 de octubre de 2010 se informa: Formación de los Ministros Extraordinarios de la Comunión. A partir del mes de enero de 2011 comenzará un nuevo grupo[730].

En la reunión del 10 de octubre de 2012 se informa que durante la misa vendrán vestido de blusa o camisa blanca con pantalón o falda negra para distinguirse de los ujieres de las misas[731].

Diaconado Permanente (2012)

En la reunión del 28 de noviembre de 2012 el P. Felipe indicó que la fecha tope para presentar los candidatos al diaconado es el 31 de enero de 2013. Sus candidatos fueron los Sres. Juan Rosario y Alberto Irrizarry. Ambos fueron aprobados por la comunidad[732].

2.4. Fiestas Patronales

Fiesta Parroquial Pascual y Apertura del Jubileo Agustiniano (2004)

En la reunión del 30 de marzo de 2004 se determinó "tener ambas fiestas el día 24 de abril, la misa sería a las 7:00 p.m. y no tendrían misa

---

[729]   Libro de Actas de Reuniones de la Comunidad de Lomas Verdes, Libro II, Acta No. 220, p. 71 – 72.

[730]   Libro de Actas de Reuniones de la Comunidad de Lomas Verdes, Libro II, Acta No. 222, p. 75 – 76.

[731]   Libro de Actas de Reuniones de la Comunidad de Lomas Verdes, Libro II, Acta No. 232, p. 95 – 98.

[732]   Libro de Actas de Reuniones de la Comunidad de Lomas Verdes, Libro II, Acta No. 233, p. 99 – 100.

en San Martín. Con motivo del jubileo se tendría otras celebraciones para las fechas del 28 de agosto y 13 de noviembre.

Con motivo de los 40 Años de la Parroquia y del Jubileo Agustiniano se han preparado unas camisetas que se venderán al final de la misa[733].

En la reunión del 8 de septiembre se indica que ya se está organizando la celebración de los 1650 años del nacimiento de nuestro Padre S. Agustín para el 13 de noviembre con una misa a las 7:00 p.m. y un certamen de pintura sobre San Agustín[734].

Según consta en el acta de la reunión del 27 de octubre de 2008 la clausura del jubileo se celebró el día 13 de noviembre de 2008, fecha del nacimiento de San Agustín. Este día se tuvo el rezo de la Coronilla Agustiniana a las 6:45 p.m.; a las 7:00 p.m. la Misa Solemne presidida por el P. Saturnino Juan Vega, Vicario de las Antillas, y a las 8:30 p.m. fue la parte social con una Noche Jíbara y la Premiación de las pinturas sobre San Agustín[735].

En la reunión del 20 de marzo de 2012 la comunidad recibió la información de que en el día de San Agustín sería presentada oficialmente la Fraternidad Secular Agustiniana[736].

Triduo a San Agustín (2005)

En este año, según la reunión del 8 de junio de 2005, sus temas serían:

25 agosto: Jubileo Agustiniano.

26 agosto: San Nicolás de Tolentino y Santo Tomás de Villanueva.

27 agosto: San Agustín y Santa Mónica.

---

[733] Libro de Actas de Reuniones de la Comunidad de Lomas Verdes, Libro II, Acta No. 195, p. 29 – 31.
[734] Libro de Actas de Reuniones de la Comunidad de Lomas Verdes, Libro II, Acta No. 197, p. 34 – 36.
[735] Libro de Actas de Reuniones de la Comunidad de Lomas Verdes, Libro II, Acta No. 198, p. 36 – 39.
[736] Libro de Actas de Reuniones de la Comunidad de Lomas Verdes, Libro II, Acta No. 230, p. 92 – 93.

28 agosto: Gran Fiesta que comienza a las 5:30 p.m. con la
Procesión de la imagen del santo; 6:00 p.m. Eucaristía Solemne
presidida por Mons. Hermín Negrón, Obispo Auxiliar de la
Arquidiócesis de San Juan de Puerto Rico. Se terminó con unos
refrigerios[737].

Con motivo de la Fiesta de San Agustín se coordinó un certamen de
dibujos, canciones, poesías sobre San Agustín y/o la Iglesia Parroquial,
destinado a los jóvenes adultos. Los grabados iban a ser premiados en el
día familiar[738].

Todo ello se realizaría en el marco de la Semana Agustiniana
preparada por el Equipo de Pastoral Juvenil la semana anterior a la fiesta
de San Agustín, con tales motivos pasarían por las catequesis haciendo
presentación de unas filminas sobre San Agustín[739].

En la reunión del 22 de agosto de 2007 se indicó durante el triduo se
vendería un DVD sobre la Orden y la Vicaría.[740]
En la reunión del 14 de junio de 2011 se indicó la celebración
solemne del domingo 28 de agosto en la misa de 6:00 p.m. se unirán
todos los coros y se hará la presentación de la vida de San Agustín. Se
aprovechará la oportunidad para hacer un homenaje al Diácono Ignacio
Pérez[741].
En la reunión del 19 de agosto de 2011 se indicó la dedicación de
cada día:

---

[737] Libro de Actas de Reuniones de la Comunidad de Lomas Verdes, Libro II,
Acta No. 200, p. 43 – 45.
[738] Libro de Actas de Reuniones de la Comunidad de Lomas Verdes, Libro II,
Acta No. 200, p. 43 – 45.
[739] Libro de Actas de Reuniones de la Comunidad de Lomas Verdes, Libro II,
Acta No. 200, p. 43 – 45.
[740] Libro de Actas de Reuniones de la Comunidad de Lomas Verdes, Libro II,
Acta No. 210, p. 56 – 57.
[741] Libro de Actas de Reuniones de la Comunidad de Lomas Verdes, Libro II,
Acta No. 226, p. 83 – 85.

- 25 agosto: Ministros de la Comunión, tema La Parroquia y la Eucaristía. Presidió la misa el P. Reinaldo Rivera, OSA, y cantó el Coro Santa Rita.
- 26 agosto: Pastoral Juvenil, tema San Agustín y los jóvenes, testimonio de los Jóvenes que participaron de la JMJ. Presidida por el P. Carlos Algarín, coro de jóvenes.
- 27 agosto: Fiesta de Santa Mónica, Rosario y Misa por el P. Germán Lombó, presidia por el P. Felipe Fernández, coro de Santa Olaya.
- 28 agosto: Fiesta de San Agustín celebrada a las 6:00 p.m. con el tema "San Agustín servidor de la Iglesia" presidida por el P. Oscar Jiménez. Actividad comunitaria a las 7:00 p.m. Homenaje al Diácono Ignacio y dos matrimonios. Drama sobre la Vida de San Agustín, todos los coros juntos[742].

2.5. Grupos y Movimientos Pastorales

Pastoral Juvenil (2004)

En la reunión del 27 de octubre de 2004 se informa que los jóvenes que irán a República Dominicana participarán del Encuentro de Pastoral Juvenil Agustiniana a realizarse en La Vega. Marcharán el jueves 18 de noviembre y regresarán el lunes 22. El P. Carlos les acompañará[743].

Se quiere formar un equipo de Pastoral Juvenil en la Parroquia que organice las actividades juveniles. A raíz del viaje que hicieron en República Dominicana los jóvenes están muy motivados. Ya se está preparando para celebrar la pre – pascua y Pascua Juvenil[744].

La misa de jóvenes se trasladó del segundo domingo de cada mes, al cuarto domingo. A partir del mes de marzo. En la reunión del 28 de enero de 2011[745].

---

[742] Libro de Actas de Reuniones de la Comunidad de Lomas Verdes, Libro II, Acta No. 227, p. 86 – 87.

[743] Libro de Actas de Reuniones de la Comunidad de Lomas Verdes, Libro II, Acta No. 198, p. 36 – 39.

[744] Libro de Actas de Reuniones de la Comunidad de Lomas Verdes, Libro II, Acta No. 198, p. 36 – 39.

[745] Libro de Actas de Reuniones de la Comunidad de Lomas Verdes, Libro II, Acta No. 224, p. 79 – 81.

En la reunión del 28 de enero de 2011 se indicó que al P. Carlos Algarín le interesaba participar de la Jornada Mundial de la Juventud que se realizó en Madrid[746].

En la reunión del 19 de agosto de 2011 se habló sobre el Encuentro de Jóvenes que se iba a realizar en República Dominicana los días 28, 29 y 30 de octubre del 2011[747].

Pastoral Familiar (2005)

El año 2005 por la convocatoria del P. Domingo Aller se constituyó la Pastoral Familiar con varios matrimonios.

En 2008 el P. Felipe Fernández asignó como guía espiritual al P. Carlos Algarín y pidió al grupo que integrara nuevos matrimonios a fin de diversificarlo y nutrirlo con nuevas personas. Esta segunda convocatoria les exigió un trabajo más organizado: formación de sus integrantes; planificación de actividades parroquiales dirigidas a formar, catequizar, orientar y asistir a las familias; celebraciones litúrgicas; visitas a hogares y actividades comunitarias.

Con la llegada del P. Carlos Algarín en 2010 la Pastoral Familiar se comenzó a invitar diversas personas para dar charlas de formación matrimonial.

Grupos Parroquiales y Consejo de Pastoral (2006)

En la reunión del 7 de febrero de 2006 se trataron asuntos concernientes a los Grupos Parroquiales, en especial a la Pastoral Familiar de la que se encargará el P. Domingo Aller. En esta misma reunión se quedó en formar lo antes posible el Consejo de Pastoral Parroquial[748].

---

[746] Libro de Actas de Reuniones de la Comunidad de Lomas Verdes, Libro II, Acta No. 224, p. 79 – 81.

[747] Libro de Actas de Reuniones de la Comunidad de Lomas Verdes, Libro II, Acta No. 227, p. 86 – 87.

[748] Libro de Actas de Reuniones de la Comunidad de Lomas Verdes, Libro II, Acta No. 203, p. 49 – 51.

Consejo de Pastoral y Consejo Económico (2007)

En la reunión del 12 de diciembre de 2007 se indicó que se formará cuanto antes el Consejo de Pastoral y el Consejo Económico[749]. En la reunión del 5 de marzo de 2008 se determinó formar el Consejo Pastoral, de momento sería un consejo provisional que ayudase a su constitución formal[750]. En la reunión del 28 de enero de 2011 se pidió la representación de los jóvenes en el Consejo Pastoral Parroquial[751].

Colaboradores en la Contabilidad Parroquial (2007)

En la reunión del 24 de enero de 2007 se dialogó sobre la petición de colaboración de un grupo de laicos en el conteo de la colecta parroquial. Contarlas en la iglesia un grupo escogido de seglares, el mismo domingo, y enseguida llevarán el dinero al banco. Se quedó también de hablar con Don Moncho para conseguir un espacio de terreno para una nueva salida en los terrenos de Villas de San Agustín[752].

A los pies de Jesús (2007)

A los Pies de Jesús es un grupo que ofrece retiros en las parroquias. Nació el año 2007 como segregación del Grupo Juan XXIII. En principios se reunió en el Colegio Beato Carlos Manuel; luego de un diálogo con el P. Felipe Fernández pasó a reunirse en esta parroquia. Sus miembros proceden de otras parroquias aledañas a San Agustín.

Pascua Infantil (2008)

En la reunión del 5 de marzo de 2008 se determinó que se tendría un retiro para la juventud en el Colegio Beato Carlos Manuel. A su vez, por

---

[749]   Libro de Actas de Reuniones de la Comunidad de Lomas Verdes, Libro II, Acta No. 211, p. 57 – 58.

[750]   Libro de Actas de Reuniones de la Comunidad de Lomas Verdes, Libro II, Acta No. 212, p. 58 – 59.

[751]   Libro de Actas de Reuniones de la Comunidad de Lomas Verdes, Libro II, Acta No. 224, p. 79 – 81.

[752]   Libro de Actas de Reuniones de la Comunidad de Lomas Verdes, Libro II, Acta No. 208, p. 54 – 55.

primera vez se celebraría la Pascua Infantil con sus respectivas familias los días jueves – viernes y sábado santo desde las 9:00 hasta las 11:00 a.m[753].

Encuentro de los Jóvenes de la Zona Metropolitana (2010)

En la reunión del 23 de febrero se indica que el Encuentro de Jóvenes de la Zona Metropolitana se realizaría el día 22 de abril en la Parroquia Santa Rita[754].

Lectio Divina (2011)

A partir de las motivaciones que la Arquidiócesis de San Juan realizó sobre la lectura meditada de la Palabra de Dios se comenzó a reunir en la Capilla Nuestra Señora del Buen Consejo de la Urbanización Villas de San Agustín un grupo de personas con el propósito de hacer Lectio Divina. El 30 de enero de 2011 tuvieron su primera reunión guiados el P. Carlos Algarín y el Sr. Edwin Vega Silva. Este último quedó a cargo del grupo que continuaría reuniéndose mensualmente.

Reconocimientos a Laicos de la Parroquia (2011)

En la reunión del 14 de junio de 2011 se indicó que próximamente se le hará un reconocimiento a Alberto y Rosa Irizarry y a Carlos Javier y Lucy por la celebración de sus Bodas de Plata (25 Aniversario) de vida matrimonial y por su servicio a la parroquia. También se le hará un reconocimiento a Carmen Rivera, quien estaba delicada de salud[755].

---

[753] Libro de Actas de Reuniones de la Comunidad de Lomas Verdes, Libro II, Acta No. 212, p. 58 – 59.

[754] Libro de Actas de Reuniones de la Comunidad de Lomas Verdes, Libro II, Acta No. 221, p. 73 – 74.

[755] Libro de Actas de Reuniones de la Comunidad de Lomas Verdes, Libro II, Acta No. 226, p. 83 – 85.

Grupo de Ujieres del Estacionamiento y las Misas (2011)

En la reunión del 14 de junio de 2011 se indicó que habrá un grupo de Ujieres encargados de vigilar el estacionamiento[756].

En la reunión del 10 de octubre de 2012 se indica que los Ujieres de las Misas comenzarán a ejercer sus funciones el día 14 de octubre de 2012. Se encargarán de llegar la organización de las personas enfermas en los bancos del frente para que se les haga más fácil a la hora de comulgar. También serán designados para repartir las hojas sueltas, sobres, ofrecer palabra y vida y el Visitante.

Se distinguirán por el uso de una estola amarilla que identifica que son ujieres[757].

Comisiones Pastorales (2012)

En la reunión del 26 de enero de 2012 el P. Felipe hizo referencia a las cinco comisiones que se había coordinado en la parroquia:

1. Liturgia: P. Carlos Algarín y José Robledo (lectores y monitores).
2. Catequesis: P. Felipe Fernández, Sr. Alberto Irizarry y Rosa Irizarry.
3. Caridad y Solidaridad: CUPÁN.
4. Mantenimiento y mejoras de la Iglesia.
5. Pastoral Familiar: P. Carlos Algarín, Tita e Israel[758].

Fortalecimiento de CUPAN (2013)

En la reunión del 15 de enero de 2013 el P. Felipe vio la necesidad de fortalecer el Comité Pro – Ayuda al Necesitado (CUPAN) ya que son

---

[756] Libro de Actas de Reuniones de la Comunidad de Lomas Verdes, Libro II, Acta No. 226, p. 83 – 85.

[757] Libro de Actas de Reuniones de la Comunidad de Lomas Verdes, Libro II, Acta No. 232, p. 95 – 98.

[758] Libro de Actas de Reuniones de la Comunidad de Lomas Verdes, Libro II, Acta No. 229, p. 89 – 91.

pocos sus miembros, hace falta intensificar, que haya personas que ayuden a dicho comité[759].

En la reunión del 15 de mayo se informa que tendrían una gira hacia Hatillo y el Observatorio de Arecibo el día 29 de junio[760].

2.6. Actividades Pro – Fondos

Bingo Parroquial (2006)

En la reunión del 26 de abril "En cuanto a asuntos parroquiales habrá un Bingo el próximo domingo 30 de abril en el Salón Parroquial, para pagar el aire acondicionado en la capilla de Villas de San Agustín.

Gira (2006)

En la reunión del 26 de abril de 2006 se dijo que el día 28 de mayo la parroquia organizará una gira a la Montaña Santa y a la Catedral de Cagüas para los catequistas y monaguillos y, finalmente, se darán unas charlas acerca de la Virgen María los días 29, 30 y 31 de mayo a cargo del Sr. Américo[761].

Crucero de la Feligresía Parroquial (2012)

En la reunión del 28 de noviembre de 2012 se indicó que quien acompañaría en el crucero al grupo de la parroquia sería el P. Carlos Algarín[762].

---

[759] Libro de Actas de Reuniones de la Comunidad de Lomas Verdes, Libro II, Acta No. 234, p. 100 – 101.

[760] Libro de Actas de Reuniones de la Comunidad de Lomas Verdes, Libro II, Acta No. 236, p. 103.

[761] Libro de Actas de Reuniones de la Comunidad de Lomas Verdes, Libro II, Acta No. 205, p. 51.

[762] Libro de Actas de Reuniones de la Comunidad de Lomas Verdes, Libro II, Acta No. 233, p. 99 – 100.

2.7. Preparativos para los 50 Años de la Parroquia San Agustín

En la reunión del 15 de mayo de 2013 se informó que se nombraría una comisión para preparar los 50 Años de la Parroquia San Agustín de Bayamón[763].

En la reunión del 26 de noviembre de 2013 se informó sobre el proceso de los 50 años:

- Inicia y termina el día de la Sagrada Familia. En este año corresponde al 29 de diciembre y en el próximo al 28 de diciembre de 2014.
- Fiesta Central: día de San Agustín, 28 de agosto de 2014. A esta estarán invitados el Arzobispo de San Juan, el P. Provincial de Castilla y el P. Vicario de las Antillas.
- Sub – Comisiones para su coordinación:

  o Escribir la trayectoria parroquial a través de 6 Boletines que se irán publicando durante el año. Éste se hará llegar a todas las casas de la parroquia.
  o Vídeos de la vida de la parroquia.
  o Realizar las diversas actividades anuales con matiz de agradecimiento.
  o Desarrollar 50 Celebraciones por las casas. Serían 4 al mes, todos los martes.
  o Entregar un llavero como recuerdo de la fiesta.
  o Llevarle parrandas a los enfermos de 2013.
  o Afiliar Laicos de la Parroquia a la Orden y entregar reconocimientos a aquellos destacados[764].

2.8. Reparación al Templo Parroquial

En la reunión del 30 de marzo de 2004 se arreglaría el techo de la Iglesia Parroquial en verano aprovechando que no estarán los estudiantes.

---

[763] Libro de Actas de Reuniones de la Comunidad de Lomas Verdes, Libro II, Acta No. 236, p. 103.

[764] Libro de Actas de Reuniones de la Comunidad de Lomas Verdes, Libro II, Acta No. 237, p. 104 - 106.

278 JOSÉ ARIDIO TAVERAS DE LEÓN

En la reunión del 14 de junio de 2011 se dijo que la parroquia se iba a lijar y pintar sus bancos, los que no se habían podido trabajar. Arreglar algunos de los ya reparados que se han deteriorado. Este trabajo se hará en el mes de julio, en las facilidades de la cancha del Colegio.

La Iglesia parroquial se pintará por fuera entre julio y agosto. En el Centro San Agustín hay una pared que se está filtrando. Se ha pensado dar un tratamiento impermeabilizante y despés darle pintura o cubrirlo con algún tipo de zinc.

Se propuso la compra de alguna planta eléctrica para la parroquia. Se verificará presupuesto, tipo de planta y áreas que cubriría[765].

En la reunión del 15 de noviembre de 2011 se habló sobre la planta eléctrica que ya estaba puesta en su lugar, pero no se había instalado. Además de que se lavaría y pintaría la parroquia por fuera, sí como se repararía su letrero[766].

En la reunión del 10 de mayo de 2012 se habló de la reparación al piso del Centro de Espiritual y del Sagrario, reposición de luces y limpieza de los abanicos de techo. Así como de los gastos de aire producidos en las capillas debido a los entierros[767].

En la reunión del 28 de noviembre de 2012 el P. Felipe Fernández presentó la necesidad de cambiar los mandos de los abanicos y reparar el techo de la iglesia porque estaba presentando filtraciones[768].

En la reunión del 26 de noviembre de 2013 se informó que con motivo de los 50 Años se tenían los proyectos del cambio del sistema de amplificación del sonido y la colocación de dos pantallas televisoras plasmas para la proyección de las oraciones, los cánticos y avisos parroquiales[769].

---

[765] Libro de Actas de Reuniones de la Comunidad de Lomas Verdes, Libro II, Acta No. 226, p. 83 – 85.

[766] Libro de Actas de Reuniones de la Comunidad de Lomas Verdes, Libro II, Acta No. 228, p. 87 – 89.

[767] Libro de Actas de Reuniones de la Comunidad de Lomas Verdes, Libro II, Acta No. 231, p. 93 – 95.

[768] Libro de Actas de Reuniones de la Comunidad de Lomas Verdes, Libro II, Acta No. 233, p. 99 – 100.

[769] Libro de Actas de Reuniones de la Comunidad de Lomas Verdes, Libro II, Acta No. 237, p. 104 - 106.

2.9. Capillas

Capilla Nuestra Señora del Buen Consejo de la Urbanización San Agustín (2004)

En la reunión del 30 de marzo de 2004 se indica que aún el Arzobispado no ha dado su decisión sobre la compra del mismo, el P. Leonardo estuvo mirando los terrenos[770].

En la reunión del 25 de marzo de 2005 se indica que los líderes de la capilla se encargarán de gestionar con el municipio la limpieza de los terrenos del solar de Villa Verde. Además quisieran hacer otras actividades con el objetivo de seguir recaudando fondos para la construcción de su capilla[771].

De la reunión del 8 de junio de 2005 se indica que ya se está arreglando el techo de la casa y pintado las partes exteriores. Hay un grupo que se ha dado a esta tarea con mucho entusiasmo. Se está organizando una campaña de sobres para buscar donativos y poder costear los gastos. La parroquia le ha donado 3,000.00 dólares para las mejoras que incluyen el cambio de la loza del piso de la casa. Los jóvenes están organizando un Lavado de Carros para también ayudar y será el 18 de junio en el parking del colegio – parroquia[772].

En la reunión del 7 de febrero de 2006 la comunidad indicó que propondría al Capítulo Vicarial para aprobación que se use para una futura iglesia parroquial y para un Colegio, o bien un Centro de Envejecientes. Y en cuanto a la vieja casa de la esquina, ubicada frente a la iglesia parroquial, aprobamos levantar ahí un Auditorio o Salón Parroquial, juntamente con unos baños en la primera planta, y en la de arriba, unas salas, aulas y oficinas para uso del Colegio y de los distintos grupos parroquiales[773].

---

[770] Libro de Actas de Reuniones de la Comunidad de Lomas Verdes, Libro II, Acta No. 195, p. 29 – 31.

[771] Libro de Actas de Reuniones de la Comunidad de Lomas Verdes, Libro II, Acta No. 200, p. 43 – 45.

[772] Libro de Actas de Reuniones de la Comunidad de Lomas Verdes, Libro II, Acta No. 200, p. 43 – 45.

[773] Libro de Actas de Reuniones de la Comunidad de Lomas Verdes, Libro II, Acta No. 203, p. 49 – 51.

En la reunión del 5 de marzo de 2008 los PP. Felipe Fernández y Domingo Aller reunidos determinaron el monto que debía pagar la parroquia por el terreno de los PP. Agustinos en Villa Verde. Se estaría haciendo los trámites para segregar los terrenos y demás pero en orden a construir la capilla[774].

En la reunión comunitaria del 3 de abril de 2008 se informa que ya se estaba diseñando la capilla del Buen Consejo. La limpieza del terreno se espera que el gobierno la realizara[775]. Pero este diseño fracasó debido a que se hicieron todos los planos sin hacer análisis de suelo previo.

En la reunión del 27 de mayo de 2008, en cuanto a la construcción de la Capilla Nuestra Señora del Buen Consejo, se dijo que se siguen realizando actividades pro – recaudación de fondos y la comunidad va cooperando con ello.

En la reunión del 22 de julio del mismo año se indicó que para fines de construcción de la capilla se iba a dejar la colecta del domingo como estímulo que no se puede comenzar hasta no tener más dinero recolectado. Por lo cual tenemos ya se pagó con un fondo que tenía la parroquia. Hay que buscar un arquitecto, ingeniero y un electricista a ver si se consigue en la comunidad[776].

El 11 de noviembre de 2008 se habló sobre el diseño que ya había sido aprobado. La segregación no se ha realizado porque no concuerda el plano con el acordado. En cuanto al problema de los que echan las aguas al solar, el Ingeniero intervendrá en ello. Las personas de la Capilla siguen haciendo actividades y recolectando dinero, ya han recolectado cerca de los $70,000.00. Se espera pronto se llegue a los $100,000.00. La participación es de un grupo reducido[777].

En la reunión del 28 de agosto de 2009 se informó que la Capilla había comenzado a diseñar sus planos, aunque va lento. En cuanto a la colecta de los recaudos ha faltado poco para llegar a los $100,000.00. Sin

774   Libro de Actas de Reuniones de la Comunidad de Lomas Verdes, Libro II, Acta No. 212, p. 58 – 59.

775   Libro de Actas de Reuniones de la Comunidad de Lomas Verdes, Libro II, Acta No. 213, p. 59 – 61.

776   Libro de Actas de Reuniones de la Comunidad de Lomas Verdes, Libro II, Acta No. 215, p. 63 – 64.

777   Libro de Actas de Reuniones de la Comunidad de Lomas Verdes, Libro II, Acta No. 216, p. 65 – 66.

contar lo que le ha pagado al ingeniero. Paquito lleva la contabilidad de los ingresos y gastos de la capilla[778].

En la reunión del 28 de abril de 2009 se coordinó el Festival de Trovadores pro ayuda construcción Capilla Ntra. Sra. del Buen Consejo. Será el próximo domingo día 3 de mayo de 2009 a las 12:00 m. en adelante. Va todo en orden[779].

En la reunión del 14 de junio de 2011 se habló del pasadía de verano coordinado por la Capilla Ntra. Sra. del Buen Consejo de la Casa Comerío el 10 de julio de 2011 de 12:00 m. a 5:00 p.m[780].

El Bingo pro – recaudación de fondos de la Capilla de San Agustín se realizó el 16 de octubre de 2011 y fue aprobado en la reunión del 19 de agosto del mismo año[781].

De igual modo el 15 de noviembre del mismo año se concedió el permiso de realizar la venta de flores de pascua para los mismos motivos recaudativos[782].

En la reunión del 10 de mayo de 2012 se habla sobre el concierto de Raphy Rey a las 7:00 p.m. en la Parroquia. Esta actividad la organizó el Comité Pro – Fondos de la Capilla Nuestra Señora del Buen Consejo[783].

En la reunión del 15 de mayo del 2013 se indicó que se tendría la Misa de Villas de San Agustín media hora más tarde, a las 11:00 a.m.

---

[778] Libro de Actas de Reuniones de la Comunidad de Lomas Verdes, Libro II, Acta No. 220, p. 71 – 72.
[779] Libro de Actas de Reuniones de la Comunidad de Lomas Verdes, Libro II, Acta No. 219, p. 70 – 71.
[780] Libro de Actas de Reuniones de la Comunidad de Lomas Verdes, Libro II, Acta No. 226, p. 83 – 85.
[781] Libro de Actas de Reuniones de la Comunidad de Lomas Verdes, Libro II, Acta No. 227, p. 86 – 87.
[782] Libro de Actas de Reuniones de la Comunidad de Lomas Verdes, Libro II, Acta No. 228, p. 87 – 89.
[783] Libro de Actas de Reuniones de la Comunidad de Lomas Verdes, Libro II, Acta No. 231, p. 93 – 95.

Capilla San Martín de Porres del Barrio Juan Sánchez (2005)

En la reunión del 25 de marzo de 2005 se anuncia un concierto pro fondos bancos de la capilla san Martín de Juan Sánchez[784]. Ésta se realizó el viernes 22 de abril a las 7:00 p.m.

El 25 de marzo de 2005 se habló de tener una vez al mes la exposición del Santísimo en la Capilla san Martín[785]. Para ello iniciarán en octubre de ese mismo año.

En la reunión del 8 de junio de 2005 se indica que ya está dando los pasos para conseguir quien haga los bancos nuevos. Los bancos viejos que están en buen estado pasarán a la Capilla del Buen Consejo. También se le dará un tratamiento al techo para evitar filtraciones. Se le dejó a la capilla una ayuda de la parroquia de $5,000.00 dólares para arreglo del techo[786].

El comité ha decidido no optar por comprar el terreno adyacente de la capilla, porque piden $175,000.00. Sin embargo ha optado por hacerle unos arreglos al salón del lado de la capilla. Para eso ha comenzado con una rifa[787].

En la reunión del 19 de agosto de 2011 se dialogó sobre que se estaban haciendo las gestiones para conseguir los papeles de la propiedad de la Capilla de Juan Sánchez[788]. Según comunicó el P. Felipe Fernández.

En la reunión del 15 de enero de 2013 se informó que ante la mudanza de Lucy y Carlos Javier se presentaba la necesidad de elegir una coordinadora de la Catequesis, un equipo de mantenimiento, y colocar las firmas autorizadas en la cuenta bancaria. El P. Felipe comunicó que Maribel Alicea había sido elegida como coordinadora de la catequesis[789].

---

[784] Libro de Actas de Reuniones de la Comunidad de Lomas Verdes, Libro II, Acta No. 200, p. 43 – 45.

[785] Libro de Actas de Reuniones de la Comunidad de Lomas Verdes, Libro II, Acta No. 200, p. 43 – 45.

[786] Libro de Actas de Reuniones de la Comunidad de Lomas Verdes, Libro II, Acta No. 200, p. 43 – 45.

[787] Libro de Actas de Reuniones de la Comunidad de Lomas Verdes, Libro II, Acta No. 220, p. 71 – 72.

[788] Libro de Actas de Reuniones de la Comunidad de Lomas Verdes, Libro II, Acta No. 227, p. 86 – 87.

[789] Libro de Actas de Reuniones de la Comunidad de Lomas Verdes, Libro II, Acta No. 234, p. 100 – 101.

3. PASTORAL EDUCATIVA

3.1. Edificio del Colegio San Agustín

En la reunión del 30 de marzo de 2004 se indica que para el próximo curso se tendrían los servicios de Comedor Escolar, cuido y estudios supervisados. En esta misma reunión se sugirió que se promoviesen estos servicios tanto en la radio como en la prensa y hojas sueltas[790].

En la reunión del 8 de septiembre de 2004 se indica que aún faltaba el certificado de la encargada del procesamiento del comedor. Se tiene que instalar un calentador de agua. Se espera que el comedor esté funcionando para octubre[791].

3.2. Horario Escolar (2004)

En la reunión del 30 de marzo de 2004 se informa que se ha aumentado media hora el horario escolar, que pasaría a ser de 7:30 a.m. hasta 2:00 p.m[792].

En la reunión del 8 de septiembre se informa que se ha extendido el horario 30 minutos más por razones del comedor escolar[793].

3.3. Pastoral Educativa (2004)

En la reunión del 30 de marzo de 2004:

- Se tendrán confesiones el jueves 1ro. de abril a las 8:00 a.m.
- La misa del Colegio será el viernes 2 de abril a las 8:00 a.m. y ese mismo día será el retiro en el Monte Santo para 8vo. Y 7mo[794].

---

[790] Libro de Actas de Reuniones de la Comunidad de Lomas Verdes, Libro II, Acta No. 195, p. 29 – 31.
[791] Libro de Actas de Reuniones de la Comunidad de Lomas Verdes, Libro II, Acta No. 197, p. 34 – 36.
[792] Libro de Actas de Reuniones de la Comunidad de Lomas Verdes, Libro II, Acta No. 195, p. 29 – 31.
[793] Libro de Actas de Reuniones de la Comunidad de Lomas Verdes, Libro II, Acta No. 197, p. 34 – 36.
[794] Libro de Actas de Reuniones de la Comunidad de Lomas Verdes, Libro II, Acta No. 195, p. 29 – 31.

3.4. Mantenimiento (2004)

El 30 de marzo de 2004 se indica que en verano se pintaría el colegio y se repararía el baño del mismo[795]. Estas obras junto a los arreglos al merendero del colegio ascendían a $27,290.00[796].

3.5. Renuncia del P. Benigno Palomo (2005)

En la reunión del 8 de marzo de 2005 se informa que el P. Benigno Palomo había renunciado a la dirección del colegio. El nuevo director era el P. David Vargas. Se pediría al P. Vicario que informara sobre el estado de la situación en la que jugaba su papel la comunidad frente al colegio[797].

4. CONSORCIO EDUCATIVO AGUSTINIANO (2006)

En la reunión del 7 de febrero de 2006 se indica que "el Comité para la Directiva del Consorcio Educativo Agustiniano, creemos que debe estar formado por el Director, el Ecónomo Vicarial, y los Directores Espirituales"[798].

En la reunión del 26 de noviembre de 2010 se eligió al P. Carlos Algarín como representante de la Comunidad para el Consorcio Educativo Agustiniano[799].

---

[795] Libro de Actas de Reuniones de la Comunidad de Lomas Verdes, Libro II, Acta No. 195, p. 29 – 31.

[796] Libro de Actas de Reuniones de la Comunidad de Lomas Verdes, Libro II, Acta No. 196, p. 31 – 34.

[797] Libro de Actas de Reuniones de la Comunidad de Lomas Verdes, Libro II, Acta No. 200, p. 43 – 45.

[798] Libro de Actas de Reuniones de la Comunidad de Lomas Verdes, Libro II, Acta No. 203, p. 49 – 51.

[799] Libro de Actas de Reuniones de la Comunidad de Lomas Verdes, Libro II, Acta No. 223, p. 76 – 78.

5. PASTORAL DE LA SALUD

El P. Gonzalo propuso en la reunión del 15 de noviembre de 2011 celebrar en el Hospital Regional de Bayamón las misas de Miércoles de Ceniza, Acción de Gracias, Día del Enfermo, etc[800]. Estas propuestas fueron aceptadas por la comunidad.

---

[800] Libro de Actas de Reuniones de la Comunidad de Lomas Verdes, Libro II, Acta No. 228, p. 87 – 89.

VIII

CINCUENTA AÑOS DE VIDA AGUSTINIANA EN LA PARROQUIA SAN AGUSTÍN DE LOMAS VERDES 2014

1. VIDA COMUNITARIA

Período Capitular que va desde noviembre 2013 hasta 2014.

Tras el Capítulo Vicarial realizado en agosto de 2013, se reunieron los PP. Felipe Fernández, Gonzalo González y José Aridio Taveras el 26 de noviembre de 2013. [801]

El 4 de diciembre de 2013 se hizo la instalación de la Comunidad. Así consta en el acta:

> Reunidos los PP. Reinaldo Riveras Díaz, Vicario de las Antillas; Felipe Fernández; Gonzalo González Pereda y José Aridio Taveras de León para instalar la Comunidad de San Agustín de Lomas Verdes, Bayamón, Puerto Rico.
>
> El acto se desarrolló en medio del rezo de la Hora Sexta del miércoles de la Primera Semana de Adviento, aconteció según prosigue:
>
> 1. Himno de la Hora Sexta.
> 2. Lectura del Ritual de la Orden no. 170 y siguientes.

---

[801] Libro de Actas de Reuniones de la Comunidad de Lomas Verdes, Libro II, Acta No. 237, p. 104 - 106.

3. Salmodia de la Hora Sexta.
4. Oración de Petición del Ritual de la Orden no. 177.
5. Lectura de los Oficios de parte del P. Vicario:
-   P. Felipe Fernández Gutiérrez, Prior y Párroco.
-   P. Gonzalo González Pereda, Vicario Parroquial.
-   P. José Aridio Taveras de León, Ecónomo de la Comunidad y Vicario Parroquial.
6. Oración de conclusión según el Ritual de la Orden no. 178.

Acto seguido el P. Vicario pidió a la comunidad ya constituida que explicara los proyectos que tenía para el próximo año. El P. Felipe expuso sobre las fiestas del 50 Aniversario de la Parroquia, cuyas actividades principales son:

-   Eucaristía de Inicio: Día de la Sagrada Familia, 29 de diciembre de 2013.
-   Fiesta Central: Día de San Agustín, 28 de agosto de 2014.
-   Eucaristía Final: Día de la Sagrada Familia, 28 de diciembre de 2014.

Indicó que ya existen comisiones encargadas de diseñar otras actividades entre las que están:

-   Afiliación de laicos de la parroquia a la Orden de San Agustín.
-   Invitar las autoridades de la Provincia a la fiesta Central.
-   Publicar Boletines con motivo del 50 Aniversario que contengan datos de la historia.
-   Publicar un libro con la Historia de los Agustinos en esta parroquial.

De igual modo se dijo que a las actividades principales se invitará a la Principal del Colegio y se creará una Hoja Promocional para enviarla a nuestras casas y obras.

Se informó que el P. José Aridio Taveras de León realizará estudios superiores desde esta casa[802].

---

[802] Libro de Actas de Reuniones de la Comunidad de Lomas Verdes, Libro II, Acta No. 238, p. 106 - 107.

El 10 de abril se integró a la comunidad el P. Oscar Luis Jiménez Portes y se trasladó a San Germán el 1 de agosto[803].

El P. Ángel Escapa Arenillas, Prior Provincial, anunció su Visita de Renovación el 21 de julio de 2014. Para esta comunidad se realizaría el 27 de agosto en horario de la mañana.

Proyecto Comunitario:

El proyecto comunitario aprobado en la primera reunión el 26 de noviembre de 2013 fue el siguiente:

I.   **Laudes y Meditación de lunes a viernes a las 7:30 a.m. Exceptuando los días de fiestas.**

II.   **Almuerzo a las 12:00 m.**

III. **Reunión mensual.**

IV.   **Pastoral Parroquial.**

    a. *Horario de Oficina:*
-   P. Gonzalo: lunes y miércoles.
-   P. Aridio: martes y viernes.
-   P. Felipe: jueves y sábados.

    b. *Trabajo Parroquial:*
-   P. Felipe: Asesor Espiritual de los grupos Santo Nombre, Sagrado Corazón de Jesús, CUPAN, San Agustín 2000, Monaguillos, Catequesis y catequistas.
-   P. Gonzalo: atención al Hospital Regional, Centro de Envejecientes, Presidium de la Legión de María en la Parroquia.
-   P. Aridio: Pastoral Juvenil, Pastoral Familiar, Comisión de Evangelización, Comité de Liturgia, Capilla de Juan Sánchez y sus grupos.

---

[803] Libro de Actas de Reuniones de la Comunidad de Lomas Verdes, Libro II, Acta No. 241, p. 111 - 112.

- Diácono Cristóbal: Ministros Extraordinarios de la Comunión, Renovación Carismática y Pre – Bautismales[804].

Casa de los Padres Agustinos en Lomas Verdes (2013)

En la reunión del 26 de noviembre de 2013 se acordó reparar las filtraciones del techo y su pintura por dentro[805]. Para el 26 de marzo de 20014 ya se había reparado y pintado el techo[806]. El 26 de marzo de 2014 se informó las afecciones que comenzaba a tener la estructura de la casa. En el patio lateral izquierdo según se entra estaba comenzado a ceder la estructura[807], justo en esta zona se había trabajado anteriormente para eliminar el comején. De ahí que se haya rellenado con piedras y cementos para cubrir la falta.

Afiliación de Laicos de la Parroquia a la Orden de San Agustín (2014)

El P. Felipe Fernández envió la carta de solicitud al P. Alejandro Moral, Prior General de la Orden, pidiendo la afiliación de los siguientes laicos:

- Mercedes Colón,
- Efigenio Figueroa Suárez,
- Luz Mena Fuentes Reyes,
- Alberto Ruiz Rivera,
- Martha Griselle Hernández Rabago,
- Margarita Serrano Laureano,
- Luz Esther Jiménez Ahorrio,
- Lauro Rosado Medina,
- Antonia Flores Hernández.

---

[804]   Libro de Actas de Reuniones de la Comunidad de Lomas Verdes, Libro II, Acta No. 237, p. 104 - 106.

[805]   Libro de Actas de Reuniones de la Comunidad de Lomas Verdes, Libro II, Acta No. 237, p. 104 - 106.

[806]   Libro de Actas de Reuniones de la Comunidad de Lomas Verdes, Libro II, Acta No. 240, p. 109 - 110.

[807]   Libro de Actas de Reuniones de la Comunidad de Lomas Verdes, Libro II, Acta No. 240, p. 109 - 110.

Sus Certificados de afiliación serían entregados por el P. Ángel Escapa, Prior Provincial, en la fiesta Central del cincuentenario parroquial.

2. PASTORAL PARROQUIAL

Durante el año del Cincuenta Aniversario la Parroquia de San Agustín de Lomas Verdes coordinó un conjunto de comisiones para hacer posibles sus fiestas; elaboraron un programa anual que se fue desgajando y tomando forma al pasar de los días y meses; así como, un triduo especial con motivo de esta gran fiesta. Los hermanos de la comunidad parroquial, en su gran mayoría, estaban integrados a alguno de los grupos, movimientos y ministerios parroquiales que a continuación se citan.

1.1. Cincuenta Aniversario de la Parroquia San Agustín

Comisiones para el Cincuentenario

Con motivo del 50 Aniversario de la Parroquia se organizaron cuatro comisiones encargadas de darle seguimiento a todo el proceso de la fiesta:

- Inicia y termina el día de la Sagrada Familia. En este año corresponde al 29 de diciembre y el próximo al 28 de diciembre de 2014.
- Fiesta Central: Día de San Agustín, 28 de agosto de 2014. A esta serán invitados el Arzobispo de San Juan, el P. Provincial de Castilla y el P. Vicario de las Antillas; así como los demás hermanos.
- Sub – Comisiones: para este año se han formado cuatro:
   a. Primera: encargada de escribir la trayectoria parroquial a través de Boletines que se irán publicando durante el año. Éste se hará llegar a todas las casas de la parroquia.
   b. Segunda: hacer uno o varios videos, por lo menos tres; para proyectarlos al principio del año, en Pascua y al final.
   c. Tercera: desarrollar 50 Celebraciones de la Palabra en las casas de los feligreses de la parroquia. Alcanzarían un total de 4 al mes durante los días martes.
   d. Cuarta: realizar las diversas actividades anuales con matiz de agradecimiento y para la recaudación de fondos.

1.2. Programa del Año

El programa desarrollado en la Parroquia durante el año del cincuenta aniversario transcurrió entre el ciclo y tiempo litúrgico propio. Para la Arquidiócesis de San Juan y la Iglesia Universal este era el Año de la Verdadera Alegría.

-   17 febrero: Reunión del Consejo Pastoral para planificar la cuaresma y la Pascua.
-   5 marzo: Miércoles de Ceniza, se tendrá la misa a las 6:30 a.m. en la Parroquia y 7:30 p.m. en la Parroquia, las Capillas San Martín de Porres y Nuestra Señora del Buen Consejo. Los Ministros Extraordinarios de la Comunión llevaron las Cenizas a los enfermos en sus casas.
-   9 marzo: Retiro de Confirmación para padres, padrinos y catequizandos.
-   23 marzo: Misa de los Enfermos.
-   30 marzo: Peregrinación parroquial "En Busca de Nuestras Raíces Agustinianas," visita a los pueblos de San Germán y Cabo Rojo.
-   6 abril: Retiro de la Comunidad Parroquial a cargo del Comité de Evangelización.
-   13 abril: Domingo de Ramos, misa de envío y retiro para los que participarían en la Procesión de Viernes Santo.
-   17, 18 y 19 abril: Pascua Familiar con el tema "La Verdadera Alegría y los 50 Años de la Parroquia".
-   4 mayo: Primeras Comuniones en la Parroquia y en las Capillas.
-   11 al 18 mayo: Semana Vocacional en la que se tuvo Temas, Ronda de Testimonios, Dinámicas, Adoración al Santísimo y dos Eucaristías Vocacionales.
-   17 mayo: Noche de Talentos. Durante esta actividad se reconoció el trabajo de Edwin Vega Hiraldo y de Arístides Ocasio.
-   17 mayo: Confesiones para los confirmandos, padres y padrinos.
-   18 mayo: Concierto con instrumentos de cuerda, viento y percusión de la Orquesta Filarmónica Juvenil de Bayamón
-   24 mayo: Confirmaciones. Luego de éstas se invitará al Arzobispo a Cenar con la Comunidad.
-   26 mayo: reunión del Consejo de Pastoral Parroquial.

- 27 mayo: envío de las Invitaciones a la Fiesta Central destinadas a las casas del Vicariato y la Provincia.
- 26 junio: Tarde de Juegos de la Pastoral Juvenil Agustiniana.
- 26 julio: Día de los Abuelos.
- 27 julio: Actividad de Verano de la Pastoral Juvenil Agustiniana.
- 4 agosto: reunión del Consejo de Pastoral Parroquial, en esta se terminará de renovar sus miembros.
- 24 agosto: Celebración de los 50 Años de las Madres Escolapias en Puerto Rico.
- 25 – 27 agosto: Triduo en Honor a San Agustín
- 28 agosto: Fiesta Central del Cincuentenario Parroquial.
- 6 septiembre: Feria de Salud a cargo de Carmen Matos.
- 26 octubre: Concierto de Coros a cargo de María Irizarry.
- 23 noviembre: Misa concelebrada y presidida por Mons. Roberto O. González Nieves.
- 28 diciembre: Fiesta de Clausura del Cincuentenario Parroquial.

Boletines Parroquiales

Los Boletines Parroquiales eran hojas que contenían aspectos importantes de la vida de la Parroquia. A través de ellos se quería dar a conocer, recordar y celebrar actividades, personas y momentos especiales de la vida parroquial. En total fueron seis. Sus según su orden fueron:

- Orígenes de la Parroquia San Agustín de Lomas Verdes.
- Procesión de Viernes Santo.
- Las Vocaciones en la Parroquia.
- Grupos y Movimientos Apostólicos de la Parroquia.
- Agrupaciones Litúrgicas.
- La Comunidad Agustiniana.

Fiestas Patronales

Triduo en Honor a San Agustín:

- 25 agosto: dedicado a los Laicos en la Iglesia, tiene como tema los laicos que trabajan hoy en la parroquia. Presidió el Floid McCoy.

- 26 agosto: dedicado a las Misiones, dedicado a los laicos que trabajaron anteriormente en la parroquia y que ahora están en la Casa del Padre o trabajando en otras parroquias. Presidió el P. Luis.
- 27 agosto: dedicado a las Vocaciones y la Familia. Presidió el P. Reinaldo Rivera, Vicario de las Antillas.
- 28 de Agosto Fiesta Central: dedicado a la Comunidad Agustiniana. Presidió el P. Ángel Escapa Arenillas, Prior Provincial.

Programa que se seguirá el jueves 28 de agosto:

- Almuerzo con los PP. Provincial, Vicario, los Agustinos del Vicariato y los Laicos Afiliados de la Parroquia,
- Eucaristía de la Fiesta Central del Cincuentenario,
- Entrega de Certificados de Afiliación a la Orden de San Agustín,
- Compartir con la Comunidad Parroquial.

1.3. Movimientos Parroquiales

Los diversos Movimientos en los que se agrupaban la gran mayoría de sus fieles reflejan la vida comunitaria de la Parroquia; así como, las diversas corrientes de las que se nutren espiritualmente. Se quiso recoger los integrantes que conformaban estos movimientos durante el año del Cincuenta Aniversario[808].

Los Movimientos Parroquiales activos en la parroquia durante el Año del Cincuentenario fueron:

A los Pies de Jesús

José González, Alfredo Sifredo, Vilma Deliz, Jorge Alicea, José Espinal, Zoira González, José Estrada, Erik Colón, Clara Salavaría.

---

[808] Nota: Se piden las debidas excusas en casos de haber excluido a alguno de nuestros hermanos por no haber llegado hasta nosotros la información de su nombre.

Benefactores del Seminario Agustiniano – Parroquia San Agustín

Coordina: Luz Mena Figueroa.
Miembros: Luz Mena Figueroa, Efigenio Figueroa, Carmen Socorro Rodríguez, Alicia Laboy, Eulalia Lozada, Britania Silva, Paulita Díaz, Angie Warner, Luz Ortiz, Ramonita Robles, Juanita Cruz, Toñita Díaz, Lolín Ríos, Carmen Ana Borrero, Migdalia Meléndez, Porfirio Hernández, Carmen González, Mara de Jesús, Mercedes Cordero, Ivonne Sánchez, Ana Aponte, Lourdes Cabañas, Eloina Lebrón Arámburu, Carmen Cuevas, Oscar Acosta, Elena Ríos, Cristóbal Rivera, Lauro Rosado, María Sierra, Tomasita Álvarez, Elizabeth Pérez, Ana Iris Roque, Doris Ruiz Acosta, María Pieraldi, Hilda Chinea, Wendy M. Vázquez, Lucy Ávila.

Centro Misionero de la Capilla San Martín de Porres

Coordinadora: Minerva Rivera.
Miembros: Minerva Rivera, Beraida Sierra, María Vázquez, Adelaida Arroyo, Elvira Rizo, Francisco Roque, Hilda Rivera, María B. Aponte, Catín Vanull, Elsie Ramírez, Juan Meléndez, Lourdes Miranda, Ethel Tulier, Carmen Rivera, Rosario Rivera, Haydeé Santiago.

Comité Unido Pro Ayuda al Necesitado (CUPAN)

Coordina: Miguel Ostolaza.
Miembros: Miguel Ostolaza, Eloina León Aramburer, Francisco Cáceres, Blanca E. González, Rafael Guevárez, David Santos, Margarita Muñoz y Antonio Rivera.

Cursillistas de Cristiandad

Comité Coordinador: Ivelys Cruz, Alberto Ramos, Edwin Vega Silva, David Santos, Brunilda García, Juan y Rosario Meléndez.

Legión de María

Presidium María de la Divina Providencia de la Parroquia San Agustín:
Britania Silva, María Pieraldi, Carmen Báez, Guillermina Rivera y Gladys Rosario.

Presidium María Sol de Toda Pureza de la Capilla San Martín de Porres
Florentina García, Manuel Rodríguez, Josefina García, Francisco Roque, Nilda Molina, Antonio Gevarez, Lourdes Hernández, Lucía Torres y Magda Berríos.

Mensajeros de Jesús

Coordinador: José P. Román Irizarry.
Miembros: Luisa Portelo, Amalia Ayala, Blas Herrero, Carmen Pintado, Claudio Rosario, Doris Miranda, Eliot Díaz, Migdalia Santiago, Nélida Suárez, Nilsa Vázquez, Roxanna Fermín y Clementina Soto.

Renovación Carismática

Coordinadora: Carmen Guzmán.
Miembros: Carmen Guzmán, Amada Avilés, Heriberto Avilés, Liliam Cardona, Pedro Vásquez, Lydia Vásquez, Juan Mercado, Maggi Torres, Migdalia Meléndez, Aida Quiles, José Román, Juan Mercado, Ana Meléndez, Amado Mangual, Heriberto Avilés, Mercedes Colón, Nilsa Vélez, Florín, Luisa, Claudio, Sra. Ayala, Francisca, Aníbal, Noemí, Mirna, Irene, Doris, Irma.

San Agustín 2000

Coordina: Alberto Ruiz y Miguel Ostolaza.
Miembros: Alberto Ruiz, Miguel Ostolaza, Lauro Rosado y Francisco Cáceres.

Santo Nombre de Jesús

Coordinador: Lauro Rosado.
Miembros: Ismael Alvarado, Efigenio Figueroa, Gilberto Irizarry, Roberto Reyes, Juan Francisco Mercado, Lauro Rosado, Francisco Chinea, Iván Atanasio, Josefina Alvarado, Luz Mena, Herminia Ocasio, Lidya Rivera, Antonia Flores, Bernarda Báez, Petra Lozada, Carmen Meléndez,

Sembradores de Fe

Coordinadora: Ivonne Nazario,
Tesorería y finazas: Miriam Padró, Jeannete Clavelle y Ángela López,
Secretaria: Beatriz Guevárez,
Miembros: Ivonne Nazario, Miriam Padró, José Robledo, Santos
López, Ángela López, Ángela Griffing, Beatriz Guevarez, Rolad
Quiñones, Lesbia Luciano, Iván Santana, Jeannette Clavelle, Rosivette
Alvarado, José Reyes.

Socios del Sagrado Corazón de Jesús

Presidenta: Yolanda Molina.
Miembros: José O. Carrasquillo, Awilda Sánchez, Migdalia Meléndez,
Lucy Bonet, Margarita Díaz, Urian Díaz, Juan Marrero, Yolanda Molina,
Petra Lozada, Evelyn Frese, Helena Almodóvar, Ana María Cruz, Israel
Soto, Luis Rodríguez, Natividad Jiménez, Emilia Contreras, Amparo
Santos, Juanita Hernández de Torres, Joe Carreras, Genris González,
Eddie Lugo, Porfirio Hernández, Ángela Griffin y Annie Olivares.

1.4. Movimientos Pastorales

Para esta investigación se comprende como movimientos pastorales
las sectorizaciones por edades y servicios que la Parroquia de San Agustín
se encontraba ofreciendo durante el año del Cincuenta Aniversario. Estos
fueron:

Catequesis de Iniciación Cristiana

Parroquia
Coodinadora: Rosa Rodríguez; apoyo a la coordinación: Ada Alayón,
Lorudes Irizarry y Alberto Irizarry
Miembros: Abigail Ramo Ortiz, Alberto E. Irizarry Caro, Alicia
Cruz Nieves, Ana I. Alayón Betancourt, Ana María Maier Mercado,
Ángela M. López Martínez, Angei Warner López, Awilda Sánchez,
Carlos M. Pérez Ramos, Denisse Soto Mohamed, Esther Warner, Grisel
Díaz Rosario, Ivelys Cruz Cintrón, Ivonne Nazario Pérez, José Robledo,
Lourdes Irizarry, Lourdes Muñoz Cinctrón, Marlyn Cruz Soto, Marta
Hernández, Myriam Rodríguez Martínez, Myriam Colón Aponte,

Nathalie Soto Mohamed, Paola A. Rodríguez Alayón, Pierangely Almánzar Camacho, Rosa Rodríguez Rodríguez, Yolanda Cordero Puchales y José Espinal.

Capilla San Martín de Porres
Coordinadora: Maribel Alicea.
Catequistas: Minerva Rivera, Carla Franco, Zoraida Morales, Annie Rivera y María Aponte.

Capilla Nuestra Señora del Buen Consejo
Coordinadora:
Catequistas: Ada H. Morales Oyola, Wanda I. Nieves Tellado, Miriam Torres Collazo, María de los A. Hernández, Ruth Hiraldo Día, Nilsa La Fontaine y Marta Colón.

Coro de Niños
Directora: Madelin Torres.
Voces: Alondra Malavé, Amalia Vergara, Frances Rivera, Paola Rivas, Valeria Borges, Enmanuel Rodríguez, Dairalis, Amalia Vergara, Liz Marie, Nashalie Reyes, Kelly Colón.

Pastoral Juvenil Agustiniana

La Pastoral Juvenil durante este año de cincuenta aniversario inició un proceso de crecimiento y fortalecimiento. Se habían creado nuevos grupos pasando a estar compuesta por los siguientes:
Jóvenes de Cristo en Acción de la Parroquia
Miembros: Dianeishka Oliveras, Kenneth Badillo Colón, Nicole Mojica, Kristian Alvalle, Karelyn Mary, Natalia Mojica, José Acosta, Kasandra Colón, Yadiel Colón, Verónica X. Deliz, Stephanie Soto, Erick Quintana, Ian Maldonado, Arnaldo Ruiz, Karen Díaz Ocasio, Lilliam Colón, Carlos F. Rivera, Caronlina García, Yessica Cruz, Julián A. Ortiz, Angélica Rosa, Gerardo Rosado, Pedro Avilés, Valeria Soto, Desireé Cruz, Bianca Martell, Maried Maldonado, Orlando Ramírez Erazo, Valeria García, Sarani Soto Mohamed, Angélica Figueroa, Kydennis García, Nashaly Reyes Pérez, Elena Santos Mercado, Camila Forti Díaz, Kathia Colón, Jomari Cardona Martínez, Carlos Pérez, Alejandro Pérez

Coro de Jóvenes Maranatha de la Parroquia
Miembros: Nicole Ávila Jiménez, Alberto J. Ramos, Jay Ocasio, Valeria García, Awilda Martínez Cabrera, Vicky Solivan, Luis Joel Ramos Muñoz, Nashaly Reyes y Steven Lacer.

Pro – Agustinos de la Capilla San Martín de Porres
Miembros: Madeline Cardona, José Juan Cardona, Shellyann Torres, Yazdiel, Arianna Colón, Stephen Smith, Juan.

Frutos del Buen Consejo de la Capilla Nuestra Señora del Buen Consejo de la Urbanización Villas San Agustín
Miembros: Kassandra Sención Cintrón, Ashley Popa Cintrón, Michael Nieves, Michael Carrillo, Lydiannie Vega, Edwin Vega, Derwin Vega, Melanie, Verónica Deliz Mota, Kinaisha.

Danza Litúrgica de la Parroquia
Coodinadora: Lourdes Irizarry; ayudante: Kristin Pérez.
Miembros: Paola Rodríguez, María Paula Rodríguez, Adriana Sotomayor, Nathalie Soto, María Teresa Díaz, Lydiani Vega Hiraldo, Victoria, Angélica, Valeria.

Su fortalecimiento le vino con la creación de su Comité Timón, Proyecto Parroquial y Agenda Anual 2014.

Pastoral Familiar

El P. José Aridio Taveras, asesor espiritual, ha guiado la Pastoral Familiar desde el Plan Pastoral para la Nueva Evangelización publicado por la Arquidiócesis de San Juan de Puerto Rico en 2012 hasta su adaptación a un Plan de Pastoral Familiar propio de la parroquia. Fruto de estas reflexiones es la constitución de cuatro equipos para atender las necesidades de la familia en la parroquia:
Coordinadores. Israel Pou y Carmen Matos.

- *Familias Jóvenes y Solteros menos de 35 años*: Jorge Martínez y Yolimar Medina, David Santos y Angie Hernández, Jorge Carmona y María del Carmen Suárez.

-   Familias en Situaciones Irregulares y Padres Solteros: Edwin Vega y Ruth Hiraldo, Félix Muñoz y Rosa González, Erick Pizarro y Zoé Serrano, Wanda Torres.
-   Familias Sacramentales: Israel Poy y Carmen Matos (Tita), Juan Meléndez y Rorasio Avilés, Luis A. Torres y María Adorno (Coqui).
-   Familias de la Edad Dorada: Juan Vázquez y Annie Annie Rivera, Pedro Amaro y Haydeé Santiago, Alberto Ramos e Ivelisse Cruz.

Como parte del mismo proyecto se inició en este año un proceso de colaboración para la formación de los Padres de los catequizandos.

Comité de Evangelización Agustiniana

Coordinadora: Ivelisse Cruz.
Miembros: Ivelisse Cruz, Diácono Cristóbal Rivera, Miguel Ostolaza, José Martínez, Nilsa Lafontain, Ada Morales, Margarita Salgado, Carlos Pesquera y Minerva Maldonado.

1.5. Grupos orientados a la Liturgia y Culto Sacramental

Desde antes de las fiestas de los Cincuenta Años de la Parroquia San Agustín se tenía organziada la liturgia parroquial. Se han recogido las personas integradas a estos grupos de servicios litúrgicos y/o dedicados a preparar para la recepción de algunos sacramentos o al culto Eucarístico de modo especial.

Cursillos Pre – Bautismales:

Coordinador: Edwin Vega.
Miembros: Edwin Vega, Edwin Vega Hiraldo, Diácono Cristóbal Rivera, Lucy Ávila, Ruth Hiraldo, Mapi.

Comité de Liturgia

Parroquia San Agustín
Coordinador: José Robledo.

Lectores y Monitores: Lucinette Alvarado, Rosivette Alvarado, Heriberto Avilés, Gionar de Jesús, Aida Estepa López, Antonia Flores, Ángela V. Griffin Cuadra, Carmencita Guzmán, Norma L. Lebrón, Santos López, Ángela López Martínez, Luz Raquel Maldonado, Yolimar Medina, Miguel A. Ostolaza, Ramón Ortiz Negrón, Miriam Padró, Elisabeth Pérez, Marggie Reyes, Yasmaira Reyes, Ricarda Rivera, Alberto Ruiz, Lauro Rosado, Marta Ruiz, Awilda Sánchez, Ada Sonera y Lilliam Soto.

Capilla San Martín
Coordina: Teresa Rivera Calderón.
Lectores y Monitores: María B. Aponte, Juan Ortiz Figueroa (Don Nito), Margarita Salgado, María Magdalena Berríos, Zoraida Morales, Pablo Tirado, Minerva Rivera y Luz Matos.

Capilla Nuestra Señora del Buen Consejo
Coordinadora: Haydeé Santiago.
Lectores y Monitores: Haydeé Santiago, María Irizarry, Adalberto Figueroa (Poto), María Avilés, Lourdes Marrero, Kssandra Sención, Ashley Popa, Blanca González, Ada Morales, Hilda Silva, Ruth Evelyn Hiraldo, Edwin Vega, Margarita Montesinos, Don José Meléndez, David Santos, María de los Ángeles Hernández (Angie), Derwin Vega, José Viruet, Virgen Mina Martínez, Wanda Nieves, Yuri Soto, Wanda Padilla, Karla Fontánez, Noelia Deliz, José Aguilú, Karla Aguilú, Nilsa La Fontaine y Melanie Mejías.

Lectio Divina

Coordinador: Edwin Vega Silva.
Participantes: Edwin Vega Silva, Francisco Cáceres, Ruth E. Hiraldo, Miriam Torres, Luz M. Bonet, Kassandra Sención, María de los Ángeles, David Santos, Juan Meléndez, Rosario Avilés, Carmen Torres, Richard Concepción, Haydeé Santiago y Diana Cabrera.

Ministros Extraordinarios de la Comunión

Coordinador: Diácono Cristóbal Rivera.
Ministros Extraordinarios de la Comunión: Luz Mena Figueroa, Carmencita Guzmán, Lauro Rosado, Antonia Flores, Namir Del Carmen

Agosto, Rita Santiago Lugo, Miriam Padró Salgado, Britania Silva, Carmen M. Maldonado, Juan Pérez Cabán, Ivonne Sánchez, Abner Agosto Hernández, Angie Warner López, Olga M. Robles Aguida, Eloina León Aramburer, Antonia Díaz Oben, Ana Ma. Cruz Lisojo, Ana Rosa Olivella, Alberto Ramos Urdán, Miguel Ostolaza, Celso Pérez, Cecilia Pérez, Ana Meléndez, José Martínez, Lilliam Soto Ayala, Ana Beltrán Pagán, Margarita Benítez, Juan Bautista Gómez, Juan Ortiz Figueroa, María Nilda Molina Irizarry, Magdalena Berríos Ortiz, Ann Marie Rodríguez, Francisco Cáceres, Anastasio Colón, Margarita Montesinos Ortiz, Juan A. Rosario Nieves, Nilsa Ma. Lafontaine, María de Lourdes Marrero.

Monaguillos

Parroquia San Agustín
Jesús E. Alberto Meléndez, Kristian J. Alvalle Morales, Kenneth Badillo Colón, Jesús M. Collazo Vélez, Iván Colón Meléndez, Lilliam M. Colón Meléndez, Yivana Colón Meléndez, José Cruz Ortiz, Juan G. Cruz Ortiz, Ángela A. Día Cruz, Valerie Escobar Pantoja, Alexandra M. Laboy Velázquez, Deyaneira Laboy Velázquez, Ian E. Maldonado Pérez, Maried Maldonado Pérez, Gabriel Hirám Maysonet Cifredo, Stephanie M. Ortiz Rodríguez, Alejandro Pérez Ramos, Carlos M. Pérez Ramos, Alberto Ramos Cruz, Ariana Ramos Cruz, Luis Joel Ramos Muñoz, Sebastián Reyes Rodríguez, Victoria Sánchez Guzmán, Deniss Soto Mohamed, Natahlie Soto Mohamed, Gabriel A. Sotomayor Pérez, Valeria Sotomayor Pérez, Vianca Paola Padilla Martes, Karina Alexandra Padilla Martes, Steven A. Vargas Lacén y Amalia Edith Vergara Rivera.

Capilla San Martín de Porres del Barrio Juan Sánchez
Madeline Cardona, José Juan Cardona, Shellyan Torres, Nayaly, Yazdiel, Arianna Colón, Laia, Naia, Stephen Smith, Yahmil.

Capilla Nuestra Señora del Buen Consejo de Villas de San Agustín
Hilda Silvia, Leticia Silvia, Lydiannie Vega, Ashley Popa, Kassandra Sención, Steven Vargas, Michael, Verónica Deliz Mota, Kinaisha, Pedro, Karla, Michael.

Coros de Adultos

Parroquia San Agustín
- Sábados

Directora: Britania Silva.

Voces: Britania Silva, Olga Alicea, Luis Torres, Mariana García, Alberto Ruiz y Orlando Carrasquillo.
- Primera Misa de Domingos

Directora: Ricarda Rivera.

Voces e Instrumentos: Ricarda Rivera, Britania Silva, Amparo Santos, Gloria González, Joe Carreras, Joselín Cintrón, María L. Colón, Elizabeth Pérez, Luis A. Ortiz, Blas Herrero y Larry Hibisco.
- San Agustín

Directora: Madelin Meléndez.

Voces e Instrumentos: Rafael Guevarez, Gisela, Alberto Ruiz, Israel, Carmen Matos, Mirna Rodríguez, Awilda, Yolimar Martínez, Heriberto, Amada, Sandra Colón, Isidra Pérez, Félix.
- Coral Amigos

Director: José Ramón Torres.

Voces: José Ramón Torres, Mariana García, Gionar de Jesús, Carmen Torres, Abner Agosto, Julio Galán, Namir Agosto, Ivonne Ortiz, Olga Robes, Olga Alicea, Elva Castellanos, Sevastián Torres, Luis Torres y Valeria García.

Ministerio de Música San Martín de Porres
Directora: Zaida Torres Rivera

Voces e instrumentos: Zaida Torres Rivera, José Luis Salgado, José Enrique Salgado, Enmanuel Salgado, Ashley Salgado, Yolanda Guzmán, Wanda Rivera, Héctor Pérez, Margarita Salgado, Micaela Salgado y Carlos Pesquera.

Coro Embajadores de Cristo de la Capilla Nuestra Señora del Buen Consejo
Directora: María Irizarry.

Voces e instrumentos: María Irizarry, Jesús Díaz, Ada H. Morales Oyola, Adalberto Figueroa Alicea, José L. Viruet Acevedo, Sonia Colón Rivera, René Fontáñez Colón, Maribel Torres Rosario, Yuri Astrid Soto Ordoñez, Ruth Oneida Ortiz Montes, María Teresa Rivera Suárez, Aileen Balloveras, José Martínez, Marta Colón, Francisco J. Colón López y Elba Gutiérrez.

Adoración Nocturna

Coordinador: Martín Vázquez.

Miembros: Martín Vázquez, Lauro Rosado, Antonia Flores, Irene Bardegues, Elisa Burgos, José Carreras, Juanita Cruz, Antonia Díaz, Carmen Díaz, Margarita Díaz, Luz Mena Figueroa, Gloria González, Porfirio Hernández, Eulalia González, Margarita Muñoz, Felipe Ortiz, Ana Isabel Rodríguez, Manuel Rodríguez, Doris Ruiz, Britania Silva, Casildo Vásquez, Margarita Torres, Delfita Torres.

UJIERES de la Misa

Directora: Norma Lebrón.

Ujieres: Norma Lebrón, Alberto Ramos, Hilda Muños, Juan Mercado, Josefina Colón, José Espinel, Nélida Suárez, Reinaldo Pérez y Wanda Guzmán.

1.6. Apoyo Administrativo

Comité de Contabilidad:

El Comité de Contabilidad estaba formado por las señoras dedicadas a contar el dinero procedente de las colectas, en el año 2014 era: Lidia Torres, Jeanette Clavell y Mercedes Colón.

Comité Financiero:

El Comité Financiero de la Parroquia estaba formado en el año 2014 por el P. Felipe Fernández, párroco, y los laicos: Ramón Ortiz Negrón, Jorge Montañez, Miguel Ostolaza y Alberto Ruiz.

1.7. Formación para los Laicos

Algunos laicos de la parroquia pidieron al P. José Aridio Taveras que les diera un curso sobre San Agustín: vida y conversión. Se diseñó un proceso que inicia en agosto las inscripciones; el programa del curso se extendió desde septiembre hasta noviembre temporalmente y territorialmente a todas las Parroquias Agustinianas de la Zona Metropolitana de Puerto Rico: Nuestra Señora de la Monserrate de

Santurce, Santa Rita de Casia y Nuestra Señora de la Monserrate de Santa Olaya.

1.8. Inventario Parroquial

Es importante conocer de forma breve el inventario Parroquia San Agustín ha contado para su vida ordinaria:

Lugares Sagrados

- 1 Pila Bautismal,
- 2 Confesionarios confeccionados en cristal y madera, con sus sillas de confesor y reclinatorios para los penitentes,
- 1 Altar en mármol,
- 2 Ambones en mármol,
- 1 Sede y 6 sillas de madera preciosa torneadas.

Vasos Sagrados

- 2 Sagrarios y 1 cajita de las llaves del Sagrario,
- 2 Custodias y 1 Pedestal para colocarlas,
- 7 Cálices,
- 4 Patenas de Cálices,
- 7 Copones con tapas,
- 2 Copones sin tapas,
- 4 Copón – Patenas,
- 2 Porta Viáticos,
- 4 Juegos de Vinajeras,
- 1 Campanillas,

Objetos Litúrgicos

- 1 Porta Óleos,
- 2 juegos de Acetre e Hisopo,
- 1 Incensario y Naveta,
- 1 Jarra para Agua Bendita,
- 1 Concha Bautismal,
- 5 Porta Cenizas para el Miércoles de Ceniza,
- 1 Jarra y Jofaina para el Jueves Santo,

- 2 Jarras para Agua Bendita,
- 1 Bandera de Puerto Rico para la Misa Jíbara,
- 7 Canastas de Ofrendas,
- 4 Bolsas de Ofrendas,

Ornamentos para el Altar

- Manteles para la Credencia
  - 4 Blanco,
  - 1 Rojo,
  - 4 Morado,
  - 1 Rosa,
  - 4 Verdes,

- Paños de Ambones lizos:
  - 5 Blancos,
  - 7 Rojos,
  - 9 Morados,
  - 4 Rosados,
  - 4 Verdes,

- Paños de Ambones con temas:
  - 1 Jesús Resucitado,
  - 1 Sagrado Corazón de Jesús,
  - 1 del Espíritu Santo,
  - 1 Virgen María,
  - 2 Agustinianos,

- Manteles del Altar:
  - 5 Blancos,
  - 1 Rojo,
  - 1 Morado,
  - 1 Rosado,
  - 2 Verdes,

- 1 Palio para la Procesión del Corpuschristi,

Ornamentos de los Vasos Sagrados para el Oficio de la Misa

- 33 Purificadores,
- 20 Corporales,
- Palia:
  - 3 Blancas,
  - 1 Roja,
  - 2 Moradas,
  - 1 Rosada,
  - 4 Verdes.

Ornamentos para las Personas

Para los Ujieres de las Misas
- 9 Estolas de Ujieres de las Misas,

Para los Monaguillos
- 13 Sotanas Blancas,
- 10 Sotanas Rojas,
- 1 Sotana Negra,
- Símbulos:
  - 17 Verdes,
  - 8 Morados,
  - 12 Blancos,

- Esclavinas
  - 4 Verdes,
  - 4 Moradas,
  - 4 Rojas,
  - 8 Blancas,

- 9 Roquetes Blancos,

- 2 Paños de Hombros para portar los Ornamentos del Obispo,

Para el Diácono
- 3 Albas,
- 1 Estola reversible: Blanca – Verde,
- 1 Estola reversible: Verde – Rojo,
- 2 Dalmáticas Blancas.

Para el Sacerdote
- 19 Albas,
- 1 Alba – Casulla,
- Cíngulos:
  • 1 Dorado,
  • 1 Blanco,
  • 1 Morado,

- Estolas Sacerdotales:
  • 16 Blancas,
  • 6 Rojas,
  • 5 Moradas,
  • 1 Rosada,
  • 5 Verdes,

- Casullas con sus Estolas:
  • 18 Blancas con diversos temas y 2 Blancas con temas agustinianos,
  • 6 Rojas,
  • 6 Moradas,
  • 2 Rosadas,
  • 6 Verdes,
  • 1 Dorada,

- Paños de Hombros para las Exposiciones del Santísimo:
  • 1 Blanco,
  • 1 Dorado,

- Capas Pluviales:
  • 1 Blanca,
  • 1 Roja,
  • 1 Dorada,

Banderines para la Decoración de las Paredes Iglesia

- 2 Pascuas de Resurección,
- 3 Navidad,
- 1 Nuestra Señora de la Consolación,
- 1 San Agustín,

Reliquias

- 1 Relicario con las reliquias del Beato Carlos Manuel Rodríguez,

Imágenes

- 1 Cruz Procesional y 4 ciriales de metal.
- 1 Niño Jesús del Belén de Navidad, tamaño grande;
- 1 Virgen María y 1 San José del Belén de Navidad, grande;
- 3 Reyes Magos del Belén de Navidad, grande;
- 1 Mula y un Buey del Belén de Navidad, grande;
- 1 Arcángel Gabriel del Belén de Navidad, grande;
- 14 Estaciones del Viacrucis en Bajo Relieve, tamaño mediano,
- 1 Sagrado Corazón de Jesús, grande;
- 2 Crucifijos, tamaño grandes;
- 1 Santo Sepulcro para la Procesión de Viernes Santo, grande;
- 1 Cristo Resucitado para la Procesión de Resurrección, grande;
- 1 Crucifijo mediano para la Liturgia del Viernes Santo, mediano;
- 1 de la Dolorosa para la Procesión de Viernes Santo, grande;
- 1 de la Inmaculada, grande;
- 1 de Nuestra Señora de la Divina Providencia, grande, y 1 pequeña;
- 1 de la Milagrosa, tamaño grande;
- 1 de Nuestra Señora de Lourdes, tamaño mediano;
- 1 San Juan Apóstol, grande;
- 1 San Agustín, grande y 1 mediano;
- 1 Santa Mónica, grande;
- 1 Santa Rita, grande;
- 1 Santa Ana, grande;

Cuadros

- 1 Divina Misericordia, grande, y 1 mediano;
- 1 San Nicolás de Tolentino, mediano;
- 1 Santo Papa Juan Pablo Segundo, pequeño;

Muebles

- 7 Sillas de la Sede en madera,
- 1 Andas de la Dolorosa de madera,
- 1 Andas del Cristo Resucitado de madera,
- 1 Andas del Santo Entierro de metal,
- 109 Bancos de madera,
- 50 Sillas de madera,
- 2 Reclinatorios frente al Santísimo,
- 6 Columnas para la ornamentación del altar, 4 en madera y 2 en yeso,
- 4 Armarios de madera para guardar Ornamentos,
- 4 Gaveteros de madera para guardar Ornamentos,
- 4 Gaveteros pequeños para guardar ornamentos,
- 2 Lampadarios: peseteros, velas eléctricas en madera,
- 4 Equipos de Audio (Coro, Sede) y Megáfono,
- 7 Stand,
- 7 Micrófonos,
- 1 Fuente de Agua para tomar,
- 1 Nevera,
- 1 Estufa y su tanque de gas propano.

Efectos Decorativos

- 1 Árbol de Navidad,
- Varias flores de Pascuas plásticas,
- Varias Coronas de Pascuas con luces,
- 1 Fuente con niños Jesús
- 1 Cuadro de San Pablo,
- 1 Cuadro de Jesús y los niños,
- 1 Panel Plástico,
- 1 Paloma – fosan – grande,
- Varias Flores con Floreros Grandes,

- 1 Bingo - máquina de bolos,
- Varias Tarjetas de Juegos de Bingo,
- Varias Letras en fosan,
- Varios efectos de Electricidad y para pintar,
- 1 Escalerita en espiral,
- 1 Bancos Tope Color Rojo,
- 2 Sillas color rojo,
- 1 Sagrario en Piezas,
- Varias Coronas de Navidad,
- 4 Bocinas de Audio,
- Varias Flores y tiestos,
- Varias Pancartas,
- Varios Stand de Bocinas,
- 2 Tubos de Luz Neón de 8 piezas,
- 1 Reclinatorio de Bancos,
- 1 Caseta del Nacimiento,
- 2 Alfombras rojas grandes,
- 4 Paneles del Nacimiento,
- 2 Verjas del Nacimiento,

1.9. Edificios y Facilidades

Los edificios y facilidades que usa la Parroquia de San Agustín para el desarrollo de su vida ordinaria son:

a. Oficina Parroquial: ubicada en las dependencias de la Casa Parroquial, propiedad de los Padres Agustinos.
b. Templo Parroquial San Agustín: vendido por los Padres Dominicos a los Agustinos en 1964.
c. Colegio San Agustín, propiedad de los Padres Agustinos: se usan sus facilidades para las catequesis y reuniones de grupos y movimientos.
d. Centro Parroquial San Agustín, construido sobre los terrenos de las Casas Primera y Tercera que los Padres Agustinos habían adquirido en Lomas Verdes. Sus gastos son costeados por el Colegio San Agustín.
e. Capilla San Martín de Porres del Barrio Juan Sánchez: construida sobre un terreno donado con el esfuerzo de los moradores del Barrio Juan Sánchez. Y, para sus remodelaciones,

se ha contado también con los pertenecientes a la Urbanización Versalles.

f.   Casa de la Capilla San Agustín: adquirido para la Arquidiócesis.

g.   Terrenos para la Capilla Nuestra Señora del Buen Consejo: comprada con dinero de los feligreses de las Urbanizaciones Villas de San Agustín y Villaverde.

2. PASTORAL DE LA SALUD

A nivel de la Pastoral de la Salud el P. Gonzalo González pasó a ser el encargado de todos los Centros de Envejecientes que existían en la zona parroquial. Estos alcanzaban un número mayor de tres. Para dar una mayor atención al Hospital Regional convocó a los esposos Lauro Rosado y Antonia Flores, Ministros Extraordinarios de la Comunión, para que le ayudaran en esta ardua tarea.

DOCUMENTOS

1. Documento de Donación de los Terrenos de la Capilla San Martín de Porres de las Parcelas Juan Sánchez del Barrio Minillas, 1942. AVANT.

No. 29

ESCRITURA
DE
VETA DE PARCELA

OTORGADA
POR
FELIX ENRIQUE TIO NAZARIO
A FAVOR DE
LOS PADRES DOMINICOS DE P.R.

ANTE EL ABOGADO NOTARIO
ENRIQUE MARQUEZ HUERTAS

Bayamón, P.R. 13 de marzo de 1942.

P. 2

Ciento Veintiuno
-1 –
VEINTINUEVE

VENTA DE PARCELA:

En Bayamón, Puerto Rico a los trece días del mes de marzo del mil novecientos cuatera y dos.

ANTE MI:

Enrique Márquez Huertas: Abogado – Notario Público de Puerto Rico, con vecindad, residencia y oficina abierta en Bayamón, ésta en la calle Martí, número: cinco.

COMPARECEN

DON PEDRO ENRIQUE TIO NAZARIO, mayor de edad, soltero, vecino de Bayamón.

Y EL PRESBITERIO MARIANO NIEUWEN HUIZER, mayor de edad, y así de estado Sacerdotal, vecino de Bayamón, quien concurre a este acto en su carácter de Agente especial de la Sociedad "Los Padres Dominicos de Puerto Rico, Incorporada" Corporación organizada en Puerto Rico y destinada a fines religiosos, o sea, los pertenecientes a la Iglesia Católica, Apostólica y Romana, con domicilio en Bayamón, Puerto Rico, cuya autorización para este acto le fue así concedida por resolución aprobada por la Junta de Directores de dicha corporación religiosa y que acreditará donde fuere necesario. –

- Tienen los comparecientes, a mi juicio, la capacidad legal necesaria para este otorgamiento la que me aseguran no les está limitada en modo alguno y

EXPONEN:

PRIMERO: Dicho señor TIO Y NAZARIO expresa que, siendo el dueño, de la siguiente finca. "– RUSTICA: radicada en el barrio "MINILLAS" de Bayamón, conteniendo ciento ocho cuerdas y setenta y cinco centímetros de otra, o sean, cuarentidos hectáreas ...., cincuenticinco centiáreas, colindando por el Norte con la Bayamón Fruit Company; por el Sur con Carmen Reyes; Manuel Ayala, Juan Rosa y Pilar Marrero; por el Este, la Bayview Fruit Company, Manuel Fernández, Serfaín Acevedo, Sucesión de Juan Calderón, Gregorio Ortíz. Carmen Reyes, León Cases, Felix Rivera y Rosa Medina. Esta finca contiene una casa de madera, techada de zinc, destinada a servicios de la propiedad.

--- SEGUNDO: Que esta finca rústica la adquirió por compra a los esposos don Vicente Montañez y doña Gertrudis Vilá, según escritura número ochenta de quince de noviembte de mil novecientos treintisiete, otorgada ante este fedatario, inscrita en el Registro de la Propiedad.

--- TERCERO: De esa finca ahora dicho señor TIO Y NAZARIO, a los fines que se expresarán en esta escritura, segrega la siguiente parcela:

- PARCELA DE TERRENO: en el barrio "MINILLAS" de Bayamón, conteniendo mil metros cuadrados, teniendo por su frente que es casi al sureste en línea Horizontal veinticinco metros lineales, por donde colinda con un camino vecinal que atraviesa por ese barrio de "Minillas", por la parte del Norte en Línea también horizontal tiene veinticinco metros lineales, o sea, por la espalda y tiene por el Este como por el Oeste cuarenta metros lineales y por esos tres últimos parte cardinales colinda con el resto de dicha finca principal de dicho señor Tió y Nazario.

--- CUARTO: Y ahora el mismo otorgante señor Tió y Nazario cede en venta a la corporación indicada "LOS PADRES DOMINICOS DE PUERTO RICO" la referida parcela de Mil METROS cuadrados, para que pueda ésta destinarse únicamente a fines religiosos, o sean, los de dicha Religión Católica, Apostólica y Romana, y en donde se construirá a esos fines – una pequeña Iglesia o Capilla. Aunque pueden establecerse también otra clase de edificaciones siempre para iguales usos religiosos de esa misma religión, y si se destruyese por cualquier causa podría más tarde fabricar otra o reconstruir cuando lo creyere conveniente la corporación, pero de no ser dedicada o destruida a esos usos, de ser utilizada para otros usos que no sean tales religiosos, entonces dicho cedente señor Tió y Nazario, o sus causahbientes leganles, tendrán derecho de retrotraer a su poder o posesión y dominio esa propiedad mediante devolución del costo.

--- QUINTO: Que esta cesión se lleva a efecto por la cantdad de UN DOLLARS que dicha Corporación la ha satisfecho a dicho señor Tió y Nazario, según expresa, en dinero, moneda corriente, por cuyo importe le dá as ella carta de pago por medio de este otorgamiento.

--- SEXTO: La referida Corporación acepta así tal cesión bajo las condiciones indicadas.

--- Les hice la advertencia legal sobre el presente contrato.

--- Y así lo otorga ante los testigos instrumentales sin tachas legales para serlo don Juan Bermúdez Sánchez ----- y doña Blanca M. Pesquera ------- mayores de edad, vecinos de Bayamón. -----

---- Leímos este instrumento a las partes y tesgios –
Advertimos a los presentes el derecho de leerlo por sí mismos, lo vieron conforme, lo firmaron todos y de todo ....

FIRMADO: - FELIX E. TIO: - MARIANO NIEUWEN HUIZEN: JUAN BERMUDEZ SANCHEZ: - BLANCA M. PESQUERA: ---- FIRMADO, SIGNADO, SELLADO Y RUBRICADO: - ENRIQUE MARQUEZ HUERTAS.

Hay cancelados en el original los correspondientes sellos de rentas Internas e Impuestos Nacionales.

Y, siendo esta copia fotostática fiel y exacta del contenido de su original de Protocolo de Lcdo. Enrique Márquez Huertas, de tomo número uno del año mil novecientos cuarenta y dos, expido tercera copia certificada en cinco hojas de mi uso corriente, a solicitud del padre Juan, cuyos protocolos tengo a mi cargo en mi carácter de Archivero General del Distrito Notarial de Bayamón, hoy veinte y dos de mayo de mil novencientos setenta.

2. Autorización de los Padres Dominicos para la comprar un terreno en la Urbanización Lomas Verdes, 14 diciembre 1959. APSALV

PADRES DOMINICIOS
P.O. Box. 37
BAYAMÓN, PUERTO RICO

14 de diciembre de 1959.

Estimado Señor,
En una sesión extraordinaria de la Asociación de "PADRES DOMINICOS DE PUERTO RICO", celebrada en Bayamón el día 2 de diciembre de 1959 se acordó autorizar al Rev. Padre Mariano Niewenhuizen comprar un terreno en la urbanización Lomas Verdes de Bayamón y firmar la escritura de compra venta.

Doy fe

Padre Mariano Nieuwenhuizen
Secretario Asociación Padres
Dominicos de Puerto Rico.
Nota: Firmado por el Padre Mariano Nieuwenhuizen y sellado con el sello tintado de los Padres Dominicos.

Inscripción manuscirta: P. Jaime Visker N. Presidente
Padres Dominicos de P.R. Inc.

3. Documento de Segregación, Liberación y Venta de un terreno a favor de los Padres Dominicos de Puerto Rico, 28 diciembre 1959. APSALV.

TOMAS C. TILLEY
ABOGADO Y NOTARIO
NIHIL PRIUS FIDE

NÚMERO
- 11 -
ESCRITURA
DE
"SEGREGACIÓN, LIBERATION AND SALE".

OTORGADO POR
Minillas Development Corporation, represented by GLEN LAWRENCE; Padres Dominicos de Puerto Rico, represented by Padre MARIANO NIEUWENHUIZEN, and The Chase Manhattan Bank, represented by EAR T. WINTERS.

A FAVOR DE
PADRES DOMINICOS DE PUERTO RICO

EN SAN JUAN, P.R.
A 28 de diciembre de 1959.

4. Certificado de Resolución de Venta del Terreno de la Urbanización Lomas Verdes de Bayamón a favor de los Padres Dominicos, 12 enero 1960.

CERTIFICATE OF RESOLUTION

I, J. A. KELLY, Acting Secretary of Minillas Development Corporation, a Delaware Corporation, do hereby CERTIFY:
That the following is a true and exact copy of a resolution unanimously approved and adopted by the Executive Committee of this Corporation at a meeting held on November 24, 1959, at wich a quorum was present and voting throughout:
RESOLVED: That Mr. Glen Lawrence be and hereby is authorized to segregate, sell and covery in representation and on behalf of this Corporation to Padres Dominicos de Puerto Rico a tract of land described as follows:
- - - - "URBANA: - Parcela de terreno radicada en el Barrio Minillas (Urbanización Lomas Verdes) del término municipal de Bayamón, con una cabida superficial de Una Cuerda con Treinta y Tres Centésimas de Cuerda, (1.33 cuerdas), equivalente a CINCO MIL DOSCIENTOS TREINTA Y DOS METROS CUADRADOS, - - - - - (5,232.00), y en lindes: por el NORTE, con la calle Número Veinticuatro (24) de la Urbanización Lomas Verdes, distancia de ciento nueve metros, (109.00); por el SUR, con la Calle Número Diez y Siete, (17) de la mencionada urbanización, distancia de ciento nueve metros, (109.00); por el ESTE, con la calle Número Veintiuno, (21), de la referida urbanización, distancia de cuarenta y ocho metros, (48.00); y por el OESTE, con la Calle Número Veintitres, (23), de la antes mencionada urbanización, distancia de cuarenta y ocho metros, (48)". –
for a cash prices of $3.00 per meter or $15,696.00
BE IT FURTHER RESOLVED: That Mr. Glen Lawrence be and hereby is authorized to appear in representation and on behalf of this

Corporation in the deed and in any other document necessary for the completion of the said transaction."

I FURTHER CERTIFY, that the above transcribed resolution has not been amended in any form, nor repealed or revoked, and is in full force and effect at the present time.

IN TESTIMONY THEREOF, I affix my signature and the Seal of this Corporation, this 12th day of January, 1960.

Affidavit No. 113. -   J.A. KELLY
                                                                        Acting Secretary
Subscribed to before me by J. A. Kelly, over 21 years of age, married, and a resident of San Juan, P.R., in his capacity as Acting Secretary of Minillas Development Corporation, at San Juan, Puerto Rico, 12 th day of January, 1960.

Thomas C. Tiller
Notary Public

Nota: Registrado en el folio 12972 al filio 136 del tomo 295 de Bayamón, Bayamón. 14 de abril de 1960. Firma.

5. TEXTO DE LA INVITACIÓN A LA TOMA DE POSESIÓN E INSTALACIÓN DEL PRIMER PÁRROCO DE LA PARROQUIA SAN AGUSTÍN DE BAYAMÓN.
Hoja volante de invitación regada por las calles de la zona parroquial. [Antes del 2 de febrero de 1964]. APSALV.

YO SOY EL BUEN PASTOR... TENGO OTRAS OVEJAS... ES NECESARIO QUE YO LAS TRAIGA... UN SOLO REBAÑO Y UN SOLO PASTOR...

Jon 10 – 14

INVITACION
EL M. R. P. Vicario Provincial
Los PP. Agustinos de P.R.
tienen el grandísimo placer de invitarle a la
TOMA de POSESIÓN e INSTALACIÓN
del Primer Párroco
R. P. Francisco Larán, O.S.A.
de la NUEVA PARROQUIA SAN
AGUSTÍN en LOMAS VERDES,

BAYAMÓN, P. R.
DÍA: Domingo, 2 de Febrero de 1964
HORA: 9:30 A.M.
Oficiará en tan solemne acto el
Excmo. y Revmo. Mons.
JAIME P. DAVIS
Arzobispo de San Juan, P. R.

6. Documento de Escritura de la Primera Casa de los Padres Agustinos en la Urbanización Lomas Verdes de Bayamón, Puerto Rico. AVANT, 6 julio 1964.

P. 1.

LCDO. ENRIQUE CUILAN GARCIA
NOTARIO PUBLICO
NUMERO (8)
ESCRITURA DE CANCELACION DE HIPOTECA

OTORGADA POR: SOCIEDAD DE PADRES AGUSTINOS DE PUERTO RICO, representados en este acto por su presidente, EL PADRE CARLOS GUTIÉRREZ.

SAN JUAN, PUERTO RICO
HOY DÍA 6 DE JULIO DE 1964.

P. 2.

ESCRITURA NUMERO OCHO (8)
DE CANCELACION DE HIPOTECA

En San Juan de Puerto Rico, a los seis (6) días del mes de julio del año mil novecientos sesenta y cuatro (1964).

ANTE MI

ENRIQUE CULIAN GARCIA, Notario Publico, de la isla de Puerto Rico, con estudio abierto y notaría en Santurce, San Juan de Puerto Rico, y vecindad en Río Piedras, Puerto Rico.

COMPARECE

DE UNA SOLA PARTE: SOCIEDAD PADRES AGUSTINOS DE PUERTO RICO, representados en este acto por su presidente, el padre CARLOS GUTIÉRREZ, mayor de edad, soltero, vecino de Santurce, San Juan de Puerto Rico.
En adelante la parte compareciente.

DOY FE

Del conocimiento personal del compareciente, así mismo por sus dichos de su ef, digo, edad, estado, profesión y vecindad, y asegurando tener, como a mi juicio tiene, la capacidad legal necesaria para ete otorgamiento libremente.

PRIMERO: Que es tenedor y sos, digo, poseedor de buena fe del pagaré otorgado el día siete (7) de mayo de mil novecientos cincuenta y nueve (1959), Affidavit número mil trescientos veintiuno (1321), ante el notario público don RICHARD H. GONZÁLEZ, en San Juan de Puerto Rico; y el pagaré que fue sus-

P. 3

crito por Vicente Reyes Fitzpatrick – y Esperanza Rivera de Reyes a favor de JAMES T. BARNES OF PUERTO RICO, INC., o a su orden, por la suma de principal de NUEVE MIL SEISCIENTOS DOLARES (9,600.00), con intereses al CINCO Y UN CUARTO POR CIENTO (5 ¼ %) anual, más un crédito adicional de NOVECIENTOS SESENTA DOLARES ($960.00) para gastos y honorarios de abogado.

SEGUNDO: Dicho pagaré está garantizado con una primera hipoteca de la siguiente propiedad:

"SOLAR: radicado en la Urbanización Lomas Verdes situada en el Barrio Minillas de Bayamón, que se describe en el plano de inscripción de la Urbanización con el número, área y colindancias que se relacionan a continuación: Número de solares es Veintiuno de la Manzana "2H" – Área de Solar CUATROCIENTOS VENT, digo VEINTIOCHO

METROS CUADRADOS CON SETENTA Y CUATRO CENTESIMAS DE METRO CUADRADO (428.74 M.C.) EN LINDES: Por el Norte, con el solar número veintidós (22) distancia de veintitrés metros; por el Sur, con la calle Diecisiete, distancia de veintitrés metros por el Este con el Solar número veinte (20) distancia de dieciocho metros con setenta y nueve centímetros; por el OESTE, con la Calle Número veintiuno (21) distancia de dieciocho (18) metros con setenta y nueve centímetros.

Enclava en dicha propiedad una casa construida de hormigón y bloques para una sola familia.

Inscrita dicha propiedad a favor de la parte compareciente en: Folio noventa y uno del tomo doscientos cincuenta y seis (256) en Bayamón, finca número once mil doscientos veintisiete (11227) inscripción primera.

TERCERO: Dicha primera hipoteca antes descrita, y la cual grava la antes referida propiedad, fue constituida por escritura número CIENTO CUARENTA Y NUEVE, otorgada en San Juan de Puerto, ante el notario RICHARD H. GONZALEZ el día siete (7) de mayo de mil novecientos cincuenta y nueve (1959), y fue inscrita a: Folio noventa y uno (91) del tomo

P. 4

doscientos cincuenta y seis (256) en Bayamón, finca número once mil doscientos veintisiete (11227) inscripción primera.

Que habiendo saldado el total del importe del pagaré antes mencionado en esta escritura, y de la hipoteca que antes se describe, incluyendo, el pago de gastos e intereses, dicho pagaré antes mencionado le fue entregado y endosado a la parte compareciente para su cancelación.

CUARTO: Que siendo la parte aquí compareciente la tenedora de buena fe del pagaré antes referido por haberle sido endosado para su cancelación según antes se describe; en este acto la parte compareciente procede así;

UNO: Solicita del señor Registrador la Propiedad que cancele totalmente la hipoteca antes descrita en esta escritura.

DOS: En este mis, digo, instante la parte compareciente entrega al notario aquí autorizante el antes referido pagaré para su inutilización.

Yo el notario he procedido a cancelar dicho pagaré al cual tengo a mi vista, y lo cancelo en este acto escribiendo al dorso de éste, bajo mi firma, singo, sello y rúbrica notarial, las palabras "cancelado, inutilizado y sin valor hoy día (6) de julio del año mol novecientos sesenta y cuatro (1964), en San Juan de Puerto Rico", procediendo entonces a entregar dicho pagaré, el padre CARLOS GUTIÉRREZ para que éste proceda a usarlo pertinentemente en el Registro de la Propiedad.

P. 5.

(FIRMADO) Padre Carlos Gutiérrez. (Firmado, signado, rubricado y sellado) ENRIQUE GABILAN GARCIA. – (Adheridos y cancelados los correspondientes sellos de rentas internas y el sello notarial al de veinticinco centavos.)
CONCUERDA bien y fielmente con la escritura que bajo el número indicado obra en el protocolo de instrumentos públicos de esta notaría a mi cargo, a que me remito. Y en fe de ello y para entregar a uno de los otorgantes expido la presente copia que firmo, signo, sello y rubrico en San Juan, Puerto Rico, el mismo día de su otorgamiento.

LCDO. ENRIQUE CUILAN GARCIA
NOTARIO PUBLICO

Nota: pagos los 6 sellos equivalentes a 3 dollars.
Escrito a mano:
Hecha la Canc. Al marge de la Insc. 1ª. Fca #11227 del filo 91, tomo 256 de Bayamón. Bayamón sept e 29/1964.
Dros $12.00
No. 1º y so. Anl y CR.   *Carmen Reyes Reg.a.*

7. Documento de Escritura de la Segunda Casa de los Padres Agustinos en la Urbanización Lomas Verdes de Bayamón, Puerto Rico. 6 julio 1964. AVANT.

LCDO. ENRIQUE CUILAN GARCIA
NOTARIO PUBLICO
NUMERO (8)
ESCRITURA DE CANCELACION DE HIPOTECA

OTORGADA POR: SOCIEDAD DE PADRES AGUSTINOS DE PUERTO RICO, representados en este acto por su presidente, EL PADRE CARLOS GUTIÉRREZ.

SAN JUAN, PUERTO RICO
HOY DÍA 6 DE JULIO DE 1964.

P. 1.

ESCRITURA NUMERO OCHO (8)
DE CANCELACION DE HIPOTECA

En San Juan de Puerto Rico, a los seis (6) días del mes de julio del año mil novecientos sesenta y cuatro (1964).

ANTE MI

ENRIQUE CULIAN GARCIA, Notario Publico, de la isla de Puerto Rico, con estudio abierto y notaría en Santurce, San Juan de Puerto Rico, y vecindad en Río Piedras, Puerto Rico.

COMPARECE

DE UNA SOLA PARTE: SOCIEDAD PADRES AGUSTINOS DE PUERTO RICO, representados en este acto por su presidente, el padre CARLOS GUTIÉRREZ, mayor de edad, soltero, vecino de Santurce, San Juan de Puerto Rico.

En adelante la parte compareciente.

DOY FE

Del conocimiento personal del compareciente, así mismo por sus dichos de su ef, digo, edad, estado, profesión y vecindad, y asegurando tener, como a mi juicio tiene, la capacidad legal necesaria para ete otorgamiento libremente.

PRIMERO: Que es tenedor y sos, digo, poseedor de buena fe del pagaré otorgado el día siete (7) de mayo de mil novecientos cincuenta y nueve (1959), Affidavit número mil trescientos veintiuno (1321), ante el notario público don RICHARD H. GONZÁLEZ, en San Juan de Puerto Rico; y el pagaré que fue sus-

P. 3

crito por Vicente Reyes Fitzpatrick – y Esperanza Rivera de Reyes a favor de JAMES T. BARNES OF PUERTO RICO, INC., o a su orden, por la suma de principal de NUEVE MIL SEISCIENTOS DOLARES (9,600.00), con intereses al CINCO Y UN CUARTO POR CIENTO (5 ¼ %) anual, más un crédito adicional de NOVECIENTOS SESENTA DOLARES ($960.00) para gastos y honorarios de abogado.

SEGUNDO: Dicho pagaré está garantizado con una primera hipoteca de la siguiente propiedad:

"SOLAR: radicado en la Urbanización Lomas Verdes situada en el Barrio Minillas de Bayamón, que se describe en el plano de inscripción de la Urbanización con el número, área y colindancias que se relacionan a continuación: Número de solares es Veintiuno de la Manzana "2H" – Área de Solar CUATROCIENTOS VENT, digo VEINTIOCHO METROS CUADRADOS CON SETENTA Y CUATRO CENTESIMAS DE METRO CUADRADO (428.74 M.C.) EN LINDES: Por el Norte, con el solar número veintidós (22) distancia de veintitrés metros; por el Sur, con la calle Diecisiete, distancia de veintitrés metros por el Este con el Solar número veinte (20) distancia de dieciocho metros con setenta y nueve centímetros; por el OESTE, con la Calle Número veintiuno (21) distancia de dieciocho (18) metros con setenta y nueve centímetros.

Enclava en dicha propiedad una casa construida de hormigón y bloques para una sola familia.

Inscrita dicha propiedad a favor de la parte compareciente en: Folio noventa y uno del tomo doscientos cincuenta y seis (256) en Bayamón, finca número once mil doscientos veintisiete (11227) inscripción primera.

TERCERO: Dicha primera hipoteca antes descrita, y la cual grava la antes referida propiedad, fue constituida por escritura número CIENTO CUARENTA Y NUEVE, otorgada en San Juan de Puerto, ante el notario RICHARD H. GONZALEZ el día siete (7) de mayo de mil novecientos cincuenta y nueve (1959), y fue inscrita a: Folio noventa y uno (91) del tomo

P. 4

doscientos cincuenta y seis (256) en Bayamón, finca número once mil doscientos veintisiete (11227) inscripción primera.

Que habiendo saldado el total del importe del pagaré antes mencionado en esta escritura, y de la hipoteca que antes se describe, incluyendo, el pago de gastos e intereses, dicho pagaré antes mencionado le fue entregado y endosado a la parte compareciente para su cancelación.

CUARTO: Que siendo la parte aquí compareciente la tenedora de buena fe del pagaré antes referido por haberle sido endosado para su cancelación según antes se describe; en este acto la parte compareciente procede así;

UNO: Solicita del señor Registrador la Propiedad que cancele totalmente la hipoteca antes descrita en esta escritura.

DOS: En este mis, digo, instante la parte compareciente entrega al notario aquí autorizante el antes referido pagaré para su inutilización.

Yo el notario he procedido a cancelar dicho pagaré al cual tengo a mi vista, y lo cancelo en este acto escribiendo al dorso de éste, bajo mi firma, singo, sello y rúbrica notarial, las palabras "cancelado, inutilizado y sin valor hoy día (6) de julio del año mol novecientos sesenta y cuatro (1964), en San Juan de Puerto Rico", procediendo entonces a entregar dicho pagaré, el padre CARLOS GUTIÉRREZ para que éste proceda a usarlo pertinentemente en el Registro de la Propiedad.

P. 5.

(FIRMADO) Padre Carlos Gutiérrez. (Firmado, signado, rubricado y sellado) ENRIQUE GABILAN GARCIA. – (Adheridos y cancelados los correspondientes sellos de rentas internas y el sello notarial al de veinticinco centavos.)

CONCUERDA bien y fielmente con la escritura que bajo el número indicado obra en el protocolo de instrumentos públicos de esta notaría a mi cargo, a que me remito. Y en fe de ello y para entregar a uno de los otorgantes expido la presente copia que firmo, signo, sello y rubrico en San Juan, Puerto Rico, el mismo día de su otorgamiento.

LCDO. ENRIQUE CUILAN GARCIA
NOTARIO PUBLICO
Nota: pagos los 6 sellos equivalentes a 3 dollars.

Escrito a mano:
Hecha la Canc. Al marge de la Insc. 1ª. Fca #11227 del filo 91, tomo 256 de Bayamón. Bayamón sept e 29/1964.
Dros $12.00
No. 1º y so. Anl y CR.   *Carmen Reyes Reg.a.*

8. Documento de Escritura de la Primera Casa de los Padres Agustinos en la Urbanización Lomas Verdes de Bayamón, Puerto Rico. AVANT, 8 junio 1965.

MANUEL MARTIN MALDONADO
Abogado y Notario

No. 28

ESCRITURA
DE
COMPRA ASUMIENDO HIPOTECA
OTORGADA
Por DON LUSI ANTONIO VILLANOVA y su esposa doña Mercedes
Paz

A favor de SOCIEDAD PADRES AGUSTINOS DE PUERTO RICO

El 8 de junio de 1965

En Bayamón, Puerto Rico

P. 2.

NUMERO VEINTICINCO
COMPRA VENTA ASUMIENDO HIPOTECA

En la ciudad de Bayamón, Estado Libre Asociado de Puerto Rico, a ocho de junio de mil novecientos sesenta y cinco.
ANTE MI:
MANUEL MARTIN MALDONADO, Abogado y Notario Público de Puerto Rico, con estudio abierto en la ciudad de Bayamón, Puerto Rico.

COMPARECEN:
DE UNA PARTE: (Como Parte VENDEDORA):

DON LUIS ANTONIO VILANOVA y su esposa DOÑA MERCEDEZ PAZ DE VILANOVA, mayores de edad, propietarios y vecinos de Bayamón, Puerto Rico.

DE LA OTRA PARTE: (Como Parte COMPRADORA):

SOCIEDAD PADRES AGUSTINOS DE PUERTO RICO, debidamente registrada en la Secretaría de Estado de Puerto Rico, representada en este acto por el PADRE FRANCISCO LARRÁN, quien es mayor de edad, soltero y vecino de Bayamón, Puerto Rico.

P. 2.

DOY FE del conocimiento personal de los comparecientes y por sus dichos la doy también de su edad, estado civil, circunstancias personales y vecindad.-

Me aseguran tener y a mi juicio tienen la capacidad legal necesaria para este otorgamiento, sin que me conste nada en contrario, y libremente,

EXPONE:

PRIMERO: Que la parte vendedora es dueña de la propiedad que se describe a continación:

"SOLAR radicado en la Urbanización Lomas Verdes situado en el Barrio Minillas de Bayamón que se describe en el Plano de Inscripción de la Urbanización con el número, área y colindancia que se relacionan a continuación:

Número del Solar: Uno (1) de la Manzana "2H" Área del Solar: Cuatrocientos cincuenta y Tres Metros cuadrados con treinta y dos centímetros de metro cuadrado (453.32 m.c.)

En Lindes: por el Norte, con la calle número diecisiete (17), distancia de veinticinco (25) metros; por el Sur, con el solar número veintisiete (27), distancia de veinticinco (25) metros; por el Este, con el solar número dos (2), distancia de dieciocho (18) metros con veintisiete (27) centímetros; por el Oeste, con la Calle Número Veintidos (22), distancia de dieciocho)28) metros con veintisiete (27) centímetros.

El descrito solar sontiene una casa de una sola planta de concreto reforzado y bloques de concreto y para una familia, que consiste principalmente de sala – comedor, tres cuartos dormitorios, un cuarto de baño, cocina y balcón. Esta casa contiene asimismo las siguientes unidades: unidad de cocina, horno y un calentador".

INSCRITA al folio ciento sesenta y uno, del Tomo doscientos sesenta y seis de Bayamón, finca número

P. 2.

once mil seiscientos cuarenta y seis.

La Parte vendedora adquirió la propiedad anteriormente descrita según consta de la escritura número seis, otorgada en Río Piedras, Puerto Rico, el día quince de febrero de mil novecientos sesenta, ante el notario don Nestor Barbosa Vargas.

Se halla afecta a un hipoteca a favor de JAMES T. BARNES OF PUERTO RICO INC. por la cantidad de DIEZ MIL OCHOCIENTOS CINCUENTA DOLARES, actualmente reducida, según sus pagos a NUEVE MIL DOSCIENTOS DOLARES, más o menos.

SEGUNDO: Que los comparecientes tiene convenida la compraventa de la propiedad descrita, y en consecuencia contratan bajo las siguientes:

CLAUSULAS:

PRIMERA: La Parte Vendedora por la presente VENDE, CEDE y TRASPASA a favor de la Parte Compradora la propiedad descrita en el hecho primero de la parte expositiva de esta escritura, con todo sus usos, servidumbres y edificaciones, sin reservas,

P. 3.

ni limitaciones de clase alguna, obligándose a la evicción y saneamiento de lo vendido conforme a derecho.

SEGUNDO: Efectúase esta compraventa por el convenido precio de CINCO MIL DOLARES, suma ésta que reciben los vendedores de la compradora por conducto del compareciente Padre Francisco Larrán en este acto, en moneda legal del curso corriente de los Estados Unidos, y por la cual otorgan a su favor carta de pago.

TERCERA: La Parte Compradora manifiesta conocer el gravamen hipotecario que grava actualmente la propiedad vendida y asume el mismo.

CUARTA: Los comparecientes aceptan esta escritura en todas sus partes por hallarla conforme a lo pactado.

Así lo dicen y otorgan ante mi y sin que en el otorgamiento de esta escritura hayan intervenido testigos por haber los comparecientes renunciado a tal derecho, del que les advertí.

P. 4.

Hechas por el Notario las advertencias legales – pertinentes y leída esta escritura por los otorgantes, éstos se ratifican en su contenido y econtrándola conforme, la firman, poniendo además sus iniciales en cada folio de este documento.

Y de mi conocimiento personal de los otorgantes, y por sus dichos, de sus circunstancias personales y vecindad, así como de todo lo demás consignado en este instrumento público yo, el notario, doy fe.

Una vez leída esta escritura y antes de firmar las partes hacen constar que la cantidad de cinco mil dólares es entregada en un cheque a favor de la señora Mercedes Paz de Vilanova contra el Banco Popular de Puerto Rico, Sucursal de Bayamón, y no en moneda legal del curso corriente de los Estados Unidos como se informa en la segunda cláusula de esta escritura. Vuelvo a dar fe.

(FIRMADO) Antonio Vilanova – Mercedes Paz de Filanova – Francisco Larrán

FIRMADO, SIGNADO, SELLADO Y RUBRICADO, Manuel Martin Maldonado.

Aparecen con las iniciales de los otorgantes en cada folio de esta escritura.

Aparecen cancelados los correspondientes sellos de rentas internas y el del Colegio de Abogados de Puerto Rico.

CONCUERDA bien y fielmente con el original de su contenido, obrante en mi protocolo de parte interesada, expido la presente en la misma fecha y lugar de su otorgamiento.

MANUEL MARTIN MALDONADO
Notario Público

NOTA A MANO: Inscrito el documento al folio 163 nto. Del tomo 266 de Bayamón, finca # 11,647.

9. Certificación de compra de los antiguos terrenos de los Padres Dominicos ubicados en la Urbanización Lomas Verdes de Bayamón, P.R. por parte de la Sociedad de Padres Agustinos de Puerto Rico. 14 diciembre de 1964. AVANT.

CERTIFICACIÓN

YO, Padre José María Castellanos, Secretario de la Sociedad Padres Agustinos de Puerto Rico por la presente certifico que en sesión extraordinaria de la Sociedad celebrada en Santurce, PR el día 7 de diciembre de 1964 se autorizó al Rev. Padre Carlos Gutiérrez para comprar una propiedad bajo los términos de la siguiente resolución:

"Resuelve como por la presente se resuelve autorizar al Rev. Padre Carlos Gutiérrez para comprar la parcela de terreno que se describe a continuación por la cantidad de $102,485.93 con intereses de 5.75% anual pagaderos en mensualidades vencidas, y pagarse la misma en dos plazos de $51,242.96 y $51,242.97.

URBANA: Parcela de terreno radicada en el Barrio Minillas (Urbanización Lomas Verdes) del término municipal de Bayamón, con una cabida superficial de Una Cuerda con Treinta y Tres Centésimas de Cuerda (1.33) equivalente a CINCO MIL DOSCIENTOS TREINTA Y DOS METROS CUADRADOS (5,232) y en lindes: por el NORTE, con la calle Número Reinticuatro (24) de la Urbanización Lomas Vedes, distancia de ciento nueve metros, (109) por el SUR, con la Calle Número Diez y Siete (17) de la mencionada urbanización, distancia de ciento nueve metros (109); por el ESTE, con la Calle Número Veintiuno (21) de la referida urbanización, distancia de cuarenta y ocho metros (48) y por el OESTE, con la calle Número Veintitres (23) de la antes mencionada urbanización, distancia de cuarenta y ocho metros (48)."

Y certifico además que dicha resolución no ha sido enmendada ó revocada y que está actualmente en vigor.

En testimonio de lo cual, expido la presente en San Juan de Puerto Rico a catorce de diciembre de 1964 bajo mi firma.

P. José Ma. Castellanos S.

Affidavit Num: 10,050

Jurado y suscrito ante mí, por J.M. Castellanos mayor de edad, sacerdote, célibe, y vecino de San Juan, Puerto Rico. En San Juan, Puerto Rico a catorce de diciembre de 1964.

Horacio R. Subirá, Hijo.

Nota: sellado con el sello del notario y de la Sociedad de Padres Agustinos.

10. Autorización de venta de los antiguos terrenos de los Padres Dominicos ubicados en la Urbanización Lomas Verdes perteneciente a los Padres Dominicos de Puerto Rico, Inc. a favor de la Sociedad de Padres Agustinos de Puerto Rico. 15 diciembre 1964. AVANT.

PADRES DOMINICOS
APARTADO 427
CATAÑO, PUERTO RICO – 00632

CERTIFICACIÓN

YO, A. K. Weseerhuis O.P., secretario de la asociación "Padres Dominicos de Puerto Rico Inc" certifico que en la reunión extraordinaria de la Junta de Directores de la asociación, celebrada en Bayamón P.R. el día 15 de diciembre de 1964, y en la cual hubo quórum, se tomó por unanimidad la siguiente resolución:

RESUELVE, como por la presente se resuelve, ratificar la comparecencia que hiciera el R.P. Jaime Visket O.P., Presidente de la asociación, en representación y nombre de "Padres Dominicos de Puerto Rico Inc.", en la escritura No. 6, del 14 de diciembre de 1964, ante el abogado y notario público Horacio R. Subirá Hijo, y por la cual los Padres Dominicos venden a la Sociedad Padres Agustinos de Puerto Rico una parcela de terreno radicada en el Barrio Minillas (Urbanización Lomas Verdes) de Bayamón, con una cabida superficial de 1.33 cuerdas equivalente a cinco mil doscientos treinta y dos metros cuadrados (5,323.00) y en la cual se encuentra enclavada una iglesia y escuela.

Y para que así conste, despido la presente en Cataño, Puerto Rico, hoy, el día 15 de diciembre de 1964.

(A. K. Westerhuis O.P.)
Secretario

Affidavit No. 6891

Suscrito y reconocido ante mí, en Cataño, Puerto Rico, hoy 15 de diciembre de 1964, por A. K. Westherhuis, mayor de edad, célibe y vecino de Bayamón, sacerdote de la Iglesia Católica, a quien conozco personalmente.

Artemo P. Rodríguez
Notario

Nota: relacionado en la ins. 2ª. De la fca. 12972 folio 137 tomo 295 Bayamón, Bayamón, act. 13, 1965.

Artemo Reyes Cheran

11. Carta que introduce el Documento de Compra de los Terrenos de la Urbanización Lomas Verdes a favor de la Sociedad de Padres Agustinos de Puerto Rico. Inscrito en el 2ª. De la fca. 12972 folio 137º tomo 295 Bayamón, Bayamón, Act. 13, 1965. 7 julio1965. AVANT.

LAW OFFICES
GOLDMAN, ANTONETTI &SUBIRA
Post Office Box 9314
Santurce, Puerto Rico 00908

MAX GOLDMAN	TELEPHONE 725 – 6500
VICENTE J. ANTONETTI	BANCO DE PONCE BLDG.
HORACIO R. SUBIRA, HIJO	PONCE DE LEÓN AVE., STOP 16
JUAN E. GUERBELO PIZA	CABLE, "RIGOSA"

7 de julio de 1966

Ref. C4/p

Rev. Padre Carlos Gutiérrez
2 –E – 21 Calle Duende
Urb. Lomas Verdes
Bayamón, Puerto Rico 00619

Apreciado Padre Carlos:

Adjunto le incluyo copia de la escritura de Compraventa de la propiedad de Lomas Verdes a los Padres Dominicos, con la notificación de inscripción en el Registro de la Propiedad que aparece al dorso de la última página.

Atentamente,

Horacio R. Subirá, Hijo

Anexo –

12. Documento de Compra de los Terrenos de la Urbanización Lomas Verdes a favor de la Sociedad de Padres Agustinos de Puerto Rico. Inscrito en el 2ª. De la fca. 12972 folio 137º tomo 295 Bayamón, Bayamón, Act. 13, 1965. 7 julio 1965. AVANT.

P. 1

NUMERO SEIS

En San Juan, Puerto Rico a los catorce días del mes de diciembre d e mil novecientos sesenta y cuatro.

ANTE MI

HORACIO R. SUBIRA, HOJO, abogado y notario público de Puerto Rico, con residencia y vecindad en Río Piedras. Puerto Rico y oficina abierta en el segundo piso del Edificio Ocho en esta ciudad de San Juan.

COMPARECEN

DE UNA PARTE: La Sociedad de Padres Dominicos Inc., una corporación en adelante denominada "Los Dominicos", representada en este acto por su Presidente el Reverendo Padre Jaime Visker, mayor de edad, sacerdote, célibe y vecino de Bayamón, Puerto Rico.

DE OTRA PARTE: La Sociedad Padres Agustinos de Puerto Rico, una sociedad en adelante denominada "Los Agustinos" representada en este acto por su Presidente el Reverendo Padre Carlos Gutiérrez, mayor de edad, sacerdote célibe, y vecino de San Juan, Puerto Rico.

Doy fé de conocer personalmente a los comparecientes, quienes me aseguran tener y a mi juicio tienen, la capacidad legal necesaria para otorgar la presente escritura de

COMPRA – VENTA

Y al efecto libremente expone:

PRIMERO: Los Dominicos son dueños de la parcela de terreno que se describe a continuación:
"URBANA: Parcela de terreno radicada en el Barrio Minillas (Urbanización Lomas Verdes) del término munici –

P. 2.

pal de Bayamón, con una cabida superior de Una Cuerda con Treinta y Tres centésimas de cuerda (1.33 cuerdas), equivalente a CINCO MIL DOSCIENTOS TREINTA Y DOS METROS CUADRADOS (5,232.00), y en lindes: por el NORTE, con la calle Número Veinticuatro (24) de la Urbanización Lomas Verdes, distancia de ciento nueve metros (109); por el SUR, con la calle Número Diez y Siete (17) de la mencionada urbanización, distancia de ciento nueve metros (109); por el ESTE con la Calle Número Veintiuno (21) de la referida urbanización, distancia de cuarenta y ocho metros (48); y por el OESTE, con la Calle Número Veintitres (23) de la antes mencionada urbanización, distancia de cuarenta y ocho metros (48).

Se encuentra enclavada en esta propiedad una iglesia y escuela. La parcela antes mencionada se encuentra inscrita al filio ciento trienta y seis (136) del tomo doscientos noventa y cinco (295) de Bayamón, finca número doce mil novecientos setenta y dos (12,972), inscripción primera. Afecta la misma a servidumbre a favor de la Puerto Rico Rialway Light and Power Company, a favor de Puerto Rico City Transit Company, a foar de la Autoridad de Acueductos y Alcantarillados y a favor de Fuentes Fluviales. Se encuentra la misma afecta a restricciones de edificación que aparecen de la finca principal y que las partes conocen.

SEGUNDO: Los Dominicos han cedido a los Misioneros la parroquia en la cual se encuentra enclavada la parcela y estructura descrita en le hecho expositivo pri –

P. 3.

mero de esta escritura y por este acto le vente a los Agustinos por la cantidad de CIENTO DOS MIL CUATROCIENTOS OCHENTA Y CINCO DOLARES CON NOVENTA Y TRES CENTAVOS ($102,485.93) pagaderos los mismos en un plazo de CINCUENTA Y UN MIL DOSCIENTOS CUARENTA Y DOS DOLARES CON NOVENTA Y SESIS CENTAVOS ($51,242.96) el día treitna de enero de mil novecientos sesenta y cinco y otro plazo de CINCUENTA Y UN MIL DOSCIENTOS CUARENTA Y DOS DOLARES CON NOVENTA Y SIETE CENTAVOS ($51,242.97) el día treinta de enero de mil novecientos sesenta y siete. La cantidad del precio aplazado devengarán interés a razón de cinco punto setenta y cinco porciento (5.75%) anual, pagaderos los mismos en mensualidades vencidas).

Los Agustinos han suscrito dos pagarés para evidenciar el precio aplazado, los que entregan a los Dominicos en este otorgamiento y los cuales los Dominicos aceptan otorgando la más eficaz carta de pago y finiquito.

Los Agustinos renuncian al derecho al saneamiento y expresan que ya han tomado posesión de la propiedad.

DOY FE de conocer a los comparecientes, de su circunstancias personales según sus dichos y de cuanto más queda consignado.

Hechas por mí las advertencias legales pertinentes, los comparecientes leen la escritura, la aceptan y otorgan, suscriben sus iniciales en cada página y firman todo ante mí, el Notario, en el sitio y fecha indicados.

Las partes aclaran que el nombre correcto de los Dominicos es Padres Dominicos de Puerto Rico, Inc. y aclaran

P. 4.

que los Dominicos ceden la propiedad a los Agustinos y no a los Misioneros como aparece en el hecho expositivo segundo en la página dos de esta escritura. Así aclarado las partes se ratifican en todo lo contenido de esta escritura y yo el notario repito la fé.

Firmado: Padre Jaime Visker, Padre Carlos Gutiérrez (Aparecen las iniciales de (de los) otorgante(s) y el sello y rúbrica del Notario en todas y cada una de las páginas de la escritura original).

Firmado: signado, rubricado y sellado: HORACIO R. SUBIRA, HIJO.

Adheridos y cancelados los correspondientes sellos de Rentas Internas y el de impuesto notarial.

ES primera copia fiel y conforme con su original, que bajo el número y fecha indicados consta en mi protocolo correspondiente al año mil novecientos sesenta y cuatro al que me remito y a petición de el Padre Carlos Gutiérrez.

Expido la presente en cuatro hojas de papel de uso corriente en esta notaría, y dejándola anotada en su matriz, y añadiéndole los correspondientes sellos de rentas internas y el de impuesto notarial, la firmo, signo, rubrico y sello en San Juan de Puerto Rico hoy diá quince de diciembre de mil novecientos sesenta y cuatro.

Nota reverso de la página 4:

Inscrito en el 2ª. De la fca. 12972 folio 137º tomo 295 Bayamón, Bayamón, Act. 13, 1965.
Firmado: Carmen Reyes Chavera, Reg.

13. Carta y Pagarés de los terrenos, el templo parroquial y la escuela ubicados en la Urbanización de Lomas Verdes en Bayamón. Fechado en San Juan, 8 febrero de 1965. AVANT.

Primer Pagaré

PAGARE

POR: $1,997.14   Vencimiento: A la Presentación

- - - PARAMOS a la presentación, la cantidad de MIL NOVECIENTOS NOVENTA Y SIETE DOLARES CON CATORCE CENTAVOS ($1,997.14) a la Asociación de Padres Dominicos, Inc. o a su órden.

- - - San Juan, Puerto Rico, a *14* de Diciembre de 1964. - - - - - - - -

Sociedad de Padres Agustinos de Puerto Rico
Por: *P. Carlos Gutiérrez*
Affidavit Número *10,049*

- - - Jurado y suscrito ante mí por el Padre Carlos Gutiérrez, mayor de edad, Sacerdote, célibe y vecino de San Juan, Puerto Rico, a quien conozco personalmente, en San Juan, Puerto Rico, hoy día *14* de Diciembre de 1964.

Horacio R. Subirá, Hijo
Notario público

Recibí pago de $1,997.14
Cataño P.R.
9 de enero de 1965

Padres Dominicos de P.R. Inc.
P. José Visker, op
Pres.

Notas: los textos escritos en cursiva corresponden a los escritos a mano en el original. El documento lleva el sello tintado de Horario R. Subirá, Hijo, Abogado Notario, Isla de Puerto Rico.

Segundo Pagaré

PAGARE

POR: $51,242.96   Vencimiento: A la Presentación

- - - PARAMOS a la presentación, la cantidad de CINCUENTA Y UN MIL DOSCIENTOS CUARENTA Y DOS DOLARES CON NOVENTA Y SIETE CENTAVOS ($51,242.96) a la Asociación de Padres Dominicos, Inc. o a su órden.

- - - Este Pagaré deventa intereses a razón del 5.75% anual, cuyos intereses son pagaderos por mensualidades vencidas. - - - - - - - - - - - - - -

- - - San Juan, Puerto Rico, a *14* de Diciembre de 1964. - - - - - - - - -

Sociedad de Padres Agustinos de Puerto Rico
Por: *P. Carlos Gutiérrez*
Affidavit Número *10,049*

- - - Jurado y suscrito ante mí por el Padre Carlos Gutiérrez, mayor de edad, Sacerdote, célibe y vecino de San Juan, Puerto Rico, a quien conozco personalmente, en San Juan, Puerto Rico, hoy día *14* de Diciembre de 1964.

Horacio R. Subirá, Hijo
Notario público

Recibí conforme, con los intereses pagados hasta el 31 de enero de 1965 inclusive, (en total intereses: $4,010.65).

P. José Visker, op
Vic. Prov.
8 de febrero de 1965

Notas: los textos escritos en cursiva corresponden a los escritos a mano en el original. El documento lleva el sello tintado de Horario R. Subirá, Hijo, Abogado Notario, Isla de Puerto Rico.

Tercer Pagaré

PAGARE

POR: $51,242.97   Vencimiento: A la Presentación

- - - PARAMOS a la presentación, la cantidad de CINCUENTA Y UN MIL DOSCIENTOS CUARNETA Y DOS CON NOVENTA Y SIETE CENTAVOS (51,242.97) a la Asociación de Padres Dominicos, Inc. o a su órden.

- - - Este pagaré devenga intereses a razón de 5.75% anual, cuyos intereses son pagaderos por mensualidades vencidas. - - - - - - - - - - - - - -

- - - San Juan, Puerto Rico, a *14* de Diciembre de 1964. - - - - - - - - -

Sociedad de Padres Agustinos de Puerto Rico
Por: *P. Carlos Gutiérrez*

Affidavit Número *10,049*

- - - Jurado y suscrito ante mí por el Padre Carlos Gutiérrez, mayor de edad, Sacerdote, célibe y vecino de San Juan, Puerto Rico, a quien conozco personalmente, en San Juan, Puerto Rico, hoy día *14* de Diciembre de 1964.

Horacio R. Subirá, Hijo
Notario público

Asociación Padres Dominicos declara que hoy día recibió el pago total del pagaré de PP. Agustinos de P.R. – la suma de Cincuenta mil doscientos cuarenta y dos dólares, con noventa y siete centamos ($51,242.97)

P. José Visker, op
Pres.

9 de febrero de 1966

Notas: los textos escritos en cursiva corresponden a los escritos a mano en el original. El documento lleva el sello tintado de Horario R. Subirá, Hijo, Abogado Notario, Isla de Puerto Rico.

Carta que Acompaña el Tercer Pagaré

VICARIO PROVINCIAL
PADRES DOMINICOS
Apartado 427
Cataño, Puerto Rico – 00632
9 de febrero de 1966

Muy apreciado Padre Carlos,

Según mi record firmamos el día 14 de diciembre de 1964 ante el licenciado Horario Subirá Hijo, la escritura no. 6, en la cual les cedimos las propiedades de Lomas Verdes. – Ud. debe hacer la diligencia de la copia principal de esta escritura a no ser que se encuentre todavía en el Registro, para inscribirse.

Le incluyo el pagaré por $51,242.97 y le agradezco muy de veras el pago oportuno "in hilo tempore".

Con mis mejores deseos y saludos para todos los Padres de esa,
Afmo. En Sr.

P. Jaime Visker, OP
Vic. Pro.

14. Carta sobre la Visita Pastoral de Luis Cardenal Aponte Martínez, Arzobispo de San Juan, enviada al P. Germán Lombó el 23 de septiembre de 1971. APSALV, Visitas Pastorales.

Arzobispado de San Juan
Apartado 1967
San Juan, Puerto Rico 00903

23 de septiembre de 1971

Rvdo. Padre Germán Lombó, O.S.A.
Parroquia San Agustín
Apartado 6797
Bayamón, Puerto Rico 00619

Muy estimado Padre Lombó:

Según hemos acordado ya, mediante conversación telefónica, comenzaré la Visita Pastoral en esa Parroquia el próximo 16 de octubre. Me place acompañarle el programa tentativo de la misma, el cual podrá ser enmendado y modificado según las circunstancias de la Parroquia así lo requieran.

Aunque el motivo de mi visita está explicado en dicho programa deseo enfatizar que la visita es más bien de carácter pastoral que canónico. Por eso me anticipo el placer de aprovechar esta oportunidad para convivir con ustedes, sus ayudantes y feligresía durante esos días en espíritu de fraternidad y diálogo amistoso para el bien de la Parroquia y de toda la Comunidad.

En espera de estar con ustedes el sábado 16 de octubre de 1971, y con mis saludos personales más cordiales, me es grado quedar

Afectísimo en Cristo,

Luis Aponte Martínez
Arzobispo de San Juan

15. Proyecto de Estatutos de la Vicaría Agustiniana de las Antillas 1977. AVANT.

PROYECTO DE ESTATUTOS DE LA VICARÍA AGUSTINIANA DE LAS ANTILLAS PROVINCIA DE CASTILLA

PROEMIO

1. Los presentes Estatutos tienen su fundamento en las Constituciones de la Orden (n. 280 c) y en los Estatutos de la Provincia de Castilla (n. 6), a la que pertenece esta Vicaría de las Antillas.

2. La función de estos Estatutos es "adaptar los principios generales de las Constituciones a las circunstancias especiales de la Vicaría." (Const. n. 281 – a).

3. Son al mismo tiempo que estatutos propios un suplemento a los Estatutos de la Provincia, de modo que en aquellas cosas que no estén específicamente expresadas en estos Estatutos, todos los miembros de la Vicaría están sometidos a los de la Provincia y a la ley general de las Constituciones.

4. Estos Estatutos tienen fuerza de ley para todos los miembros de la Vicaría.

5.   Serán revisados cada cuatro años, previa consulta a todos los miembros de la Vicaría.

6.   La autoridad competente para interpretarlos será siempre el P. Vicario Regional y su Consejo.

7.   Estos Estatutos han sido aprobados por el Capítulo Provincial de 1977 (Cfr. Estatutos Provinciales, n. 6 y Const. n. 282 a).

I. VIDA COMÚN

8.   Cada comunidad tendrá diariamente oración común, ya sea una Hora del Breviario, ya sea de otra forma adaptada por la misma comunidad (Const. nn. 94 y 101).

9.   Cada comunidad tendrá mensualmente una reunión formal para tratar los asuntos comunes y aprobar las cuentas.

10. Todos los años se organizarán los Ejercicios Espirituales para toda la Vicaría, buscando el tiempo y el lugar más oportuno. Se organizará en dos tandas.

11. Todos los miembros de la Vicaría no nativos gozarán de 45 días de vacaciones cada dos años. Los miembros nativos gozarán de un mes cada dos años, dentro de los límites geográficos de la Vicaría (n. 20). Si éstos desean ir a España, u otro lugar necesitarán el permiso del P. Vicario Regional.

12. Cada religioso de la Vicaría gozará de quince (15) días de vacaciones el año que no disfrute de los 45 días dentro de los límites geográficos de la Vicaría; cuando desee ir por más tiempo y fuera de esos límites geográficos, necesitará el permiso del P. Vicario Regional.

13. La Vicaría estará dividida en tres zonas regionales, para fines de reuniones; éstas serán tres veces al año. Una vez al año habrá una reunión general de toda la Vicaría.

II. VOCACIONES

14. Todos y cada uno de los miembros de la Vicaría ha de preocuparse por la promoción de las vocaciones agustinianas.

15. En cada comunidad habrá un promotor vocacional, que se encargará del seguimiento de aquellos jóvenes que manifiesten deseos de pertenecer a nuestra Orden o ser sacerdotes.

16. En la Vicaría habrá una Comisión de Formación y Promoción de Vocaciones, presidida por uno de los consejeros vicariales y de la que formará parte siempre el o los encargados de la formación de los candidatos a la Orden, es decir, de los prenovicios, novicios, profesos.

17. Será competencia de esa comisión seleccionar los candidatos al prenoviciado, al noviciado y a la profesión religiosa; la admisión de esos mismos candidatos será competencia del P. Vicario Regional y su Consejo, oído el parecer de la comisión.

18. Esa misma comisión formará el proyecto de Promoción Vocacional y el de Formación, para presentarlo a la consulta de todos los miembros de la Vicaría. A ella le corresponderá ir reformando esos proyectos según lo crea conveniente y necesario para una adaptación de los mismos a las circunstancias de los tiempos y lugares.

19. La comunidad del seminario será la encargada de aplicar en la práctica el Proyecto de Formación, según lo vea necesario y conveniente.

III. FORMACIÓN Y ESTUDIOS

20. Todos los religiosos de la Vicaría deben preocuparse por una continua formación y renovación espiritual, pastoral, humana. A todos se les debe dar oportunidad y facilidad para ello.

21. Deben darse también las facilidades para adquirir una preparación académica necesaria para el menor desarrollo de su trabajo y desempeño de sus obligaciones. No obstante, esto se hará siempre de acuerdo con los miembros de la comunidad a que pertenece cada cual y con el permiso del P. Vicario.

IV. APOSTOLADO

22. Habrá en la Vicaría una Comisión de Pastoral Parroquial y General, presidida por uno de los consejeros vicariales, con el fin de buscar una mejor coordinación pastoral y ayuda entre nuestras parroquias.

23. Habrá también en la Vicaría una Comisión de Colegios y Enseñanza, presidida asimismo por un consejero vicarial, con el fin de buscar siempre el mejor modo de formación cristiana de los alumnos de nuestros colegios y estudiar los problemas comunes a ellos.

24. El Director y Administrador de nuestros colegios será un religioso distinto del párroco.

25. Tanto en la pastoral parroquial como en la educativa se tendrán siempre en cuenta las directrices dadas por las respectivas autoridades diocesanas o nacionales.

V. GOBIERNO

26.   El Vicario Regional será elegido por todos los miembros de la Vicaría que lleven perteneciendo a ella durante un año o más.

27.   El Vicario Regional será elegido del mismo modo que el P. Provincial (Cfr. Estatutos Provinciales, n. 66), de modo que el voto de los miembros de la Vicaría sea deliberativo. Necesitará siempre la confirmación del P. Provincial.

28.   La elección de los cuatro consejeros vicariales se hará también por todos los miembros de la Vicaría, una vez elegido el Vicario Regional; éste presentará ocho candidatos, previa "exploratio mentis" a los miembros de la Vicaría. Bastará una mayoría relativa de votos. Necesitará la confirmación del P. Provincial.

29.   La comunidad local elegirá y propondrá al P. Vicario y su Consejo para su confirmación los cargos de Subprior, Secretario, Depositario y demás oficiales que considere necesarios. Estas elecciones deben hacerse vonforme al n. 75 – b de los Estatutos Provinciales. El P. Vicario informará luego al P. Provincial.

30.   El P. Vicario Regional y su Consejo será el que decida sobre los proyectos importantes presentados por las comunidades locales o de interés para toda la Vicaría, habiendo oído previamente el parecer de todos los miembros de la misma.

31.   El P. Vicario Regional tendrá un Delegado en la Rep. Dominicana, que hará las veces de él siempre que no sea necesario su intervención. Este delegado será también consejero vicarial y representará al P. Vicario ante la Conferencia de Religiosos de aquel país.

32.   El traslado de un religioso de comunidad a otra lo hará siempre el P. Vicario Regional y su Consejo, oído el parecer del interesado y de las comunidades afectadas. El P. Vicario informará luego al P. Provincial.

JOSÉ ARIDIO TAVERAS DE LEÓN

VI. ADMINISTRACIÓN

33. En la Vicaría habrá un Ecónomo de la misma, encargado de llevar los asuntos económicos, de acuerdo con el P. Vicario. Su elección la hará el Consejero Vicarial, previa la "exploratio mentis" de los miembros de la Vicaría (Cfr. Est. Prov., n. 86).

34. Habrá una Comisión Económica, presidida por el Ecónomo Vicarial, que se encargará de la coordinación de la administración de todas las comunidades locales y estudiará los proyectos de carácter económico que se hayan de presentar a la aprobación del P. Vicario Regional y su Consejo.

35. Para cualquier gasto fuera de la administración ordinaria que una comunidad local quiera hacer, se necesita la aprobación del P. Vicario y su Consejo. Se considera gastos extraordinarios el que exceda la cantidad de $12,000.

36. Toda comunidad deberá aportar a la administración vicarial aquella cantidad de dinero que pueda o que señale la Comisión Económica.

37. La Vicaría aportará a la administración provincial lo que a juicio del Ecónomo Vicarial y de la Comisión Vicarial sea posible y conveniente en cada momento.

38. Todas las comunidades rendirán cuentas de su administración al Ecónomo Vicarial cada seis meses. Este podrá revisar los libros de administración de cada comunidad siempre que lo considere conveniente y necesario.

39. El P. Vicario y su Consejo fijarán la cantidad de dinero que cada religioso llevará para sus vacaciones, previa propuesta del Ecónomo Vicarial y la Comisión Económica Vicarial.

40. Cuando un religioso no reside de ordinario en una de las comunidades de la Vicaría rendirá cuentas al Ecónomo Vicarial (Estatutos Provinciales, n. 95).

16. Acta de la Visita Pastoral Girada a la Parroquia San Agustín de Lomas Verde Durante los Días 8, 9 y 10 de Marzo de 1980. APSALV.

ACTA
DE LA VISITA PASTORAL GIRADA A LA
PARROQUIA SAN AGUSTÍN DE LOMAS VERDES
DURANTE LOS DÍAS, 8,9 Y 10 DE MARZO DE 1980

El infrascrito, Cardenal – Arzobispo de San Juan de Puerto Rico.
CERTIFICA:

1. Que durante los días 8, 9 y 10 de marzo de 1980, giró su Visita Pastoral a la Parroquia San Agustín, con sede en la Urb. Lomas Verdes de Bayamón, P.R., siendo el párroco el RVDO. P. LESMES BERNABÉ, O.S.A.

2. Que poco después de la Visita, el Vicario General, Mons. Antioquino Arroyo, hizo el debido examen de los Libros Parroquiales y autorizó al Rvdo. Padre Párroco a firmar las partidas no firmadas y corregir aquellas que pudieran estar incompletas o incorrectas.

3. Que habiendo predicado en todas las Misas del sábado y el domingo, y habiendo saludado a casi todos los feligreses, y hablado con muchos de ellos, hemos encontrado que la parroquia está en buen estado espiritual, gracias a la magnífica labor espiritual, pastoral, educativa y social de los Padres Agustinos.

4. Que también, dedicamos tiempo especial para visitar las diferentes Capillas y reunirnos con los diferentes comités de las mismas. Que agradecemos la magnífica labor que, con la ayuda de los Diáconos, los Padres Agustinos han venido llevando a cabo en estos sectores.

5. Que habiendo visitado la escuela parroquial, Colegio San Agustín, y habiendo reunido a todos los estudiantes, a quienes les hablamos en diferentes grupos, hemos encontrado que se les viene brindando la debida atención espiritual y formación religiosa. Queremos encomiar la labor de su Director, el Rvdo. P. Félix Moratiel, O.S.A., de la Principal y Facultad en general, por los magníficos servicios que prestan en la escuela.

6. Que nos hemos reunido con el Consejo Parroquial, y con representantes de las diferentes agrupaciones y movimientos parroquiales, y hemos intercambiado impresiones sobre el estado general de la parroquia.

7. Que deseamos agradecer, una vez más, al Párroco actual, Padre Lesmes Bernabé, a los Padres Agustinos y a todos sus colaboradores, por la magnífica labor que se viene llevando a cabo en la parroquia.

Doy Fe,

Luis Cardenal Aponte Martínez
Arzobispo de San Juan

San Juan de Puerto Rico
A 29 de diciembre de 1981.

17. Documento de Compra de los Terrenos y Casa de Villas de San Agustín I para la Capilla Nuestra Señora del Buen Consejo, 1983. APSALV. Terrenos Casa Villas de San Agustín I.

Folio Número Uno

APERTURA

Comienza el Protocolo de los Instrumentos Públicos del notario autorizante Licenciado Héctor Ramos Ortiz correspondiente al año natural de mil novecientos ochenta y tres (1983)

HECTOR RAMOS ORTIZ

NUMERO UNO (1)

COMPRAVENTA

En la Ciudad de San Juan, Puerto Rico a los

ANTE MI

HECTOR RAMOS ORTIZ, Abogado y Notario Público de Puerto Rico con estudio abierto en Bayamón, Puerto Rico y con residencia en Bayamón, Puerto Rico.

COMPARECEN

DE LA PRIMERA PARTE: DON ROBERTO RODRIGUEZ Y DOÑA MIGDALIA NIEVES, mayores de edad, casados entre sí, propietarios y vecinos de Bayamón, Puerto Rico, en adelante VENDEDORES.

DE OTRA PARTE: LA IGLESIA CATÓLICA, APOSTÓLICA Y ROMANA EN PUERTO RICO, ARQUIDIÓCESIS DE SAN JUAN, representada por su Eminencia Reverendísima Luis Cardenal Aponte Martínez, Arzobispo de San Juan, mayor de edad, célibe, vecino de San Juan de Puerto Rico, quien en ese carácter rige y gobierna los Bienes de la Iglesia Católica, Apostólica y romana en Puerto Rico en la Arquidiócesis de San Juan, así como también de todas las instituciones bajo su jurisdicción episcopal, quien a su vez está representado en este acto por el Reverendo Monseño Romas Maisonet, Vicario Episcopal de Administración quien es mayor de edad, célibe y sacerdote católico y vecino de San Juan de Puerto Rico quien acreditará

Folio Número dos

sus facultades cuantas veces fuere necesario, en adelante denominada la COMPRADORA.

DOY FE del conocimiento personal de los comparecientes y por sus dichos la doy también de su edad, estado civil, profesión y vecindad.

ME ASEGURAN tener y a mi juicio tienen la capacidad legal necesaria para este otorgamiento y en tal virtud libremente

EXPONE

PRIMERO: Que los vendedores son dueños del inmueble que se describe a continuación:

"URBANA: Parcela de terreno ubicada en el Barrio Guaraguao Abajo y Minillas del Municipio de Bayamón, Puerto Rico, identificado en el Plano de Inscripción de la Urbanización Villas de San Agustín, como solar número dieciocho (18), Manzana C Sección I con una cavidad superficial de trescientos dieciocho punto cincuenta (318.50) metros cuadrados; en lindes por el NORTE con la Calle Número Cuatro (4) de la referida urbanización en su distancia de trece (13.00) metros; por el SUR con solar número quince (15) de la manzana C de la referida urbanización en una distancia de trece (13.00= metros; por el ESTE con solar diecinueve (19) de la Manzana C de la referida urbanización en una distancia de veinticuatro punto cincuenta (24.50) metros; y por el OESTE con solar número diecisiete (17) de la Manzana C de la referida urbanización en una distancia de veinticuatro punto cincuenta metros. En dicha parcela existe una edificación de vivienda unifamiliar de una sola planta construída de concreto armado y bloques de cemento.

Los vendedores adquirieron la antes descrita propiedad por medio de la Escritura Número Ciento Sesenta y Dos (162) otorgada ante el Notario Público Ricardo Fernández Rubio el día treinta (30) de mayo de mil novecientos ochenta (1980) en San Juan, Puerto Rico, inscrita al folio ciento ochenta y uno (181) del tomo mil doscientos setenta y dos (1,272) de Bayamón, finca cincuenta y siete mil ciento ochenta y tres (57,183), Inscripción Primera.

CARGAS Y GRAVAMENES

La descrita finca está gravada con hipoteca para garantizar pagaré por la suma de TREINTA Y CINCO MIL NOVECIENTOS DOLARES (35,900.00) a favor del First

Folio Número Tres

Federal Savings and Loan Association o a su orden, con intereses al diez y cuatro (10 ¼) por ciento anual, vencedero dicho pagaré el uno (1) de junio del año dos mil diez (2,010) por virtud de escritura pública número doscientos treinta y tres (233) otorgada en San Juan de Puerto Rico el día treinta (30) de mayo de mil novecientos ochenta (1980) ante el Notario Mariano Acevedo Defilló, inscrita al folio ciento ochenta y uno del tomo mil doscientos setenta y dos del Registro de la Propiedad de

Bayamón, Sección Primera Finca Número Cincuenta y Siete Mil Ciento Ochenta y Tres, Inscripción Primera.

El balance de la hipoteca a la fecha de este otorgamiento es de TREINTA Y CINCO MIL TRESCIENTOS OCHO DOLARES CON SESENTA Y UN CENTAVOS ($35,308.81) después de acreditado el plazo vencido el primero (1) de abril de mil novecientos ochenta y tres (1983).

Está afecta además a servidumbres a favor de la Autoridad de Energía Eléctrica de Puerto Rico a beneficio de la Autoridad de Acueductos y Alcantarillados, a servidumbre de Aguas Pluviales a favor del Municipio de Bayamón, Puerto Rico y a servidumbre a favor de la Puerto Rico Telefphone Company; a condiciones restrictivas de uso y edificación.

SEGUNDO: Que los Vendedores han convenido con la Compradora la venta y traspaso a la compradora de la descrita propiedad y llevando a efecto lo convenido por la presente

ESTIPULAN

PRIMERO: Los Vendedores venden, ceden, enajenan y traspasan a la Compradora la propiedad descrita anteriormente, con todos sus usos, derechos, servidumbres y títulos sin reservas ni limitación alguna y sin más acto que este otorgamiento por este

Folio Número Cuatro
instrumento pone en posesión de la misma a la Compradora.

La venta de la propiedad se efectúa libre de toda carga, gravamen o responsabilidad, excepto las cargas, gravámenes o responsabilidades que se encuentren relacionadas anteriormente las cuales la Compradora acepta y asume.

SEGUNDO: Constituye el precio de venta del descrito inmueble la suma de CUARENTA Y SEIS MIL TRES CIENTOS OCHO DOLARES CON SESENTA Y UN CENTAVOS ($46,308.61) en moneda legal de los Estados Unidos de América de cuya suma admiten los Vendedores haber recibido a su entera satisfacción y contento la cantidad de ONCE MIL DOLARES ($11,000.00) previo a este acto de manos de la Compradora, reservándose la Compradora la suma de TREINTA Y CINCO MIL DOLARES TRESCIENTOS OCHCO CON SESENTA Y UN CENTAVOS (35,308.61) para el pago en su día de la hipoteca que grava la propiedad, y por cuya suma da a la Compradora la más formal y eficaz carta de pago.

TERCERA: Los Vendedores se obligan al pago de las contribuciones sobre la propiedad hasta la fecha de esta compraventa y manifiestan las partes haber inspeccionado la propiedad descrita en el apartado primero de esta escritura y no conocen de defecto de construcción o vicio oculto en el momento.

ACEPTACIÓN

Los otorgantes en lo que a cada parte concierne aceptan esta escritura en los términos que está redactada por ajustarse a sus deseos.

Así lo dicen y otorgan ante mí los comparecientes renunciando al derecho le hiciera saber tenían de requerir la presencia de testigos

Folio Número Cinco

Hechas por mí el Notario, las advertencias legales pertinentes y leída esta escritura por los otorgantes, la firman conmigo, habiendo puesto además sus iniciales en todas y cada una de las páginas de esta escritura.

Y de mi conocimiento personal de los otorgantes y por sus dichos de sus circunstancias personales y vecindad, así como de todo lo demás consignado en este Instrumento Público, Yo, el Notario, DOY FE.

Firmado: Roberto Rodríguez, - Migdalia Nives, - Reverendo Monseñor Torres Maisonet.

HECTOR RAMOS ORTIZ
NOTARIO PÚBLICO

CRÓNICA ECLESIÁSTICA DE BAYAMÓN

Siglo XVI

1509 – El pueblo de Bayamón se origina en un pequeño grupo de viviendas españolas.

Siglo XVII

1601 – El clérigo puertorriqueño Tomás de Rivera, se encarga de la Rivera de Bayamón.

1645 – Se encuentran ubicados en las orillas del río Bayamón cuatro ingenios azucareros que contaban con capillas propias y recibían servicios religiosos para la comunidad, estos son: los de Ángel Mojica, Juan Salinas, María del Rincón y Diego Menéndez.

1645 – Francisco Moreno preside la capellanía – curato de Bayamón.

Siglo XVIII

1702 – El P. Félix de Villalta es capellán del Ingenio Azucarero de la Santa Cruz. Su sueldo es de 50 pesos anuales, pagados cada 6 meses por el dueño del Ingenio.

1712 – La Ribera de la Santa Cruz de Bayamón, subsiste como capellanía rural dentro de los límites territoriales del Partido de San Juan.

1750 – El Obispo Francisco Julián Antolino, en su visita pastoral a la Ribera de Bayamón, ordena que se formen los libros parroquiales de matrimonio y defunciones. El Obispo señala que la mayoría de la población en Bayamón es negra y mestiza.

1760 – Visita Pastoral del Obispo Pedro Martínez Oneca. Ordena que se predique el Evangelio y se enseñe la doctrina cristiana.

1764 – En la primera visita pastoral efectuada por el Obispo Mariano Martí, él ordena el establecimiento de las primeras escuelas públicas en Bayamón y Guaynabo.

1764 – Los habitantes de la Ribera de Bayamón solicitan al Obispo Don Mariano Martí, la construcción de una nueva iglesia bajo la advocación de la Santa Cruz.

1770 – Don Francisco López del Castilla solicita del señor Provisor y Vicario General la creación de la parroquia de la Santa Cruz y su traslado al "Alto del Embarcadero".

1771 – Los vecinos de Bayamón nombran a don Clemente Dávila comisario para la construcción de la Iglesia de la Santa Cruz.

1772 – El Provisor y Vicario General de la diócesis de Puerto Rico ordena el deslinde de la jurisdicción parroquial de Guaynabo y Bayamón.

1772 – El 22 de mayo, el presbítero don José Martínez de Matos, en solemne ceremonia bendice el terreno donde ha de erigirse la iglesia y coloca la primera piedra para la construcción del templo.

1772 – El 18 de agosto, el monje benedictino Iñigo Abad y Lasierra y el Obispo Fray Manuel Ximénez Pérez visitan el pueblo como parte de su visita pastoral por la isla.

1772 – El Gobernador don Miguel de Muesas, concede licencia para el traslado y la construcción de la Iglesia de la Santa Cruz.

1774 – En su visita oficial al pueblo el Obispo Manuel Ximénez Pérez denuncia la mala situación en que se encuentran los esclavos negros en las haciendas e ingenios de Bayamón.

1775 – Se comienza a construir la iglesia de cal, canto, tejas y ladrillos en el lugar del Alto del Embarcadero.

1779 – El 3 de octubre el Obispo Manuel Ximénez Pérez bendice la Ermita del Plantaje de Palo Seco.

1781 – Entierro en la entrada principal de la Iglesia de la Santa Cruz de don Francisco López del Castillo, uno de los principales fundadores de Bayamón.

1787 – Promulgación del Edicto Pastoral en Bayamón de parte del Obispo Felipe José Trespalacios.

1792 – Aprobación de los libros parroquiales de la Iglesia de la Santa Cruz de parte del obispo Francisco de la Cuerda.

1798 – Promulgación del Edicto Pastoral del Obispo Fray Juan Bautista de Zengotita, en él declara que la iglesia del pueblo se encuentra en buen estado, bien construida y bien alhajada.

Siglo XIX

1800 – Segunda Visita Pastoral del Obispo Fray Juan Bautista de Zengotita.

1813 – Se publica el ensayo del párroco de Bayamón, D. José Matías Santaella: Discurso panegírico que hizo a sus feligreses.

1816 – Bayamón es uno de los seis distritos en los que se divide la Isla como efecto de la Cédula de Gracia.

1820 – Elección para elegir los miembros de la Junta Parroquial.

1821 – Primera insurrección de negros esclavos.

1825 – 5 febrero, Bayamón pasa a ser cabeza del primer distrito de Puerto Rico.

1856 – Se erige un nuevo cementerio parroquial.

1867 – Tormenta de San Narcizo y los fuertes terremotos destruyen gran parte de la iglesia de la Santa Cruz en Bayamón.

1877 – Reconstrucción de la Iglesia parroquial de la Santa Cruz.

1878 – Funcionan en Bayamón ocho escuelas.

1889 – Don Ricardo Dávila funda una escuela para varones.

Siglo XX

1903 – Pedro Rodríguez, sacerdote de Puerto Rico, crea la escuela para niños con la cooperación de las señoritas: Esperanza Canals, Carmen Florit, María Blanco, Isabel Saldaña, Julia Espinosa, Paca Canals y Belén Arroyo.

1905 – Los Padres Dominicos holandeses se hacen cargo de la parroquia de Bayamón.

1917 – Un incendio destruye la Casa Parroquial de los Padres Dominicos.

1918 – El Terremoto de San Fermín destruye el campanario y la bóveda de la Iglesia de Bayamón.

INFORME SACRAMENTAL
POR AÑOS

BAUTISMOS[809]

AÑO	CANTIDAD	AÑO	CANTIDAD
Libro I		**Libro VI**	
Enero 1964 – Enero 1967		**Agosto 1983 – Agosto 1985**	
1964	402	1983	161
1965	523	1984	400
1966	548	1985	229
1967	21		
Libro II		**Libro VII**	
Enero 1967 – Febrero 1971		**Agosto 1985 – Septiembre 1987**	
1967	415	1985	151
1968	337	1986	364
1969	329	1987	223
1970	340		
1971	55		
Libro III		**Libro VIII**	
Febrero 1971 – Julio 1975		**Septiembre 1987 – Abril 1990**	
1971	224	1987	81
1972	326	1988	342
1973	422	1989	316
1974	356	1990	58
1975	150		

---

[809] Existen en los Libros de Bautismos inscripciones tardías de actas de bautismos con varios años de retraso. En tales casos se ha procedido a integrar dicho bautismo como uno más de la cohorte de bautismos celebrados en el año entre el cual se encuentra.

Libro IV		Libro IX	
Junio 1975 – Septiembre 1979		Abril 1990 – Agosto 1994	
1975	191	1990	136
1976	321	1991	210
1977	341	1992	173
1978	282	1993	162
1979	203	1994	118

Libro V		Libro X	
Septiembre 1979 – Agosto 1983		Agosto 1994 – Junio 2000	
1979	116	1994	50
1980	306	1995	152
1982	324	1996	144
1983	452	1997	137
		1998	103
		1999	98
		2000	36

AÑO	CANTIDAD	AÑO	CANTIDAD
Libro XI		Libro XII	
Agosto 2000 – Abril 2014		Abril 2014 -	
2000	22	2014	9
2001	57		
2002	94		
2003	56		
2004	68		
2005	90		
2006	63		
2007	72		
2008	34		
2009	43		
2010	55		
2011	38		
2012	47		
2013	29		
2014	27		

CONFIRMACIONES

AÑO	CANTIDAD	AÑO	CANTIDAD
Libro I de Confirmaciones		1991	160
1966 – 2004		1993	174
1966	2,039	1995	192
1967	1	1996	1
1968	1	1997	163
1970	1	1999	62
1972	102	2000	63
1974	262	2001	100
1977	313	2002	60
1978	1	2003	119
1979	229	2004	87
1980	2	**Libro de Confirmaciones II**	
1981	269	**2005 – 2014**	
1982	1	2005	127
1983	402	2006	81
1984	5	2007	44
1985	331	2010	46
1987	279	2011	78
1989	171	2012	4
		2014	64

PRIMERAS COMUNIONES

LIBRO I DE PRIMERAS COMUNIONES
1970 – 2004

AÑO	CANTIDAD	AÑO	CANTIDAD
1970	166	1987	119
1971	249	1988	201
1972	296	1989	260
1973	168	1990	197
1974	184	1991	188
1975	241	1992	176
1976	225	1993	151
1977	153	1994	160
1978	242	1995	146
1979	146	1996	158
1980	195	1997	120
1981	92	1998	132
1982	129	1999	153
1983	174	2000	119
1984	118	2001	74

1985	227	2002	92
1986	168	2003	101
		2004	94

LIBRO II DE PRIMERAS COMUNIONES
2005 - 2014

AÑO	CANTIDAD	AÑO	CANTIDAD
2005	163	2010	83
2006	90	2011	87
2007	110	2012	94
2008	100	2013	87
2009	98	2014	88

MATRIMONIOS

AÑO	CANTIDAD	AÑO	CANTIDAD
Libro I de Matrimonios		**Libro III de Matrimonios**	
1964 – 1973		**1986 – 2014**	
1964	84	1986	52
1965	112	1987	75
1966	107	1988	52
1967	112	1989	60
1968	91	1990	43
1969	101	1991	41
1970	90	1992	39
1971	113	1993	61
1972	115	1994	32
1973	118	1995	26
		1996	24
Libro II de Matrimonios		1997	17
1973 – 1986		1998	15
1973	11	1999	20
1974	99	2000	28
1975	94	2001	17
1976	110	2002	17
1977	93	2003	20
1978	86	2004	16
1979	74	2005	13
1980	67	2006	14
1981	66	2007	11
1982	80	2008	13

1983	97	2009	12
1984	106	2010	13
1985	66	2011	9
1986	12	2012	14
		2013	7
		2014	1

ENTIERROS[810]

Libro de Entierros
Agosto 1971 – Abril 1970

AÑO	CANTIDAD	AÑO	CANTIDAD
1971	15	1975	32
1972	15	1976	20
1973	29	1977	32
1974	24	1978	37

---

[810] Los entierros se registraron en la parroquia desde el 1 de abril de 1970 hasta el 13 de septiembre de 1978.

FOTOGRAFÍAS

PARROQUIA SAN AGUSTÍN
Urbanización Lomas Verdes en Bayamón

COLEGIO SAN AGUSTÍN
Urbanización Lomas Verdes en Bayamón

CENTRO SAN AGUSTÍN
Urbanización Lomas Verdes en Bayamón

CASA PARROQUIAL
Urbanización Lomas Verdes en Bayamón

CAPILLA SAN MARTÍN DE PORRES
Parcelas Juan Sánchez en Bayamón

Casa donde funciona la **CAPILLA NUESTRA SEÑORA DEL BUEN CONSEJO**
Villas de San Agustín I en Bayamón

Solar donde se construirá la
CAPILLA NUESTRA SEÑORA DEL BUEN CONSEJO
Inmediaciones de las Urbanizaciones Villas de San Agustín I y II,
Villa Verde y Las Américas en Bayamón

PARROQUIA SANTA RITA
Hija de la Parroquia San Agustín
Urbanización Santa Juanita, Bayamón

PARROQUIA NUESTRA SEÑORA DE LA MONSERRATE
Hija de la Parroquia San Agustín
Barrio Santa Olaya, Bayamón

CASA, PARROQUIA, CENTRO Y COLEGIO SAN AGUSTÍN
Urbanización Lomas Verdes, Bayamón, Puerto Rico